# 宋朝很有趣（绝对）

李飞◎著

天津出版传媒集团
天津人民出版社

**图书在版编目（CIP）数据**

宋朝绝对很有趣 / 李飞著．—天津 ：天津人民出版社，2018.6

ISBN 978-7-201-12701-9

Ⅰ．①宋… Ⅱ．①李… Ⅲ．①中国历史—宋代—通俗读物 Ⅳ．① K244.09

中国版本图书馆 CIP 数据核字（2017）第 292412 号

**宋朝绝对很有趣**

SONGCHAO JUEDUI HENYOUQU

出　　版　天津人民出版社
出 版 人　黄　沛
地　　址　天津市和平区西康路35号康岳大厦
邮　　编　300051
邮购电话　（022）23332469
网　　址　http://www. tjrmcbs. com
电子信箱　tjrmcbs@126.com

责任编辑　刘子伯
装帧设计　孙希前

印　　刷　北京溢漾印刷有限公司
经　　销　新华书店
开　　本　710×1000毫米　1/16
印　　张　16
字　　数　223千字
版次印次　2018年6月第1版　2018年6月第1次印刷
定　　价　39. 80元

这是一个极好的时代，一度繁荣昌盛，贫民百姓安居乐业，民间社会极度富足，朝廷对知识分子无限优容，才子能人层出不穷。

这是一个极坏的时代，军事力量孱弱，外交长期处于被动，试图以变法、改革兴国的策略，最终都沦为政治投机家的博弈，权力争斗延绵不断。

这是一个迷离和传奇的时代，“斧声烛影”、“金匮之盟”、杨门虎将，风波惨案……在天下第一的权利面前，什么血缘、亲情、爱情，都已然不那么重要；什么父子、叔侄、兄弟，都不及一颗“帝王之心”。

这是一个失落和畸形的时代，权相当道，祸国殃民；小人掌权，忠良受害；卑颜求和，丧权辱国；皇后公主，惨遭蹂躏……

一千多年前的一个新年伊始，一位年仅 33 岁、名叫赵匡胤的年轻军官把天地乾坤翻了过来，一夜之间建立了一个崭新的赵宋皇朝，定三百年帝国基业。刀光剑影有之，励精图治有之，力挽狂澜有之，歌舞升平有之……大宋帝国，始终在今人纠结与不解的目光中踽踽而行。

想必我们都很想知道：

为什么说宋太祖赵匡胤死得很有争议?

为什么继承太祖皇位的是他的弟弟赵光义，而不是他的儿子赵德昭或

是赵德芳？

为什么赵构立国以后不励精图治，挥师北伐，救回自己的父兄亲族，而是偏安一偶，一味求和？

为什么在经济、文化、科技等都高速发展的同时，大宋朝廷还是积弱积贫，以致被迫放弃广大的中原地区而迁至江南，并最终被蒙古铁骑所灭呢？

……

这一切，都需要我们深入地了解宋代这段历史，才能够做出解答。

本书以通俗诙谐的手法，讲述了宋朝 300 年波澜壮阔而又充满矛盾与纠结的历史。这里既有对宋朝高度文明的政治、文化生态的褒扬，也有对其军事、外交败笔的解读和质疑，更有对历史兴亡沧桑的深思。

本书以宋朝正史为经，以历史事件为纬，其间穿插种种脍炙人口的奇人异事以及民间传说，力求帮助读者在故事中细品历史，在文化中追问当下，在文学中透视人生。

这是一本有趣的历史书，在风趣中不失深度，在幽默中更显深沉。这是有点不一样的宋朝，有些不一样的历史！

## 上篇　北宋——生也乱世，亡也乱世

## 21. 撕破脸皮：蒙宋鏖战天下乱



## 22. 奸佞误国：蟋蟀宰相贾似道的沉浮人生



## 23. 山河破碎：南宋帝国的最后挣扎与消亡

# 上篇
# 北宋——生也乱世，亡也乱世

1. 陈桥兵变：捷足先登的赵匡胤
2. 鸟尽弓藏：一杯酒尽收兵权
3. 李煜之死：一代词帝的兴衰荣辱
4. 斧声烛影：宋太祖死得很蹊跷
5. 踏破北汉：这是一块难啃的硬骨头
6. 宋辽初争：你来我往的边界拉锯战
7. 内忧外患：斩不断的起义与边乱
8. 面涅将军：狄青死得很憋屈
9. 熙宁变法：北宋王朝最重要的转折点
10. 放荡天子：端王轻佻，不可君天下
11. 明教教主：魔头方腊的折腾史
12. 引虎驱狼：海上之盟灭了大辽也毁了北宋
13. 靖康之难：做了俘虏亡了国

# 1. 陈桥兵变：捷足先登的赵匡胤

## 柴氏慧眼识君，郭威夺权建周

说宋朝，我们要先从一个女人说起，这个女人的详细姓名已不得而知，只知道她姓柴。

这柴氏是邢州龙岗人，年轻时长得十分漂亮，因此成为后唐庄宗李存勖的一名嫔妃。李存勖被杀后，继位的明宗皇帝将大批年轻的妃嫔、宫人遣散回家，柴氏亦在其中。柴夫人带着金银细软往回走，她的父母（也就是柴荣的祖父母）前来迎接，双方在黄河边上相遇。不料风云突变，大雨一连下了十几天，一家人只好暂住于旅舍。

有一天，一个身材伟岸破衣烂衫的男子冒着大雨从旅舍门前经过。柴氏见到后十分惊讶，便向旅舍主人询问："此何人耶？"旅舍主人答道："此马铺卒吏郭雀儿者也。"柴氏便把他召了进来，聊了一会儿。柴氏发觉此人不但形貌不凡，而且言谈举止十分得当，遂生怜爱之心，决定嫁给他。

那柴氏的父母当然反对这门婚事，他们见郭雀儿衣服破旧，甚至不能蔽体，便对女儿说："汝帝左右人，归当嫁节度使，奈何嫁此乞人？"（你是皇帝左右的人，回家后最起码要嫁个节度使，怎么能嫁给这个乞丐呢？）柴氏也有自己的理由，她对父母说道："我久在宫中，颇识贵人，此人贵不可言，不可失也。"

那么，这个郭雀儿到底是怎样一个人呢？郭雀儿十八岁时，当地的泽潞节度使李继韬招募兵士，他去应招，被李继韬收留在身边做了“牙兵”（藩帅的亲兵）。郭雀儿长得魁梧，勇武过人，李继韬很欣赏他，有什么小的过失也经常迁就他。郭雀儿好斗，喜欢赌博，又好喝酒，但有时也喜欢打抱不平。一天，郭雀儿又到街上闲逛，有一个屠户欺行霸市，大家都很怕他，喝了点酒的郭雀儿不服气地走到这个屠户跟前，让他割肉，然后找茬儿骂他，屠户也知道郭雀儿不好惹，但最后终于忍不住了，就扯开衣服用手指着肚子说：“有胆量你就照这儿捅一刀！”郭雀儿抄起刀子就捅进了他的肚子，结果屠户一命呜呼，郭雀儿被抓进了监狱，李继韬佩服他的勇气和胆量，又将他放了。后来李继韬被李存勖发兵灭掉，郭雀儿也被收编进了后唐军队，入了李存勖的亲军“从马直”。

言归正传，柴家父母见女儿意志坚定，不可改变，只好勉为其难地同意了。于是郭雀儿与柴氏在旅舍中结为夫妻，此后柴氏将自己在宫中的积蓄分为两份，一半留给父母，一半赞助自己的丈夫，这一半为“钱五百万缗”。五百万缗是什么概念？在五代之后的宋朝，宰相的月基本工资是 300 缗，一年才 3600 缗，一个宰相在没有任何花销、不贪污受贿的情况下，需要 1389 年才能赚够五百万缗。

成婚后柴氏发现郭雀儿喜欢饮酒、赌博，任侠妄为、不拘小节。于是柴后对他进行规劝，并说：“君贵不可言，妾有缗钱五百万资君，时不可失。”此后在贤内助柴氏的帮助下，郭雀儿利用这些钱财结交豪杰、招兵买马，并投靠在刘知远麾下，得到了他的重用。刘知远建立后汉时，此时的郭雀儿已担任枢密使的高官。

刘知远死后，汉隐帝即位。隐帝即位几年以后，对于几个执政的顾命大臣感到不满，皇帝的宠臣也乘机在隐帝面前进言，要诛杀这几个大臣。隐帝于是不顾太后的劝阻，在后汉乾祐三年，趁大臣朝见的机会，伏兵杀死了杨斌、史弘肇、王章。然后宣布这几个大臣意图谋反，又派使者率领人马搜捕几个大臣的亲戚朋友，进行屠杀。郭雀儿也是顾命大臣，当时任

枢密使兼侍中，统率大军镇守邺都抵御契丹。隐帝派人将郭雀儿在大梁的家人全部杀掉，连婴孩都没放过。又派密使向军中将领传旨，要他们诛杀郭雀儿。但是消息走漏，郭雀儿率领大军回师大梁，兴兵问罪。由于隐帝此事处置失当，使得大部分将领对郭雀儿等人的遭遇都很同情，所以一路上的守将都望风而降。郭雀儿很顺利地挺进国都汴梁外围。隐帝再次不顾太后的劝阻，执意亲自统率人马和郭雀儿交战。结果前锋慕容彦超失利，大多数将领率领军队投降。隐帝仓皇逃走，路上被郭允明率兵截杀。郭雀儿带兵入京，觐见太后，让太后临朝听政，并且假意拥立刘氏宗室武宁节度使刘赟为帝，随后突然闻报契丹南下，于是率军北上抵御，途经澶州，士兵兵变黄袍加身，郭雀儿返回汴梁，逼太后任他为“监国”，夺得国政。

公元 951 年正月丁卯日，郭雀儿正式称帝，国号大周，定都汴京，改元广顺，史称后周。郭雀儿就是后周的太祖皇帝郭威。

后汉的河东节度使刘崇接到郭威称帝的消息后，即皇帝位于晋阳，仍用国号汉，也就是历史上的北汉。北汉皇帝一即位，立刻派使者向契丹称臣求援。后周广顺元年十月，契丹发兵五万和北汉联军南下，围攻晋州。后周守将顽强抵抗。年底，后周的援军逼近，契丹军先行撤退，北汉军队撤退不及，遭到追击，损失很大。这一战，使得北汉在很长一段时间内不敢南下。

## 传位不传血亲，史上独此一例

公元 954 年正月，郭威病重。他自己知道难以康复，便嘱咐柴荣说：“我不行了，你赶快替我修建陵墓，不要让灵柩留在宫中太久。陵墓务必

从简，别去惊动扰害百姓，不要用许多工匠，不要派宫人守陵，也用不着在陵墓前立上石人石兽，只要用纸衣装殓，用瓦棺作椁就可以了。安葬后，可以招募陵墓附近的百姓三十户，减免他们的徭役，让他们守护陵墓。陵墓前替我立一块石碑，上面刻几句话，就说我平生习惯于节俭，遗诏命令用纸衣瓦棺。”他又告诫柴荣说：“我从前西征时，见到唐朝帝王的十八座陵寝统统被人发掘、盗窃，这都是由于陵墓里藏着许多金银财宝的缘故，而汉文帝因为一贯节俭，简单地安葬在灞陵原上，陵墓到今天还完好无损。你到了每年的寒食节，可以派人来扫墓，如果不派人来，在京城里遥祭也可以。但是，你要叫人在河府（今河北省河间县）、魏府（今河北省大名市东南）各葬一副剑甲，在澶州（今河南省濮阳县）葬一件通天冠绛纱袍，在东京葬一件平天冠衮龙袍。这件事你切不可忘了。”接着，他大封群臣，命柴荣继位说：“我看当世的文才，莫过于范质、王溥，如今他俩并列为宰相，你有了好辅弼，我死也瞑目了。”当晚，郭威病死于汴京宫中的滋德殿。死后庙号为太祖，谥曰圣神恭肃文武孝皇帝。其义子柴荣即位，就是周世宗。

华夏民族自“禹传子，家天下”以后，天子们的皇位一般都由自己的儿子、兄弟、至亲继承，即一直秉承着“父死子继为主，兄终弟及为辅”的皇位继承原则。在权力不正常更迭中也会产生一些特殊情况，如唐宣宗李忱曾以皇太叔的名义继承皇位。虽然无法保证皇位正常的顺序继承，但终究还保持皇位在皇室血统中的传承。郭威临终传位给与自己毫无血缘关系的内侄柴荣，这是中国封建历史上唯一的特例。

后人通常认为，郭威的儿子都被汉隐帝给杀了，传给既是义子又是内侄的柴荣也很正常。不过按传承制度来说，就算儿子没了，皇位至少应该传给与自己有血缘关系的人吧。从血缘关系的远近来说，至少有两个人要比柴荣有优势。

一个是沧州人李重进。李重进的母亲是郭威的四姐福庆长公主，也就是说李重进是郭威的亲外甥。这个外甥年纪不大时就跟随舅舅四处征战，

立下不少战功。舅舅即位后，他先后被封为大内都点检兼马步都军头、殿前都指挥使等职务，负责管理禁军，颇具军事才能。无论从血缘关系还是才能、资历上说，他都比柴荣更有优势，但皇位最终没能轮到他。戎马一生历经沧桑的郭威想必也明白外甥的心情，于是在临终前颁布遗命时，特意让李重进向柴荣下拜，行君臣之礼，以定君臣之分，让李重进彻底放弃幻想。

另一个是并州阳曲人张永德。张永德与郭威也没有实质上的血缘关系，但他媳妇是郭威唯一没被杀的女儿寿安公主。郭威驰骋天下，到头来就剩下这么一个女儿，自然是格外疼爱。

说起来这里面还有一段故事。郭威还未发迹时，与张永德的父亲关系很好，于是便将女儿嫁给了张永德。后来兵荒马乱，天各一方音讯全无。多年以后，春风得意的郭威率兵途经宋州，当地人前来围观，人群中有一女子说："这是我爹！"旁人都以为她是疯子，要驱赶她。郭威闻讯招之相见，才知道真是自己的女儿，父女"相持而泣"，郭威便将夫妻两人带到军中。

郭威当上皇帝后，二十几岁的张永德很受重用，先后在禁军中担任要职，但皇冠最终也没有落到他的头上。

那么，为何郭威独独传位给柴荣呢？——很可能是因为爱情。

郭威和柴氏在一起后，一直没有爱情的结晶，于是便将柴氏的哥哥柴守礼的儿子柴荣收过来当自己的孩子养。郭威当上皇帝的时候，柴氏已经不在了，但郭威并未忘情，下诏追封柴氏为圣穆皇后，从此再没立后。在去世的前一年，郭威封柴荣为晋王、开封尹，事实上已经指定了他为皇位继承人。

郭威临终前，召集文武众臣，宣布自己的遗命："晋王荣可于柩前即位。"当日郭威离世，柴荣继承皇位。

可以这么说，郭威是个有情有义的汉子，他明白自己今天的一切多是拜夫人柴氏所赐，他不能忘恩也不能忘情，为此他一生不再立后，也许正是为此，他选择了柴荣，因为他是她的侄子。

## 御驾亲征北汉，柴荣是个人物

后周显德元年，北汉皇帝刘崇得知郭威已死，非常高兴，立刻请兵于契丹。契丹派武定节度使、政事令杨衮率领万余骑兵和北汉会师晋阳，刘崇亲自统领三万人马，和契丹合兵南下。后周昭宁节度使李筠派部将穆令均率领两千人马迎击北汉军队，自己率领主力在后面扎营。北汉前锋都指挥使、武宁节度使张元徽设下埋伏，自己佯败诱敌。结果穆令均中伏被杀，士卒折损了上千。李筠退回潞州，凭城固守。周世宗柴荣得到禀报，打算亲自出征。但是大臣们都认为刘崇自晋州惨败以后，必不敢再亲自出征。而皇帝刚刚即位，人心还未稳定，不宜亲征，应该派下面的将帅去抵御。但是柴荣有自己的看法，他认为刘崇趁国丧之际前来进攻，必是轻视他年少没有经验，一定会亲自前来，想一举吞并周国。他不能不亲自出征。宰相冯道与周世宗反复争执。周世宗以唐太宗自比，而冯道不以为然。周世宗下定决心亲征，于是从大梁统率禁军出发。在途中，禁军控鹤都指挥使赵晁派人向周世宗进言，劝阻亲征。周世宗大怒，将赵晁囚禁在怀州。刘崇认为周世宗不敢亲自出征，他看潞州城坚固，一时难以攻取，就越过潞州不攻，直取大梁。北汉兵的前锋与后周军在高平以南相遇，被后周军击退。周世宗怕北汉军撤退，加紧前进。刘崇在巴公原排开阵势准备迎击。自己亲自率领中军，张元徽率军在东，杨衮率契丹骑兵在西，军容极盛。后周军前锋行进过快，河阳节度使刘词率领的后军被落在后面。面对这种敌众我寡的局面，后周军的将士难免怀有畏惧心理。而周世宗反而更加镇定，坚定必可克敌的决心。他命令白重赞与侍卫马军都虞候李重

进统率左军在西，樊爱能、何徽统率右军在东，向训、史彦超率领精骑在中间列阵，殿前都指挥使张永德率领禁军护卫皇帝。周世宗自己也全身披挂，自己跨马到阵前督战。双方都严阵以待，大战就要开始了。

刘崇看到后周人马不多，认为不用契丹的人马也可以击败周军，他对手下的将领说："我用汉军就可以击败周军，哪用得着契丹人。今天不但要一举击败周国，还要让契丹人看看我们汉军的厉害。"北汉的将领们也都表示同意。杨衮在阵前观察了后周军的阵势和军容，对刘崇说："周军是强敌，不可贸然进攻。"刘崇不以为然道："机不可失，将军就不要再说了，且看我来破敌。"杨衮沉默了，心想我倒要看看你北汉怎么破敌。当时东北风很大，突然又转为南风。北汉副枢密使王延嗣派司天监李义向刘崇进言，劝刘崇出击。枢密直学士王得中认为风势不利，不宜出击，刘崇不听，命东军先进攻，张元徽亲自率领千余精骑冲击后周的右军。后周的右军主将樊爱能、何徽本来就有怯战心理，交战不久，看到北汉军来势很猛，抵挡不住，就率领骑兵率先逃走。后周右军被击溃，有上千步兵解甲投降。周世宗看到战事紧急，后周军濒临溃败的边缘，亲自率领左右亲兵冒着矢石出阵督战。赵匡胤当时还是后周禁军将领，他先招呼同伴向前冲锋，又请张永德率军从左翼出击，自己率军从右翼出击。张永德会意，两人各率领两千人马随周世宗出击。赵匡胤身先士卒，迎敌血战，主将奋勇，士卒更是拼死力战，无不以一当百，北汉兵抵挡不住。内殿直马仁禹也激励同伴进击，他自己跃马猛射，连毙数十敌军，后周军的士气更加高涨。殿前右番行首马全义也率领部下几百骑兵向前猛攻。刘崇知道周世宗亲自出战，命人嘉奖张元徽，催促张元徽乘胜进攻。张元徽前进，战马被射倒，被后周军斩杀。北汉骁将张元徽被阵斩，北汉军士气低落，后周军乘着越来越大的南风，猛烈进攻，北汉军大败。虽然北汉主亲自挥舞旗帜，但是也制止不住北汉军的溃败。杨衮看到后周军如此骁勇，不敢救援，又恨北汉主不听他的劝告，先率领契丹骑兵撤退了。从战场上溃败的樊爱能、何徽率领溃军一路抢劫辎重，散布谣言，并且企图阻止后军刘词

的前进。刘词不听，率军前进，在黄昏时与前军会合，当时北汉尚有兵万余人，隔山涧布阵，企图抵抗。后周军得到增援，又发起猛攻，北汉军崩溃了，王延嗣被杀，后周军一路追杀到高平，北汉军尸体布满山谷，丢弃的军资器械到处都是，另有数千北汉兵投降。刘崇仅仅率领百余骑兵狼狈脱逃。高平大战，后周军取得全胜。

高平战后，周世宗将樊爱能、何徽及其所部军使以上七十余名将校斩首，以整肃军纪，重赏高平大战中的功臣。张永德向周世宗推荐赵匡胤，极力称赞他的智勇。周世宗将赵匡胤提升为殿前散员都虞候，领严州刺史。自高平一战，周世宗洞悉了禁军的弊端和虚弱，于是着手整顿禁军，拣选精锐，淘汰老弱，招募天下的壮士，充实禁军。经过这次整顿，大大地提高了禁军的战斗力。

高平大战，直接关系到后周的存亡兴衰。在右军已经被击溃的危机情况下，周世宗亲自出阵，极大地鼓舞了后周军的士气，从而挽救了岌岌可危的战局。周世宗此举，胆识勇猛不亚于唐太宗。假若他不能果断地亲征，或者在危急时刻先行逃跑，历史都将改写。从高平一战后，周世宗提拔了一批有胆识的将领，整顿了禁军，励精图治，先后南下攻取了南唐的江北之地，北上征伐契丹，接连收复了几个州郡，增强了后周的国力，扩大了后周的国土。为之后宋的统一打下了一个良好的基础。周世宗不仅是五代中罕见的有作为的皇帝，纵观中国几千年的历史，如此有为的皇帝也不多见，可以和他并称的人也不多。就高平一战中的表现，就少有人及。可惜的是他在位时间太短，不然还可以有更大的作为。而赵匡胤也因为高平大战中的出色表现而一举成为后周禁军中的高级将领。周世宗勤于政事，能驾驭那些功勋卓著的将领。赵匡胤也一直忠心耿耿地为后周效力，屡建功勋。然后周世宗一死，赵匡胤就不老实了。

周世宗柴荣在弥留之际，做出一个重大决定：把禁军一号人物张永德撤职，由赵匡胤出任殿前都点检。

据说张永德被撤职，乃是赵匡胤一手策划的阴谋。

传言周世宗在北伐契丹途中，看到一块木牌，木牌上写有“点检做天子”几个字，于是柴荣便对张永德产生了戒心。赵匡胤这步棋走得很妙。柴荣并非后周开国皇帝的亲生子，而是养子。虽然他改名为郭荣，但在许多人看来，他继承帝业名不正言不顺。柴荣在病重时，不得不考虑自己百年之后，他的儿子能否稳坐江山。殿前都点检张永德乃是郭威的女婿，手握重兵，这不得不让柴荣忧心忡忡。而赵匡胤与郭家并无渊源，赵匡胤此招一出，柴荣当然更倾向于把兵权交给他了。

纵然柴荣英明一世，有件事还是出乎他的意料，在他死后不到两年，他所信任的赵匡胤居然陈桥兵变、黄袍加身，窃取了柴氏江山。

## 孤儿寡母可欺，点检黄袍加身

公元959年，后周世宗柴荣病死，即位的恭帝年少，只有七岁，因此当时政局不稳，主政的苻太后乃一介女流，毫无主见。

五代期间，武将夺取皇位的事情时常发生。赵匡胤和他的弟弟赵匡义、幕僚赵普等人看到周世宗壮年夭折，他的儿子周恭帝年幼无知，就秘密策划夺取皇位。

赵匡胤，涿州（今河北省涿县）人，父赵弘殷时迁居洛阳。他出生于洛阳夹马营。父亲先后为后唐、后晋、后汉的军官。

在中国历朝皇帝中，赵匡胤大概算得上是功夫最厉害的人。现在武术里面有一套叫“太祖长拳”，据说便是他所创的。还有传闻说赵匡胤曾经在少林寺学过功夫，是真是假，现在也说不清了。正史对他的武艺也有所记载，“学骑射，辄出人上”，有一次骑一匹烈马时，他的脑袋撞在门楣

上，大家以为他必死无疑，岂知一点事也没有，足见他的功夫确实不错。

高超的武艺对赵匡胤的军事生涯起到了很大作用。二十一岁那年，赵匡胤投奔郭威麾下，开始在军界崛起。他原本出身军人世家，自小对兵法韬略烂熟于胸，加上精湛的武艺，很快得到郭威的器重。郭威发动政变，推翻后汉政权，建立后周政权以后，赵匡胤先后担任滑州副指挥、开封府马直军使等职。

高平之战，赵匡胤脱颖而出，升任殿前都点检（皇帝亲军的最高将领），掌握了后周的兵权，兼任宋州（今河南省商丘县南）归德军节度使，负责防守汴京。

公元960年正月初一，后周的文武官员正在向周恭帝祝贺新年，在赵匡胤等人的指使下，河北镇、定二州（今河北正定、定州）忽然派人前来谎报军情，说辽国和北汉联合，出兵南侵，情况危急。

符太后和小皇帝听闻此事茫然不知所措，最后屈尊求救于宰相范质，皇室威严荡然无存。范质暗思，朝中文武百官唯赵匡胤才能解救危难。

不料，赵匡胤却推托兵少将寡，不能出战。范质只得委赵匡胤最高军权，可以调动全国兵马。几天后，赵匡胤统率大军出了东京城（今河南开封），行军至陈桥驿（今河南封丘东南陈桥镇）就不走了。当时，大军刚离开不久，东京城内起了一阵谣传，说赵匡胤将为天子，这个谣言不知是何人所传，但多数人不信，朝中文武百官也略闻一二，谁也不敢相信，但却已慌作一团。赵匡胤此时虽不在朝中，但东京城内所发生的一切他都了如指掌，而且这也是他的杰作。周世宗在位时，他正是用此计使驸马张永德被免去了殿前都点检的职务而由他接任。赵匡胤知道皇帝的心思，就怕自己的江山被人夺走，所以他们的疑心很重。这次故伎重施，是为了造成朝廷的慌乱，并使他的军队除了绝对听命于他外别无他路。

这天晚上，赵匡胤的一些亲信在将士中散布议论，说：“今皇帝幼弱，不能亲政，我们为国效力破敌，有谁知晓；不若先拥立点检为皇帝，然后再出发北征。”将士的兵变情绪很快就被煽动起来，这时赵匡胤的弟弟赵

匡义（后改名光义即宋太宗赵炅）和亲信赵普见时机成熟，便授意将士将一件事先准备好的皇帝登基的黄袍披在假装醉酒刚刚醒来的赵匡胤身上，并皆拜于庭下，呼喊万岁的声音几里外都能听到，遂拥立他为皇帝。赵匡胤却装出一副被迫的样子说："你们自贪富贵，立我为天子，能从我命则可，不然，我不能为若主矣。"

拥立者们一齐表示"唯命是听"。赵匡胤当众宣布，回开封后，对后周的太后和小皇帝不得惊犯，对后周的公卿不得侵凌，对朝市府库不得侵掠，服从命令者有赏，违反命令者族诛，诸将士听令。于是赵匡胤率兵变的队伍回师开封。守卫都城的主要禁军将领石守信、王审琦等人都是赵匡胤过去的"结社兄弟"，得悉兵变成功后便打开城门接应。当时在开封的后周禁军将领中，只有侍卫亲军马步军副都指挥使韩通在仓促间想率兵抵抗，但还没有召集军队，就被军校王彦升杀死。

有些将士把范质、王溥拥到赵匡胤那里，赵匡胤假意流着眼泪，哭着说："我受周世宗的厚恩，想不到受将士们的逼迫，做出这样的事来，真叫人惭愧，我该怎么办呢？"

范质还没有来得及回答，一个叫罗彦环的将军，拔剑上前，声色俱厉道："我们没有主子，今天一定要立点检做天子！"

赵匡胤假意喝道："还不退下！"

王溥吓得脸色都变了，他退到台阶下，先向赵匡胤低头拜了下去。范质没有办法，也只好跟着下拜。

陈桥兵变的将士兵不血刃就控制了后周的都城开封。正月初五日，赵匡胤在崇元殿召集百官，举行称帝仪式。一位官员拿出了事先以周恭帝名义写的诏书，宣布把皇位禅让给赵匡胤，赵匡胤拜受了诏书，然后升殿，正式登上了皇位。

赵匡胤改封恭帝柴宗训为郑王，由于他在后周任归德军节度使的藩镇所在地是宋州（今河南商丘），遂以宋为国号，定都开封，建立了赵宋王朝。

从二十一岁从军，到三十三岁坐上龙椅，赵匡胤只用了十二年的时间。

赵匡胤虽然夺了柴氏江山，但总算还是有些人性的。

最初刚入主皇宫，赵匡胤看到宫嫔抱着一个小孩，就问这是谁的，回答说是周世宗的小儿子，赵匡胤问赵普怎么办，赵普面不改色地说：“去之！”意思就是干掉，斩草除根。

身边跟着的潘美却默默不语，赵匡胤问起来，潘美才说：“如果我说杀掉，是有负世宗；如果说不杀，陛下又会怀疑我。”

赵匡胤点头说：“继人之位，杀人之子，这种事我干不出来啊。”当即又立下誓约，“柴氏子孙即便犯了罪，也不许加刑处理，哪怕他们谋反，也只能在监狱里赐死自尽，绝不可在闹市斩杀，也不许株连亲属。”

后来这个誓约更加具体化，被刻成碑文，放置在太庙寝殿的夹室内，每当新天子即位，就由一个不识字的内侍陪同，跪下来默默念诵。

这个誓约是国家级的机密，除了历任皇帝再也无人知晓，直到后来靖康之变，金人打开宫殿，方才发现这一闪烁着人性光辉的秘密。

# 2. 鸟尽弓藏：一杯酒尽收兵权

## 篡权的家底——义社十兄弟

赵匡胤之所以能从一个高级将领最终成为北宋开国皇帝，主要在于他完全掌握了后周最精锐的军事力量——禁军，当年，在赵匡胤从军之时，有一群与他有着相似背景的“热血青年”先后参军，赵匡胤与他们结为兄弟，发誓同甘苦共患难，而他们这群人先后成为禁军高级将领，正是赵匡胤篡班夺权的家底。

这十人是：赵匡胤、石守信、李继勋、王审琦、韩重赟、刘廷让、杨光义、刘庆义、刘守忠、王政忠。十人最初结社是在后汉末年，共同在时任枢密使的郭威帐下，十人都是低级军官，地位大体相当。而在周世宗去世之时，这十人大都成为军中主将。

十人最初以谁为首，无从得知，不过从史籍记载看，结拜前后，也就是后周建国之前，十人之中李继勋官职最高，后周建国之时担任殿前司散员都指挥使，已经是一名中级将领了，而此时的赵匡胤不过是东西马直使，一个禁军的下级军官。而在高平之战后，李继勋多次升迁，一直到周世宗末年，职位才低于赵匡胤。而在陈桥兵变之时，李继勋并未参与，在宋朝建国之后赵匡胤对他也并没有特别的眷顾，可以猜测，十人结拜之时，为首之人可能正是这位年纪最长，官职最大，而和赵匡胤关系普通的李继勋。

十人之中，石守信、王审琦、韩重赟和赵匡胤关系密切，都参与了陈桥兵变，在宋朝建国之后一度权力很重。之后赵匡胤用杯酒释兵权一招，轻松夺回石守信和王审琦的兵权，而韩重赟则早在之前就因私自培植亲信而被赵匡胤解除了兵权。

韩重赟与赵匡胤交情深厚，赵匡胤篡夺周恭帝柴宗训皇位建立宋朝时，韩重赟因辅佐有功，晋官至殿前都指挥使，兼任义成军（今河南省开封县治）节度使，这个职位是个如同现在首都卫戍司令一类的职务，由此可见宋太祖赵匡胤对他的信任。但也因此惹起他人对韩重赟的嫉恨，有人向宋太祖进谗言，诬告他私下交结禁兵，培植亲信。宋太祖本就是靠兵变起家的，很怕后人效仿，闻听此言，甚为恼怒，要将韩重赟斩首。赵普劝谏道："亲兵本来不必陛下亲自管理，需择人去统领。如果韩重赟因为谗言被杀，以后还有谁敢为陛下统领禁军呢？"宋太祖明白过来，采纳了宰相的建议，韩重赟才幸免于难。赵匡胤虽然不杀韩重赟，但随即于同年二月解除了他的军职，出为彰德军（相州，今河南安阳）节度使。

赵匡胤"义社十兄弟"中的杨光义、刘庆义、刘守忠、王政忠四人，史书记载不详。两宋之际的李攸记载："太祖义社兄弟，保静军节度使杨光义，天平军节度使、同平章事兼侍中石守信，昭义军节度使兼侍中李继勋，忠武军节度使、同平章事、中书令、秦王王审琦，忠远军节度使、观察留后刘庆义，左骁卫上将军刘守忠，右骁卫上将军刘廷让，彰德军节度使韩重赟（赟），解州刺史王政忠。"这个排列顺序也许就是十兄弟的排行顺序。

刘守忠，相州（今河南安阳市）人，一作"左骁卫大将军致仕"，大将军应是上将军之误，其经历或许与右骁卫上将军刘廷让（光义）有某些近似之处，可能也任过节度使。刘守忠父刘万国任河中府（今山西永济西）马步军都指挥使，也许是在后周时。刘守忠之子刘用是宋太宗晋王府旧人，太宗末任至高阳关副都部署，真宗时历任州部署、副都部署、知州

等职。

王政忠，据李焘记载：“世言太祖义社十兄弟，政忠盖其一人也。”还说“并当检讨”，可见南宋初叶所存史料已极少。开宝八年（975 年）五月，王政忠以解州刺史权知晋州（今山西临汾）兼兵马钤辖。次年八月，赵匡胤以党进、潘美为帅进攻北汉，又派兵分路进兵，其中一路由郝崇信与解州刺史王政忠率领，出汾州（今汾阳）进攻太原。九月，宋军击败北汉军于太原城下。十月，当宋军继续攻打太原之际，赵匡胤离奇死亡，“是月，太宗即位，召诸将还”。此后，王政忠即不见于记载。

从以上七人的最后官衔与李攸记载的相同，推测未见于其他记载的杨光义、刘庆义二人，杨光义的最后官衔当即是保静军节度使。而李攸所记刘庆义官衔忠远军节度使、观察留后则稍有误，北宋初未设忠远军，可能是安远军（安州，今湖北安陆）之误；节度使、观察留后，可能是“节度观察留后”之误，衍“使”字，他的官衔可能是安远军节度观察留后。

因为赵匡胤当了开国皇帝，他的经历需要演绎成神话、传奇，所以他的继承者们不断试图抹去或者淡化赵匡胤与这群人的“兄弟”关系。但历史不会被抹掉，总会留下一些蛛丝马迹。

## 最后都点检——化龙除军职

慕容延钊，字化龙，出身将门，他的父亲慕容章官至襄州马步军都校，领开州刺史。慕容延钊在少年时代就以勇敢干练闻名，后汉时他为枢密使郭威的部下。郭威代汉建周后，他被补为西头供奉官，历尚食副使、铁骑都虞候，周世宗即位后，改任殿前散指挥使都校、领溪州刺史。

当年，北汉趁周太祖郭威去世，周世宗柴荣初即位之机，联合契丹向后周大举进攻，周世宗率兵反击，双方在高平（今山西高平县）大战。慕容延钊在这场敌强我弱的战争中督左先锋，冲锋陷阵，奋力拼杀，为后周取得高平之捷立下了汗马功劳，因之被授为虎捷左厢都指挥使、领本州团练使，不久又迁升殿前都虞候、领睦州防御史。

后周进攻南唐时，慕容延钊先后担任龙捷左厢都校、沿江马军都部署、镇淮军部署。显德五年（958年），周世宗在迎銮江口，闻报南唐有数百艘船只停泊在余州，命令慕容延钊与右神武统军宋延渥前往攻击。慕容延钊率骑兵从陆路出发，宋延渥督舟师沿江继进，两军密切配合，大败南唐水师。由于慕容延钊在这次取淮南十四州的战争中战功卓著，淮南平定后被提升为殿前副都指挥使、领淮南节度使，周恭帝即位后，改镇宁军节度使。

赵匡胤在陈桥发动兵变，回军开封，建宋之时，慕容延钊领兵在外，《续资治通鉴长编》上说慕容延钊听到赵匡胤“受禅”的消息之后，表现不是大喜，而是“听命”。这就道出一点信息，那就是慕容延钊本人并没有参与谋划此事，不然功成之后，应该是大喜，而不该“以镇定闻”；如果是听赵匡胤之命出征，再说“听命”还有什么意思？所以，陈桥兵变，慕容延钊虽然是带前军出发，却并没有意图直接参与兵变，当是无疑。至于兵变之后为什么没有反击，大致有几种可能：一是其家眷在京城，为赵匡胤所控制，像冯继业一样；二是所带均是骑兵，野战没有问题，攻城绝对不利；三是因为要速去救援镇定，所带粮草物资应该是从简，不能长期坚持；四是慕容延钊所带的将领中有赵匡胤的嫡系，慕容延钊受牵制；五是慕容延钊本人不结党羽，所以本身实力不济。

李筠起兵反宋时，宋太祖初命慕容延钊与王全斌率兵由东路与石守信、高怀德会讨，后又任命他为行营都部署，知潞州行府事。叛乱平定后，慕容延钊官加侍中，诏还澶州（今河南濮阳）。事实上，这里有插曲，那就是在慕容延钊领兵出征之时，赵匡胤派自己的亲信昝居润去了慕容延

钊的地盘——镇宁军节度所在的澶州。昝居润去的目的不清楚，但是，从赵匡胤派昝居润去镇州代郭崇的事情看，怕去澶州也是为解除慕容延钊的权力，安插自己的势力。到平定了李筠之后，昝居润在澶州也做足了工作，就下诏让慕容延钊回澶州。这跟让刘熙古去青州，然后又调李重进去青州简直如出一辙。

建隆二年（961 年），宋太祖为了集中兵权，撤销了殿前都点检这个重要的禁军统帅职位，由皇帝直接掌握禁军，慕容延钊被罢为山南东道节度使。

这时，慕容延钊应该是明白皇帝对自己有戒心了，于是来到京城，请求解除军职——这也是宋初功臣里第一个主动要求解除军职的。赵匡胤根本就没有推辞，直接就答应了。

建隆四年（963 年）正月，宋太祖决定向荆湘地区发动进攻。命慕容延钊为湖南道行营前军都部署、枢密副使，李处耘为都监，率领十州军队在襄阳（今湖南襄阳）会合，以讨伐张文表为名，出兵湖南。慕容延钊此时已经不能行走，赵匡胤即让其“肩舆即戎事”，也就是说，只要慕容延钊还活着，抬也要抬到战场上去。

为什么赵匡胤一定要让慕容延钊带病上战场？这里面恐怕还是李处耘的原因。李处耘在拥立赵匡胤陈桥兵变这件事情上可以说是卖了很大的力气，赵匡胤必然想重用李处耘。由于李处耘从未有亲带大军出征的经历，所以还必须要一个有这样经历的人陪伴。正如司马穰苴当年请齐君派一个得力的人监军一样。李处耘再厉害，也跟司马穰苴有差距，若想成功，必然会选择一个非常有把握的人同去。这个人选慕容延钊最合适不过。

后来，慕容延钊平定荆湘，却仅得检校太尉，比之拥立赵匡胤的其他诸将，慕容延钊此时才得此封号，可谓晚矣。当年冬天，慕容延钊病逝。

从慕容延钊的经历来看，怎么说都看不出他与赵匡胤有多铁的关系。因此，友善与称兄的说法，无非是史家为美化赵匡胤为众人所推举而采取的一种手段而已。

# 权力的博弈——杯酒释兵权

赵匡胤刚刚当皇帝时，并没有在意武将们手中的兵权，他还是比较相信哥们儿义气的。

杯酒释兵权的始作俑者是赵普，这位“半部论语治天下”的军师，适时提醒太祖，得防着那些手握重兵、威望甚高的将军们，“稍夺其权，制其钱粮，收其兵权”，这是赵书记（赵普担任赵匡胤的节度掌书记）给新天子治军的十二字方针。

说起来，并非赵普多有先见之明，军阀动辄扳倒当朝皇帝自己坐上龙椅的事情，在五代，属于家常便饭。这正是赵普替太祖担心的起因。而另一个更具说服力的例证是，赵匡胤就是拥有无边的军权后，从人家后周七八岁孩子柴宗训手里，把天下“顺”到手的。你能顺别人的天下，就敢保证别人不会顺你的天下？道理很简单。

赵普提醒时，赵匡胤开始还有些迟疑，哥们儿会掀翻我吗？回到后宫一琢磨，情况确实还不容轻视。尤其是他梳理回忆起自个儿黄袍加身的一个个细节，再也坐不住了。随后便上演了那一出颇具传奇色彩的“杯酒释兵权”的桥段。

那日，赵匡胤在宫里举行宴会，请石守信、王审琦等几位老将喝酒（此时是公元 961 年）。

酒过几巡，赵匡胤命令在旁侍候的太监退出。他拿起一杯酒，先请大家干了杯，说：“我要不是有你们帮助，也不会有现在这个地位。但是你们哪里知道，做皇帝也有很大难处，还不如做个节度使自在。不瞒各位

说，这一年来，我就没有睡过一夜安稳觉。”

石守信等人听了十分惊奇，连忙问这是什么缘故。赵匡胤说：“这还不明白？皇帝这个位子，谁不眼红呀？”

石守信等听出话音来了。大家着了慌，跪在地上说：“陛下为什么说这样的话？现在天下已经安定了，谁还敢对陛下三心二意？”

赵匡胤摇摇头说：“对你们几位我还信不过？只怕你们的部下将士当中，有人贪图富贵，把黄袍披在你们身上。你们想不干，能行吗？”

石守信等听到这里，感到大祸临头，连连磕头，含着眼泪说：“我们都是粗人，没想到这一点，请陛下指引一条出路。”

赵匡胤说：“我替你们着想，你们不如把兵权交出来，到地方上去做个闲官，买点田产房屋，给子孙留点家业，快快活活度个晚年。我和你们结为亲家，彼此毫无猜疑，不是更好吗？”

石守信等齐声说：“陛下替我们想得太周到啦！”

第二天，石守信、高怀德、王审琦、张令铎、赵彦徽等上表声称自己有病，纷纷要求解除兵权，宋太祖欣然同意，让他们罢去禁军职务，到地方任节度使，并废除了殿前都点检和侍卫亲军马步军都指挥司。禁军分别由殿前都指挥司、侍卫马军都指挥司和侍卫步军都指挥司，即所谓三衙统领。在解除石守信等宿将的兵权后，太祖另选一些资历浅，个人威望不高，容易控制的人担任禁军将领。禁军领兵权析而为三，以名位较低的将领掌握三衙，这就意味着皇权对军队控制的加强，以后宋太祖还兑现了与禁军高级将领联姻的诺言，把守寡的妹妹嫁给高怀德，后来又把女儿嫁给石守信和王审琦的儿子。张令铎的女儿则嫁给太祖三弟赵光美。

过了一段时期，又有一些节度使到京城来朝见。赵匡胤在御花园举行宴会，席间，他说：“你们都是国家老臣，现在藩镇的事务那么繁忙，还要你们干这种苦差，我真过意不去！”

有个乖巧的节度使马上接口说：“我本来没什么功劳，留在这个位子上也不合适，希望陛下让我告老还乡。”

也有个节度使不知趣，唠唠叨叨地把自己的经历夸说了一番，说自己立过多少多少功劳。赵匡胤听了，直皱眉头，说：“这都是陈年老账了，尽提它干什么？”

赵匡胤收回地方将领的兵权以后，建立了新的军事制度，从地方军队挑选出精兵，编成禁军，由皇帝直接控制；各地行政长官也由朝廷委派。通过这些措施，新建立的宋王朝开始稳定下来。

赵匡胤的做法后来一直为其后辈沿用，主要是为了防止兵变，但这样一来，兵不知将，将不知兵，能调动军队的不能直接带兵，能直接带兵的又不能调动军队，虽然成功地防止了军队的政变，但却削弱了部队的作战能力，以致后来宋朝在与辽、金、西夏的战争中，连连败北。

“杯酒释兵权”的负面因素，主要是由于“以防弊之政，作立国之法”，一些强化专制主义中央集权制的政策和措施，转化成为它的对立面。“冗官”、“冗兵”和“冗费”与日俱增，使宋朝封建国家逐渐陷于积贫积弱的局势中，难以自拔。这也是宋朝最终灭亡的根本原因。

再者看，“杯酒释兵权”是宋太祖赵匡胤与整个武将集团的一场政治博弈，既然是博弈，作为博弈双方的任何一方都不可能无本生利，不付代价。很显然，在这场政治博弈中，武将集团虽然失去了手中的“兵权”，但换来了皇帝赵匡胤许诺与赏赐的奢侈与享乐，对国家来说平白滋生了一些新的腐败与贪婪阶层，对百姓来说则是无形中增加了更多更大的负担与伤害。显然，这种做法有些得不偿失，于国于民利弊同在。

据史料记载，太祖的武将们后来几乎清一色地都成为“贪财好色”之徒。史书上称石守信“累任节镇，专务聚敛，积财巨万”；王全斌“破蜀日，夺民家子女玉帛”，纵兵大掠蜀中；王仁赡破蜀之日，“纳李廷珪妓女，开丰德库取金宝”；楚昭辅“颇吝啬，前后赐予万计，悉聚而畜之。尝引宾客故旧至藏中纵观，且曰：‘吾无汗马劳，徒以际会得此，吾为国家守尔，后当献于上。’及罢机务，悉以市善田宅，时论鄙之。”崔彦进“频立战功，然好聚财货，所至无善政。”曹翰“贪冒货赂。”张铎“州官

岁市马，张铎厚增其直而私取之，累至十六万贯，及擅借公帑钱万余缗，侵用官曲六千四百瓶。”田景咸“性鄙吝，务聚敛，每使命至，惟设肉一器，宾主共食。”王晖“性亦吝啬，赀甚富，而妻子饭疏粝，纵部曲诛求，民甚苦之”……这一切的一切，皆由“杯酒释兵权”而来，平添许多悲剧色彩。

当然，我们也必须看到，太祖时期的一些武将在最初时期，其实并不都想跻身贪污腐败行列，但因害怕过于洁身自好而被赵匡胤怀疑有不臣之心，只好以“作秀”方式应付，故意装出自轻自贱、自甘堕落的样子，但后来环境改变人，意志不坚定的人就容易变坏。如石守信原本是一员仁将，不仅作战勇猛，且一向重义轻利，可自从“杯酒释兵权”事件发生后，他忽然顿悟，从此开始追求声色犬马，疯狂聚敛财物。对他的这一异常“表现”，《宋史》如此评价道：“岂非亦因以自晦者邪？”话说得很透彻，原来他老兄不过是像当年秦朝大将王翦那样，在出征灭楚途中为了消除秦始皇的疑虑，故意“自污”罢了。

而另一位武将王全斌，史书上也说他之前一直表现很好，为人素来“轻财重士，不求声誉，宽厚容众，军旅乐为之用”，只是在“杯酒释兵权”后，他竟像换了个人似的，克蜀之日，竟自己带头并放纵部下大肆搜掠蜀中，“侵侮宪章，专杀降兵，擅开公帑，豪夺妇女，广纳货财，敛万民之怨嗟，致群盗之充斥”。如此种种，“杯酒释兵权”的后遗症已跃然纸上，无可否认。

# 太祖的诡计——灌醉讹银子

这可能只是个传说，也可能只是个故事，是否真实存在，无从考究。

在后人看来，赵匡胤这一招“杯酒释兵权”玩得轻松、玩得巧妙、玩得不费吹灰之力。据说，赵匡胤本人并不这么认为。为了让这些人交出兵权，他付出的可不仅仅是几杯水酒的代价。按照赵匡胤在酒桌上承诺的条件，三大项支出是必须的：一是十几个将军，人人得一大片良田，建一座舒适安逸的豪宅庄园；二是许多如花似玉的妙龄美女，皇族要忍痛割爱先任凭将军们挑选消受；三是，还得搭上自家儿女，跟这伙哥们儿联姻！

当一切如愿达成，天下逐步平定下来以后，赵匡胤心里的不平之气愈发憋闷。天下都姓赵了，凭什么我要拿那么些良田、豪宅、美女来跟你们交换呢？难道我坐了龙椅，兵权还不名正言顺地归我所有吗？还需要我自掏腰包讨价还价地跟你们商量？你们怎么吞进去的，就怎么给我吐出来！

于是，“杯酒释兵权”之后，赵匡胤又亲手导演了一场更精彩的戏，这一招真令人叫绝，姑且就叫“灌醉讹银子”吧。

冯梦龙的《智囊》里记载有这么一段：“艺祖既以杯酒释诸将兵权，又虑其所蓄不赀。每人赐地一方盖第，所费皆数万。又尝赐宴，酒酣，乃宣各人子弟一人扶归。太祖送至殿门，谓其子弟曰：‘汝父各许朝廷十万缗矣！’诸节度使醒，问所以归，不失礼于上前否？子弟各以缗事对。疑醉中真有是言，翌日，各以表进如数。”

艺祖就是赵匡胤——有文艺范儿的皇帝。赵匡胤花大价钱收回兵权之后就后悔了，老是惦记着这伙人手里的银子太多了。怎么办呢？如法炮

制，但这回，朕要给你们玩个更新鲜刺激的。

这一天，赵匡胤邀请各位老哥们儿来喝酒，笑脸相迎，特命各位：不要在朕面前拘束，尽管放开了喝，今天这里没有君臣，只有老哥们儿聚会，不喝倒不算喝好。圣上开恩，各位受宠若惊，心花怒放，最后，个个喝得东倒西歪，不省人事。这时候，赵匡胤让人通知各位将军的家人来领人。将军们的儿子急匆匆赶到皇宫，各自扶起瘫软如泥的父亲准备回家。且慢，赵匡胤有话要说："各位贤侄别忙着走，你们的父亲方才在朕面前答应说，每人向朝廷捐献一个亿（文），可别食言，明日快快送上。"

第二天，各位将军酒醒了，头一件事是先问儿子们："昨儿个没在圣上面前胡说八道吧？有没有失礼的地方？"儿子们焦急的却不在这儿，张口就问老爷子："皇上说你在酒桌上应承捐献朝廷一个亿，可有此事？"

将军们当时都喝失忆了，昨天在酒宴上到底都说了些什么，此刻是一句也想不起来了。然而，皇帝面前无戏言，兴许说过，如不兑现，岂不是欺君？又不能去跟皇上对证，没办法，每家赶紧抵押借贷卖房卖地，凑足一亿，照数上缴府库。

收兵权付出的成本，赵匡胤一桌酒菜，又囫囵赚了回来——皇帝的便宜，岂是说占就占的？

# 3. 李煜之死：一代词帝的兴衰荣辱

## 绝代风雅人，错生君王家

南唐后主李煜，原名从嘉，字重光，号钟山隐士、钟峰隐者、莲峰居士、钟峰白莲居士。他不仅生日特别奇巧（他出生于七夕节），出生之后的相貌也与常人不同，史书称之为“骈齿重瞳”，就是有两层门牙和一个眼睛里有两个瞳孔。他长大之后，英俊秀美，才气逼人，他“精究六经，旁纵百氏”，善诗词、精书画、通音律，身边簇拥着南唐文人韩熙载、冯延巳、李建勋、徐铉等。在即位之前，他一直过着“心志于金石，泥花月于诗骚”的文人雅士的生活。

他本来就生性风流，南唐政治斗争的残酷更加促使他选择逃避现实，一心向文。他父亲是个温厚、与世无争的人，因为皇位的问题却屡屡和皇叔们闹得不欢而散，朝中大臣们亦是貌合神离，父亲整天愁眉不展，让他觉得为人君也没有多少乐趣。对李煜刺激最大的还是他的哥哥前太子弘冀，他们之间本来感情很好，是无话不谈的兄弟。但李煜长大之后，慢慢有了人君之相，尤其是他眼睛重瞳，这是传说中的大舜和西楚霸王项羽才有过的异相。弘冀慢慢对李煜嫉恨起来，害怕李煜将来和他争夺太子之位。李煜其实对皇权这东西并不感兴趣，他后来给赵匡胤上书时曾说过：“自出胶庠，心疏利禄，被父兄之荫育。乐日月以优游。”他在《渔父》词

中也说："一壶酒，一竿鳞，世上如侬有几人"，"一棹春风一叶舟，一纶茧缕一轻钩。花满渚，酒满瓯，万顷波中得自由。"这些话确实是他内心的真实写照。哥哥弘冀猜忌他，他虽然很伤心，但他对哥哥还是一如既往地好。弘冀因为玩弄阴谋，重疾缠身，李煜跑前跑后地照顾他，弘冀深为感动。所以，在临死之前，弘冀对李煜吐露了他毒杀皇叔景遂的人间惨剧，这极大地刺激了李煜，使他对政治愈加厌恶。

因为李煜不是长子，而且弘冀也非常能干，李煜从未想过去做一国之君。他只希望在藩王的位置上终老此生就可以了，他为自己取号为：钟山隐士、钟峰隐者、莲峰居士、钟峰白莲居士，其中均饱含着消极出世、逃避遁隐的意味。但弘冀和他父亲相继死后，南唐的江山却意外地落到了他的手上。

更加无奈的是，国库不丰，又屡兴干戈，他还要不停地向北方上贡。后周显德五年（958 年），向后周称臣后，以劳军的名义，向柴荣送上银、绢、钱、茶、谷共百万。李煜刚登基时，也给宋贡去了金 2000 两、银 20000 两、纱罗缯彩三万匹。为收买宋宰相赵普，一次就送给人家 50000 两白银。南唐本是小国，这样折腾的结果常常是入不敷出。

南唐国中大臣一直精于弄权。自南唐开国后，就有宋齐丘和孙晟结成两党，争斗不已，互相攻击，造成了极大的内耗，前主李昪和中主李璟均不胜其烦。李煜即位后，朝中亦不乏硕才俊士，如：萧俨、陈乔、徐铉、韩熙载、潘佑等，但由于李煜摸不透他们的脾气，所以并不能做到知人善用，最典型的就是韩熙载。韩熙载（902 ~ 970 年），山东北海人，字叔言，五代南唐进士，工于文章诗词。他是南唐三朝老臣，兵部尚书。年轻时志向很大，他离开家乡来江南时，一个姓李的好朋友来给他送行，他就对李说："江南要是任用我为宰相，要不了多久就会长驱直入，平定中原。"李也说："中原要是让我当宰相，平定江南就好像探囊取物一样容易。"后来后周进攻江南，果然任用李为将，轻易就夺取了淮南之地。韩熙载因为是北方人，始终没有得到重用。李煜刚即位时，猜忌心很重，鸩

杀了很多从北方来的大臣，韩熙载为逃避南唐李后主的猜忌而故意纵情声色。李煜对韩熙载的放荡行为很不满意，就派画家顾闳中潜入韩家，仔细观察韩的所作所为，然后画出来给他看。这幅画今天珍藏在故宫博物院，画名就叫《韩熙载夜宴图》。如此精美传神的图画，背后折射出来的却是当时南唐君臣互相猜疑、彼此不信任的尴尬状态。事后，韩熙载还是没有被李煜重用，最终在凄凉中死去。

虽然如此，李煜还是打起十二分精神来打理国家，力图给死气沉沉的南唐带来一点改变。即位初年，李煜也确实是励精图治，赏罚分明。他建立龙翔军，操练水战，以备不时之需。金陵烽火使韩德霸负责京城治安，但此人飞扬跋扈，经常无故欺压百姓，国子监教授卢郢打抱不平，将韩德霸拉下马来，痛揍了他一顿。韩德霸来李煜面前哭诉，李煜毫不手软，立即革了韩德霸的职。人们都为后主如此干脆利落的手段而眼前一亮，此事一时传颂江南。李煜一直想物色一位杰出的宰相，来辅助他挽狂澜于即倒。他也试图发挥韩熙载的作用，却因无法接受这么一个放荡不羁、纵妾卖春的人来做宰相，事情最终不了了之。他时常大力称赞那些为国家作出贡献的人，比如陆昭符入宋不辱使命，集贤殿学士徐锴，守正不阿，为国选拔了许多英才。这让满朝上下心服口服，一时人心思进，南唐气象为之一变，国家也获得暂时的安宁。

## 是谁，感动了李煜的词笔

“晓妆初过，沉檀轻注些儿个。向人微露丁香颗，一曲清歌，暂引樱桃破。罗袖裛残殷色可，杯深旋被香醪裛。绣床斜凭娇无那，烂嚼红茸，

笑向檀郎唾。”一首《一斛珠》将大周后艳丽娇憨的风情跃然纸上。这种香闺韵事，儿女柔情，赤裸裸地写了出来。“烂嚼红茸，笑向檀郎唾”，多么烂漫，多么娇柔的儿女情态，以现代眼光看，固然不足为奇，但是，在千年以前的封建社会里，那就够奇特的了。周后的多情，感动了李煜的词笔，李煜的词笔，介绍了多情的周后给千古瞻仰，文学是环境的产物，是情感的交流，在这里完全得到了印证。

李煜写这首词的时候，和大周后刚新婚不久，两人整日耳鬓厮磨，享受着快乐的生活。

大周后，名宪，字娥皇，南唐大臣周宗的长女，生得花容月貌，气质高雅，棋艺精湛，史书上说她“晓书史，善歌舞，精音律，尤以弹琵琶见长”。她的妹妹后来也嫁给李煜并封为后。后人为了区分她们两人，称姐为大周后，妹为小周后。

保大十二年（954 年），在李煜之父南唐元宗皇帝李璟的亲自主持下，大周后与李煜成婚，这一年大周后 19 岁，李煜小她 1 岁。李璟很喜欢这个儿子，对他的婚事也颇为重视。此前，大周后曾到宫中演奏过琵琶，李璟听后赞不绝口，将宫中至宝烧槽琵琶赏赐给了她。可见，李璟对这位儿媳妇相当满意。

大周后嫁给李煜之后受到专宠。虽然李煜还有其他姬妾，但只有大周后一人能与他精神相通。

据说，一日，大周后同李煜月夜赏雪饮宴，酒至半酣时，大周后邀请李煜起舞助兴。微微有些醉意的李煜笑着说道：“要我起舞也可，只要你能谱出新曲来，我就能随曲起舞。”大周后微微一笑，立即命人取来笔墨，只见她“喉无滞音，笔无停思”，一会儿工夫就谱了一首新曲。李煜接过新曲一看，大声叫妙，立即让乐伎演奏，自己则随着乐声舞了起来。大周后所作的这首曲子也因此被称为《邀醉舞破》。

这年的七夕前夕，李煜让人在碧落宫内造了一座富丽堂皇的月宫。七夕这天，无数歌舞乐伎扮成仙女的样子，奏演《霓裳羽衣曲》，李煜则带着大周后观看饮乐，直到很晚才散去。

不料，七夕后不久，大周后竟得了重病。李煜非常着急，日夜陪伴在她的身边，亲自照顾饮食，汤药也必定亲口尝过再喂她服下。然而，大周后的病一天重似一天，特别是她最疼爱的幼子仲宣4岁夭折，大周后“哀苦增剧”，眼看是不行了。

据说，大周后死前还遭受过严重的打击。陆游的《昭惠传》披露了事发细节：周蔷病了，这一次，她并没叫娘家人进宫伺候，想不到，她竟鬼使神差地撞见了周薇——这就怪了！妹妹进宫探视，自己为什么事先不知道？姐姐满腹狐疑，便不动声色地问妹妹：“你什么时候来的？”周薇原本是李煜私下叫来幽会的，可怜这个15岁的女孩儿，少不更事，哪里会睁眼说瞎话呀？姐姐一问，便羞红了双颊，如实招认：“已经进宫很多天了。”

一句话，真相大白！周蔷的病情急转直下。她悲愤地躺在床上，不吱声，不扭头，没过多久，这位风华绝代的佳人便香消玉殒了。死前，她亲手将烧槽琵琶和一直戴在手臂上的玉环留给李煜为念，然后沐浴更衣，化好妆，并亲手将玉蝉含放进口中，随后静静逝去。

其时，李煜哀苦骨立，杖而后起，亦如其丧考妣，且将投井以殉，赖救之获免，又亲撰诔文，作《昭惠周后诔》，对两人曾经的恩爱生活做了具体生动的描写，读罢为之动容。周后的死，令李煜悲痛不已，他的词风也是在这时有了转变。从香艳旖旎，到感伤悲切，一切皆因情起。是周后开启了李煜的灵思，让他无意间做了“词中之帝”，虽为亡国之君，却被后世推崇到诸多帝王之上。

# 周薇忒多情，姐夫更风流

小周后，大周后的妹妹。比娥皇小 14 岁，李煜与娥皇结婚时，她年仅 5 岁。史书上并没有记载她的名字（有一说，名周嘉敏或周薇，字女英）。

随着时光的流逝，十年后，这个当年混沌未开的小女孩已出落成婀娜多姿的花季少女。周薇天生活泼，美丽可爱，深受后主李煜母后的喜爱，时常派人接她到宫中小住。周薇酷似初入宫时的姐姐，只是她比姐姐更年轻、更活泼。后因姐姐不幸病逝，周薇便被封为皇后，人们便把她称作小周后。

花季少女能当上皇后，全是出于偶然的一次机遇。那年，29 岁的大周后突然生病，久治不愈。李煜十分着急，便召大周后的家属入宫探视。大周后的父母携带次女，入宫问候。大周后留家人在宫中多住数日，待自己病愈后再回去。然而，由于大周后父母因家事繁冗，不能不回去，就留下周薇在内宫服侍姐姐。

这天中午，午睡之后，李煜身着便装去看望周薇。为了给周薇一个意外的惊喜，他不让宫女通报，径直走向画堂。来到画堂门口，室内一片寂静，原来周薇午睡未醒。他悄悄掀起竹帘向里观看：周薇身着睡衣躺在绣榻上，睡衣薄如蝉翼，刚刚发育的处女挺拔的玉乳双峰若隐若现，那醉人的曲线随着淑女均匀的呼吸慢慢起伏，浓密、乌黑的秀发散铺在锦被上，睡美人发出均匀的呼吸声，少女特有的体香一缕缕飘来。任是他李后主曾历阅风月无数，都不曾见过如此可惊为天人的睡美人之相。当下李煜不由

得如痴如醉血脉贲张，更想近前看个真切，嗅个满足，便掀帘而进，却不料碰响了珠锁，发出了虽然不大而在他听来却是震撼心魄的响声……周薇猛然惊醒，扭头一看，李煜正尴尬地站在门口……

李煜回到澄心堂，回想这次与周薇的会面，一时心潮难平，便填写了一首《菩萨蛮》：

蓬莱院闭天台女，画堂昼寝无人语。
抛枕翠云光，绣衣闻异香。
潜来珠锁动，惊觉银屏梦。
脸慢笑盈盈，相看无限情。

写好之后，便派宫女把这首词送给周薇。看完这首词，周薇完全明白了姐夫的心意。尤其那一句“相看无限情”写得多么含蓄，又多么浓烈，多么引人遐思啊！情窦初开的少女，很难抵挡这位风月老手的攻势，再说，李煜是大权在握的君主，又是妙笔生花的才子，她喜欢还来不及呢，哪能轻慢、拒绝？于是，引发了一场满城风雨的后宫丑闻。

这天，李煜写了密信约周薇月夜到御苑红罗小亭。红罗小亭是李后主在御苑群花之中建筑一亭，罩以红罗，装饰着玳瑁象牙，雕镂得极其华丽，内置一榻，榻上铺着鸳绮鹤绫，锦簇珠光，生辉焕彩。只是面积狭小，仅可容两人休息。李煜遇到美貌的宫女，便引至亭内，任意临幸，所以亭中都时时备有床榻、锦衾绣褥等床上用品。

接到密信，周薇很是兴奋，决心按期赴约。这是她首次和李煜幽会。三更之后，月光朦胧，万籁俱寂，周薇轻出画堂，按照送信宫人的指引慢慢向移风殿走去，只是脚下的金缕鞋发出有规律的响声，让她感到惊心动魄，只好脱下金缕鞋，提在手上，前瞻后顾地向红罗小亭走去。周薇但见内中地方虽小，却收拾得金碧辉煌，设着珊瑚床，悬着碧纱帐，锦衾高叠，绣褥重茵，又有月色朦胧，不禁十分好奇。突然间发现有一男人悄然

从纱帐中快速逼近，定睛一看正是李煜。周薇不觉红潮晕颊，李煜早已执定了周薇的纤手。当小周后惊悟一切，已无处可以藏身，不觉红潮晕颊，娇羞无地。李煜没工夫再言语，只是紧紧地把她抱在怀里，然后万般柔情地拥着周薇走向绣榻，二人度过了一个难忘的不眠之夜……

李煜是个风流天子，得着小姨子周薇这样的美貌可人儿与自己有了私情，心中得意非凡，少不得又要借诗抒情了，便形诸笔墨，填了《菩萨蛮》词一阕，把自己和小姨子的私情，尽情描写出来。

当时，李煜每有新作，便会迅速传出宫廷，流布坊间，成为当年的流行歌曲。忽然，宫廷内外唱红了一首《菩萨蛮》，绘声绘色地描写少女如何偷情、怎样约会。这种黄色小调怎会出自君王之手呢？大周后刚拿到歌词，便微蹙蛾眉，细细地揣摩。很显然，词风就是李煜的。可是，他为何突发奇想，把小姑娘那点儿私事儿写得惟妙惟肖哩？“穴空风自来”，莫非，这首小词背后，还隐藏着什么不可告人的秘密？

也只有李煜知道，歌词背后，藏着一张怎样妩媚的笑脸：“花明月暗笼轻雾，今宵好向郎边去。刬袜步香阶，手提金缕鞋。画堂南畔见，一向偎人颤。奴为出来难，教郎恣意怜。”

据说，正是这件事惹得大周后病入膏肓，最终香消玉殒。

娥皇死后的第二年，李煜的母亲钟氏也去世了。尽丧之后，李煜很快将周薇立为继室，成了名正言顺的南唐王后。此后的日子里，二人极尽绸缪缱绻，身为国主的李煜，心思都用到这位少夫人身上了，哪里还有治国问政的闲暇？李煜毕竟是个大才子，他和小周后的爱情生活过得十分精致，不像陈后主、隋炀帝那样唯以纵欲为乐。为了博得周氏的欢心，李煜可谓煞费苦心。据《清异录》记载，李煜在周氏居住的柔仪殿里专门安排了主香侍女，其焚香之器有把子莲、三云凤、折腰狮子、三神山亙字、玉太古、容华照等几十种。《十国春秋》载，李煜在后花园最狭窄、只能容二人之处修建了一座精美绝伦的小风亭，亭四边栽满鲜花，亭上以红罗覆盖，其雕镂之华丽，世所罕见，二人经常相依相偎于此饮宴。更有甚者，

他还费了许多时日，用比头发丝还细的金线为周氏亲手编织了一顶镏金凤冠，以致周氏见到此冠，惊得目瞪口呆，如此奇巧之物出自一个帝王之手，实在无法想象。仅此数例，二人之欢爱旖旎便可想而知。

只是，欢乐的时光转瞬即逝。烟雨江南，郎情妾意，他们是幸福的，这幸福亦是如此短暂。大军压境，他们的美梦也醒了。

## 故国不堪回首月明中

按照李煜的想法，宋朝不统，南唐不独，两家隔江而治，井水河水两不犯。可惜，赵匡胤可不是这么想的，他志在统一天下，绝不会容忍李煜的"国中之国"。《宋史》记载了赵匡胤杀机四伏的表态，他说："卧榻之侧，岂容他人鼾睡？"看来，南唐偏安一隅、苟延残喘的日子不可能太久。965年，孟昶丢了成都，后蜀政权被连根拔起——这是个非常危险的信号，大宋既能平灭孟昶，还平不了你李煜？

大约10年之后，也就是974年，赵匡胤着手收拾南唐。陆游《南唐书·后主本纪》中说："王师次采石矶，作浮桥成，长驱渡江，遂至金陵。每岁大江春夏暴涨，谓之黄花水。及王师至而水皆缩小，国人异之。"这可是凶兆，连老天爷都不帮李煜了，恐怕南唐灭国，日子屈指可数。

974年夏天，宋军终于杀过长江，直扑金陵。此时，李煜也做了必要的人事调整。他把军务委派给皇甫继勋，擢升陈乔、张洎协理政务，还命徐元瑀做内殿传诏。在军事上，李煜吟诗作赋的天才根本就派不上用场，他只能倚重这几位似乎可以信赖的大臣。很遗憾，他是政治上的"二把刀"。那些被提拔起来的新贵，并不十分得力。战场上，连连溃败，内殿

传诏徐元瑀等人，居然把十万火急的战报扣压起来。李煜像个被软禁的傻子，依然醉在小周后的温柔乡里。尽管这个风情万种的小美女不能替自己分担国政，但是她的一颦一笑、一吟一唱，都叫他心驰神往。美人在侧，还不够吗？足够了！李煜和周薇脉脉含情地凝望着，会心地一笑，杯中酒，又干了。

周薇兀自陪李煜快活，征服者已杀到了门前。“王师屯城南十里，闭门守陴，国主犹不知也。”国主被弄臣骗到这个份儿上，简直是笑话。宋军已清晰地望见了金陵城垛口，城里竟然传出了丝竹管弦、划拳行令的声音——老天爷，钢刀都架到脖子上了，李煜君臣还有心思玩呢！

李煜总算清醒了，他还能不急？立马诛杀了皇甫继勋和徐元瑀，并重新调整人事。此后，双方展开为期一年的拉锯战。陆游在《后主本纪》中写道：“（975 年夏六月）王师百道攻城，昼夜不休，城中斗米万钱，人病足弱，死者相枕藉。”李煜还是很有人缘的，南唐军民、金陵父老，极肯替他卖命。只可惜，大势所趋，一切都来不及了。所谓“天授大宋，非人谋所及”。当年十一月，金陵陷落。为南唐殉国的将士们、为后主殉道的臣僚们，纷纷倒在了李煜眼前。

李煜为了不使金陵成为涂炭战场，按照宋兵的要求，率领王公后妃、百官僚属在江边码头集结，登上宋船北上。数月后，李煜来到开封，朝觐赵匡胤，得到了一个带有极大侮辱性的封爵“违命侯”，还要违心叩头谢恩，高呼万岁。为了后唐百姓，他肉袒而出城投降，以换取百姓平安，这份勇气还是值得赞赏的，在最后时刻，李煜终于做了回有骨气的大男人。

“四十年来家国，三千里地山河。凤阁龙楼连霄汉，玉树琼枝作烟萝，几曾识干戈？一旦归为臣虏，沈腰潘鬓消磨。最是仓皇辞庙日，教坊犹奏别离歌，垂泪对宫娥。”写完降表以后，李煜还不忘发挥一下自己的诗词造诣，写下了这首《破阵子》。都当了亡国奴，还忘不了跟女人们掉眼泪。李煜难当大事的品性，颇似怡红公子那类角色。当君主，确实阴差阳错。

# 赵光义强幸小周后

就在南唐亡国的这年冬天，宋太祖赵匡胤在“烛光斧影”中，在万岁殿不明不白地崩驾，他的弟弟赵匡义即位称帝为宋太宗，改元“太平兴国”。他废除掉李煜的爵位，由违命侯改封为陇西郡公。表面上看，似乎提高了李煜的身份，然而事实并非如此。他常常用言语侮辱李煜，使李煜感到十分难堪。尽管他面对太宗的羞辱还要强颜欢笑，而内心却感到无限的伤痛。最使李煜痛苦的是，“江南剩得李花开，也被君王强折来”。小周后跟他降宋后虽然被封为郑国夫人，但李煜却连自己的皇后也无力保护。

宋朝有一个很奇怪的风俗，每逢节假日和纪念日，有封号的官员太太都要进宫参拜一下皇族成员。这年的正月十五，按规矩，小周后要随朝廷命妇进宫拜贺。

就是那晚，赵光义对小周后一见之下，惊为天人。最后居然舔着老脸，强行留下了小周后。陪伴当今圣上，或许很多女人会神往不已，小周后却只以为是耻辱。

据当时的宫廷画师讲述，小周后拼命反抗，誓死不从，差点把赵光义舌头咬掉。赵光义被咬得满口流血，恼羞成怒，一不做二不休，叫来四五个宫女死死按住了小周后，终于得逞。

这边李煜见小周后自元宵入宫，过了数日，还不回来，急得像热锅上的蚂蚁，在家中恨声叹气。走来踱去，想要到宫门上去问，又因自己奉了禁止与外人交通并任意出入的严旨，不敢私自出外，只得眼巴巴地盼着。一直至正月将尽，小周后才从宋宫中被放出来乘轿回归府邸。李煜如获至

宝，连忙将花容憔悴的小周后迎入房中，赔着笑脸，问她因何今日方才出宫？她却一声不响，只将身体倒在床上，掩面抽泣。李后主一见料定必有事故，但见小周后悲痛不堪，不敢再追问，只怕更伤美人。待到夜间行将就寝，李煜悄声地向小周后细问情由。小周后终于放声痛哭，大骂李煜之声远闻于墙外："你当初只图快乐，不知求治，以致国亡家破，做了降虏，使我受此羞辱。你还要问什么？"李煜顿时什么都明白了，只得低头忍受，婉转避去，心虚得一言也不敢出口。宋人王铚《墨记》中说："李国主小周后例随命妇入宫，每一入辄数日而出，必大泣，骂后主，声闻于外，多婉转避之。"

自此，尝到甜头的宋太宗常以皇后要与众命妇磋商女红或赏花为名，强召小周后及众命妇一起入宫。闻名于天下的绝色美人小周后入宫"参拜皇后"之后，宋太宗都要将她多"挽留"在宫中好几天。宋太宗不满足于只在逢年过节强幸小周后，他想到了一个在没机会和借口召小周后入宫的时节仍可以直观地意淫美人的变态主意：事先召来数名宫廷御用画师如此这般一番，等有机会召来小周后入宫前，使他们躲在宫纬之后——赵光义要让他们把现场描绘下来！然而以往无人在侧时小周后为了李后主而屈辱求生尚可半推半就，当此次行将就事时她发现竟然有数名山羊胡子老头从宫纬后战战兢兢地探头出来现场写生时，仅存的一丁点可怜的自尊爆发出来，一脚蹬开宋太宗，惊恐万状地躲入龙床后。任宋太宗怎么威逼利诱她死活都不肯再就范。宋太宗强推力按仍无法得手，恼怒之余竟又喝来数名宫女代为强抓住小周后，终又强幸之并使画师描绘下完整过程。这就是中国历史上最著名的情色画之一《熙陵幸小周后图》，"熙陵"是指宋太宗，因为他死后葬在河南巩县的永熙陵。元人冯海粟在图上题诗："江南剩得李花开，也被君王强折来；怪底金风冲地起，御园红紫满龙堆。"明人沈德符在《万历野获编》中描述这幅作品说："宋人画熙陵幸小周后图，太宗戴幞头，面黔黑而体肥，周后肢体纤弱，数宫女抱持之，周后有蹙额不胜之态。"姚叔祥《见只编》云："余尝见吾盐名手张纪临元人《宋太宗强幸小周后》粉本（即水粉画），“后戴花冠，两足穿红袜，袜仅至半胫耳。裸身凭五侍女，两人承腋，两人承股，一人拥背后，身在空际。太宗以身当后。后闭目转头，以手拒太宗颊。”

小周后一被召去便是多日，使得一往情深的伉俪，咫尺天涯，难以相聚。小周后虽恨李煜无能使自己受苦，但毕竟是多年恩爱夫妻且现今寄人篱下共患难，也只有认命了。小周后每次入宫归来，都要扑在李煜的怀中，向他哭诉宋太宗对她的无耻威逼和野蛮摧残。为了李煜的安全，小周后只能满足宋太宗的任何要求。李煜望着小周后那充满屈辱和痛苦的泪眼，唉声叹气，自惭自责地陪着她悄悄流泪。还能有什么办法?

透过字面，我们似乎能听见小周后声嘶力竭、声泪俱下的疯狂宣泄。而面对小周后的怨骂，懦弱的李煜只能选择沉默。即便如此，被爱麻醉了的小周后还是不忍抛弃他，以为自己忍受屈辱就能换来李煜的苟且偷生。

## 春花秋月此时了

978年，七夕，李煜生日。他回忆起在江南的时节，群臣祝贺，赐酒赐宴，歌舞欢饮。现在孤零零的夫妻二人，比似囚犯，只少了脚镣手铐，好生伤感，触动愁肠，一齐倾泻出来。先填一阕《忆江南》的小令：

多少恨！昨夜梦魂中，还记旧时游上苑，车如流水马如龙，花月正春风。

填完之后，胸中的悲愤，还未发泄尽净。他看着镜中日渐老去的自

己，想起自己曾经的帝王才子风花雪月的生活，想起曾经给予自己无限快乐的周娥皇，又想起自己成为亡国奴之后屈辱的生活，想到自己的国家，想到自己的子民，想到因自己而受辱的小周后，想到自己的家园故国早已物是人非，巨大的失落感使得他心力交瘁，无穷无尽的愁恨，就像泛着春潮的大江流水，在他的胸膛里翻滚激荡。闲居在赐第里面，连服侍的宫女，也只剩了两三个人；其余心爱的嫔妃，死的死，去的去，一个也不在眼前，便又触动愁肠，胸中的悲戚，一齐倾泻出来，那些痛苦的、快乐的记忆汇到一起，决定再填一阕感旧词，终于用这首词道出了自己无限的心酸和一生的愁绪，由此也诞生了词史上最感人，成就也最高的千古绝唱——《虞美人》——

“春花秋月何时了，往事知多少。小楼昨夜又东风，故国不堪回首月明中。雕栏玉砌应犹在，只是朱颜改。问君能有几多愁，恰似一江春水向东流。”

小周后读罢，恐招来不测，提醒丈夫，怕被耳目听去，惹出是非。李煜惨然一笑，道：“万古到头归一死，醉乡葬地有高原。”自己忍辱多年，依然亡国被俘，欺凌受尽，何怕之有？这个手无缚鸡之力的文人书生，曾经的君王，也只能用诗词这样的东西为自己的尊严，为自己的家国，为自己的爱人，以生命为代价作最后抗争。

词刚唱罢，太宗即得报，闻得“故国”句，勃然大怒：“他还不忘江南，若不将他除去，必为后患。”宋朝的皇帝怎么能容忍亡国之君在大宋京师怀念故国？于是决定除掉李煜。他知道自己的弟弟赵廷美与李煜过从甚密，于是当晚他就派毫不知情的秦王赵廷美代表他前去为李煜祝寿，并赐一剂“牵机妙药”，供李煜和酒服后扶摇星汉，观赏织女牵机织布，以解胸中郁闷。毫不知情的秦王赵廷美将金杯斟酒送上，看李煜饮罢，谢过圣恩，方才回去复旨。那李煜饮了御酒，初时并不觉得怎样，还和小周后

饮酒谈笑。不料到了夜间，毒发之时忽然肢体抽搐，忽从床上跃起，大叫了一声，手脚忽踡忽曲，头或俯或仰，面色改变，身子首脚相接作牵引织机动作数十次，好似牵机一般，不能停止。小周后吓得魂飞魄散，双手抱住了李煜，哭着问他何处难受。后主李煜口不能言，只把头俯仰不休，如此的样子又数十次，忽然复倒在床上，头偎小周后的怀里，已是气息全无痛苦而亡了。能死在最爱之人的怀里，李煜总算不失其浪漫才子本色，勉强算死得其所。

太宗佯装刚刚知道李煜亡故，下诏赠李煜为太师，追封为“吴王”，并废朝三日，遣中使护丧，赐祭赐葬，葬于洛阳邙山，恩礼极为隆重。一代词帝，终此耳耳。

李煜死于非命之后，凄美的小周后失魂落魄，悲不自胜。她整日不理云鬓，不思茶饭，以泪洗面。自此之后，太宗仍时时寻机要强召小周后入宫。小周后悲愤难禁，拒绝再入宫，终日守在丈夫灵位前。太宗虽无可奈何，还是贼心不死地不断派人来做说客，威逼利诱。小周后欲以死相抗，终得暂得免再遭逼幸。短短几个月后，小周后终因经不起悲苦哀愁与绝望惊惧的折磨，于当年自杀身亡，追随李煜而去，可见彼此相爱之深。一代佳人就此香消玉殒。

# 4. 斧声烛影：宋太祖死得很蹊跷

## 赵匡胤死得很有争议

宋太祖死得非常蹊跷。因为正史中没有赵匡胤患病的记载，所以他的死因成了历史上的一宗悬案。《宋史·太祖本纪》的记载极为简单："开宝九年冬，帝崩于万岁殿，年五十。"《宋史·太宗本纪》的记载也同样只有一句话："开宝九年冬十月癸丑，太祖崩，帝遂即皇帝位。"关于这次权力交接的最详细和最权威的记载是《宋史纪事本末》：

10 月 19 日夜里，开封城大雪飞扬。赵匡胤派人召晋王赵光义入宫。赵光义入宫后，宋太祖屏退左右，与弟弟酌酒对饮，托付自己的身后事。宫女和宦官们都被赶得远远的，不知道兄弟两人在谈些什么，只看到房间里烛影摇晃，赵光义多次离席，像是在躲避什么。又看到宋太祖手持拄斧戳地，大声对赵光义喊："好为之，好为之。"不久，赵匡胤就死了。

然而即便是这个最详细的记录，也没有道明赵匡胤是怎么死的，赵光义是如何登基的。这些关键内容都没有交代清楚，实在令人费解。这就为野史提供了想象的空间。

后来有个和尚，名叫文莹，北宋时代的人，他自己修了一部史书，叫《湘山野录》，里面说：宋太祖没有当皇帝的时候，曾经和一位道士在关河游玩，这位道士预言赵匡胤当于哪一年当皇帝，之后果然应验。在即位

之后，赵匡胤四处寻访这位道士，十多年之后终于找到了，赵匡胤对道士说，我找你就想问一件事情，我的寿命还有多久。道士说，只要某某年的10月19日晚上，天晴，那么就可以延寿12年。如果不是天晴，就办理后事吧。到了那一天，晚上果然天晴，星斗灿烂，赵匡胤心中非常高兴。可是不一会儿阴云密布，天色陡变，冰雹骤然下降，于是急命传召开封尹赵光义，邀请进入内室。两人在一起喝酒聊天，但是把所有的宫女和宦官都屏退了，只远远地看见赵光义有时候离开，不知道做什么。酒喝完了，到了三更时分，大殿外积雪已经几寸了，太祖扶着柱子，用斧头敲雪，回头对太宗说："好做，好做。"然后解衣而睡，鼾声如雷。在这个晚上，太宗留宿在宫中，将近五鼓时分，周围的人什么都没有听到，一看才发现太祖已然驾崩了。太宗接受遗诏，在灵柩前即位，宣布遗诏，大声恸哭。引导大臣围着棺木瞻仰，太祖的脸色很好，像刚洗完澡一样。

《涑水纪闻》则说：太祖去世时已是四鼓。宋皇后叫内侍王继恩把皇子德芳叫来。王继恩考虑到太祖早就打算传位于晋王光义，却找来了赵光义，进宫后，宋皇后问："是德芳来了吗？"王继恩回答："晋王来了。"宋皇后看到晋王赵光义在宫中，非常吃惊，对小叔子说："现在我们母子的性命都托付给你了。"书中用的是"官家"二字，官家一般是政府和皇帝的代称。这个称谓出自皇后的口中，象征着宋皇后当时就以皇帝之礼对待赵光义了。赵光义则对嫂子说："我们共保富贵，嫂子不要害怕。"这就为赵光义提供了不在场的证据。

关于赵光义弑兄的原因，史书上还有另一种说法。《烬余录》称，赵光义很喜爱已归降的后蜀主孟昶的妃子花蕊夫人费氏。孟昶死后，花蕊夫人被宋太祖赵匡胤纳为自己的妃子，而且特别宠爱。赵匡胤因病卧床，深更半夜时赵光义胆大妄为，以为宋太祖已熟睡，便趁机调戏花蕊夫人，可没想到太祖惊醒，要用玉斧砍他，等到皇后赶到之时，赵匡胤已经只剩一口气了。赵光义趁机逃回自己的王府，第二天太祖赵匡胤就升天了。由此可知，赵光义趁夜黑无人，赵匡胤昏睡不醒的时候调戏他觊觎已久的花蕊

夫人，谁知赵匡胤突然醒来发觉了，也许是他盛怒之下欲砍赵光义，可是因为病体虚弱，体力不足，未砍中赵光义。赵光义觉得自己只有死路一条，不管用何种方式都不能取得其兄的原谅与宽恕了，预料到自己将会死得很惨，于是一狠心便杀死了自己的同胞兄长，然后慌忙逃回府中。

赵匡胤这个事件由于没有第三人在场，因此一直以来都有赵光义弑兄登基的传说，但是无法证实，也便成了千古疑案。即使是最厉害的史学大师，也无法给人一个最信服的解释。

如今，赵匡胤的死亡，俨然成为了一个千古之谜。

我们唯一知道的是，当天晚上，赵匡胤离奇逝世，他的弟弟继承了皇位，仅此而已。

## “金匮之盟”的是是非非

史上还有一个说法是倾向于赵光义是正常即位的。据说赵光义以弟弟的身份继承兄长的帝位，是他母亲杜太后的意见。

说是赵匡胤称帝的第二年，杜太后弥留之际忽然传召赵普进宫。赵普来后，杜太后问赵匡胤知不知道他为何能得天下。赵匡胤不知如何回答，只好捡好听的说：“这都是因为祖上和太后积德。”不料杜太后却斩钉截铁地说：“这是因为柴荣把帝位传给幼子的缘故！倘若周朝有年长的君主，哪儿能轮到你当皇帝？你和光义都是我生的，你将来要传位给弟弟。四海之大，亿万之众，国有长君，乃社稷之福啊！”赵匡胤频频点头。很显然，杜太后传召赵普，就是要他为这份政治遗嘱做个见证。赵普当即在太后榻前写下这份盟约，并在末尾署上“臣普记”三个字，然后将盟书封存在一个金匮中，命谨慎可靠的宫人保管。这就是著名的“金匮之盟”。

但是，赵光义登基后的一些做法，却令世人对“金匮之盟”的真实性提出了质疑。

首先是对待他的皇嫂宋皇后的问题上。赵光义只给她上了个“开宝皇后”的尊号，就将她幽闭在了深宫里面。先是西宫，后来又迁到东宫。宋氏毫无反抗之力，只能在抑郁孤凄中打发日复一日的岁月。

至道元年（995 年）四月二十八日，“开宝皇后”宋氏冷冷清清地离开了人世，享年四十四岁。

宋氏死后，赵光义将这位“皇嫂”的棺木在普济佛舍停放了三年，才用一个根本不够皇后规格的葬礼马马虎虎地下葬于宋太祖永昌陵北面。

其次是他对于自己的兄弟子侄手段过于狠辣。

太平兴国四年（979 年），宋太宗赵光义继平定北汉后，御驾亲征辽国，不料大败，所以归朝后对平定北汉的功臣们均没有封赏。宋太祖赵匡胤之子赵德昭入宫进谏，赵光义大发雷霆，赵德昭惶恐不已，回到王府后即自刎身亡。两年后，赵匡胤另一子赵德芳突然在睡梦中暴亡。至此，赵光义身边有可能威胁其皇位的人，就只剩下其弟赵廷美了。

太平兴国七年三月，有官员向赵光义密奏赵廷美意图谋反，赵光义当即罢免了赵廷美的开封尹之职，改任西京留守。四月，刚刚复任宰相不久的赵普再呈密奏，指控赵廷美意欲谋反。赵光义随即下诏审理，结果赵廷美被勒令归还私第。五月，赵光义再度下诏贬赵廷美为涪陵县公，流放房州（今湖北房县），并派人日夜监视。雍熙元年（984 年），时年 38 岁的赵廷美在贬所抑郁而终。

赵光义即位之初，便封赵廷美为开封尹，将赵德昭和赵德芳并称为“皇子”，这让人们觉得，他要遵循太祖赵匡胤留下的惯例——传弟不传子。到了后来，赵廷美等人被斩尽杀绝了，人们不得不怀疑赵光义此前的做法只是一场政治秀了。

关于“金匮之盟”是否存在，史学界一直都有争论，有人认为“金匮

之盟”根本子虚乌有，赵光义即位缺乏说服力，因此编造了“金匮之盟”，其理论是：

杜太后病重时，宋太祖只有 34 岁，正值年轻力壮之时，赵光义才 23 岁，而太祖长子德昭也已经 14 岁。当时太祖身体健康，没有短寿夭折之相，即使太祖只能再活 20 年，那时，长子德昭已三十多岁，怎么会有幼主之说？杜太后凭什么猜测太祖早死、幼子即位，而宋朝会重蹈五代的覆辙呢？实在没有道理！如果确如太后所预料宋太祖中年夭折，人们还可以推测，也许杜太后凭经验或灵感有超前的洞察力，尚可勉强解释。但是，太祖活了五十来岁，并没有早逝而面临幼子主政。如果真有遗诏，太祖临终前应该命人打开金匮，就算是突然死亡，皇后也应该知道此事，掌管金匮的宫人同样也知道此事，为什么要等到太祖死后六年才由赵普揭露出来呢？即使公布遗诏，赵光义应该把全文都公布出来，因为这是他即位合法的有力证据，而留下来的却仅是一个大概的内容，而且内容还不完全一致。

但对“金匮之盟”持肯定观点的学者们提出了相反的证据。关于立此盟约的条件，持肯定论者认为它符合常理。杜太后亲身经历过五代，这是一个王朝更替频繁的特殊时期，五代君主十三人，在位超过十年者绝无仅有，有七人死于非命，杜太后凭什么否认宋太祖可以摆脱“宿命”，而不像周世宗英年早逝、最终幼主执政失国而终呢？杜太后在赵匡胤刚当上皇帝时说出了“吾闻‘为君难’，天子置身兆庶之上，若治得其道，则此位可尊，苟或失驭，求为匹夫不可得，是吾所以忧也”这一段话。杜太后认为刚刚建国，根基未稳，随时有可能成为短命的“第六代”。尽管当时太祖正值壮年，但政治变化无常，哪里知道宋太祖不会暴死？哪里知道宋太祖不会被人杀掉？假如真的发生了，十多岁的德昭显然是不足以应付。而拥有丰富政治经验的赵光义，应是理想的继承人。

“金匮之盟”疑案属于皇家禁宫疑案，否定也好，肯定也好，都是根据当时历史事实、政治背景所做出的判断。比较双方的观点，其资料和解释、推断均偏向于对己方所持观点有利的一边，因此越争论疑点越多。

那么“独传约”和“三传约”又是怎么回事呢？

赵光义和赵普所公布的“金匮之盟”，人们称其为“独传约”，即由赵匡胤传位赵光义，一传而止。而《宋史》和《续资治通鉴长编》中所载的，可称其为“三传约”，即赵匡胤传位赵光义，赵光义传位赵廷美，赵廷美传位赵德昭。有此三传，皇位仍回太祖一系，既保证了国有长君，又能让赵匡胤荫及子孙。

持“三传约”观点的近代史学家们也认为，除史料上的直接证据外，太祖、太宗在一些人事上的安排，也隐隐昭示着“三传约”的存在。宋太祖在位时没有封自己的儿子为王，而是让太宗做了在五代等同于皇储地位的开封尹，任凭太宗的势力不断膨胀，为此甚至贬斥了与太宗不和的赵普。而宋太宗上台后，几乎做着与宋太祖相同的事情，马上让弟弟赵廷美做开封尹，封以大国之王，并同时让太祖儿子德昭全盘接下了原来赵廷美的官职，这个安排也隐隐与“三传约”相合。

史学家们由此进一步推断：

正因为原始盟约是“三传约”，所以赵光义即位之初，老谋深算的赵普才不急于打出这张王牌。因为这是决定他后半生命运的唯一的政治资本，仓促出牌或许能献媚于一时，但不能保富贵于一世。所以他宁愿选择继续隐忍，和赵光义一样默默等待最佳时机的出现。

机会终于出现在太平兴国六年。当赵光义决定动手除掉赵廷美的前一刻，赵普毅然抛出深藏了20年的“三传约”。

真实的“金匮之盟”出现在这一刻，除了谄媚外，更多的已具有了要挟的意味。试想，如果赵普孤注一掷独自公开“三传约”，那赵光义就会陷入完全被动的境地，无论如何都要把皇位传给赵廷美。赵普当然不会做出这种两败俱伤的事情，但是他不做不等于他没有这么做的资本。所以，当赵光义打开金匮后赫然发现对他极为不利的“三传约”时，其惊骇是可以想象的。这时候，他甚至会感激赵普，因为赵普一直替他保守着这个惊天的秘密。所以，只有在这种情况下，身为皇帝的赵光义才会主动向这个

宿敌抛出橄榄枝，并且诚恳地道歉，随后又将他擢升。也正为此，赵光义才会向赵普发出试探：既然你给我看的这份盟约是“三传约”，那依你的意思皇位以后该怎么传?

赵普回答得非常漂亮：“太祖已误！陛下岂容再误耶？”既不失自己长期以来所坚持的立场，更是坚定地表明自己此刻绝对是赵光义的同盟。而且使赵光义非常满意，再度感动不已，所以忍不住跟赵普吐露了一句心里话：“朕几欲诛卿！”至此，这对多年的老冤家终于冰释前嫌，握手言和。

既然两人都认为“三传约”是不合理的，那要怎么办？一个字——改！于是，记载着“三传约”的“金匮之盟”，经过赵光义和赵普的篡改，公之于众的时候已经变成了“独传约”。也就是说，最重要的原始内容被删掉了！

半年之后，赵光义和赵普便联手展开了打击赵廷美的行动，直到将他迫害至死。当然，出于利益的交换，赵光义不得不把自己的心腹、赵普的政敌卢多逊出卖了，让他为赵廷美殉葬。

当然，关于到底有没有“金匮之盟”，究竟是“独传约”还是“三传约”，历史并没有给出直接的证据，这桩由政治衍生的悬案，可谓公说公有理，婆说婆有理，历史究竟向我们隐藏了什么，亦无从得知。

## 一个关于因果轮回的传说

“烛影斧声”和“金匮之盟”的余音，千百年来一直袅袅不绝。

赵匡胤父子的离奇结局，在百年之后还让民间好事者编出了一个荒诞不经的传说。说的是赵匡胤的魂魄对弟弟害死自己心怀怨恨，眼见自己费尽力气打下的江山竟被赵光义的子孙所据，自己的儿子却先后死于非命，终于在一百多年后转世北国，成为金主斡离不（吴乞买），不但灭了北宋，还让赵光义的后代饱尝苦难。

北宋帝国的灭亡，究其根本，是因为北方门户的洞开，使北宋在辽金关系上的任何举措都陷入了死局。但一开始，宋金两国之间还是充满了和睦友好的气氛。除了由郭药师投奔时带过来的涿易二州，完颜阿骨打又命令金兵将燕京、蓟州、景州、檀州及顺州，全部移交给了宋朝，而宋朝则按双方事先谈好的和约支付米银。

然而，在燕云十六州的交割还未完成之时，金太祖完颜阿骨打就突然死了。完颜阿骨打死后，他的弟弟完颜吴乞买登基。宋使继续赶往金国商讨燕云州土交割事宜，到了地方一见吴乞买，顿时魂飞魄散——这完颜吴乞买，长得太像太祖皇帝了——《呻吟语》云："吴乞买当金太祖朝尝使汴京，其貌绝类我太祖皇帝塑像。众皆称异。"

于是当时民众纷纷传言，赵匡胤他老人家死了百十来年后，又不甘寂寞地回来和赵光义的后人清算血债来了。民间舆论由此更坚定地认为，赵光义的皇位来路不正，遥想烛光斧影，那定然是赵光义搞死了哥哥赵匡胤，篡夺了赵匡胤的万里河山。由此可见，赵光义的皇权法统从一开始就没有获得民众与士大夫的认可。这种情形之下，武将如种师道，如刘延庆，哪儿还打得起精神跟死了百十多年的太祖较劲儿呢?

因果报应和托生转世之说，固然不可信，但当时的民众信，士兵们信，更不可思议的是，甚至连赵光义的子孙后代也相信他们的老祖宗"杀兄篡位"。

靖康二年，金军攻破北宋首都开封，俘虏了宋徽宗和宋钦宗，北宋灭亡，在开封的皇族被一网打尽，男人作为俘虏，女人作为官妓被带回金国，除了一个赵构因为奉派在外办事而漏网之外，赵光义的子孙全都被掳北去，几乎一网打尽。

逃出生天的赵构后来在杭州建立了南宋，史称宋高宗，但是高宗作为

赵光义一脉仅存的男性竟然无后。年富力强的帝王居然无后？其中原因让他难以启齿，原来赵构在逃亡的路途中还不忘临幸宫人，结果在一次临幸的过程中被追赶而来的金人惊吓，导致他失去了生育功能，高宗有口难言，从此以后再也没有生育过子女。

在此之前，赵构其实有过一个儿子，可惜这个儿子在三岁的时候生病了，在病中被一个宫女踢倒了暖炉，可怜的皇子受到惊吓，不久就不治而亡了。赵光义一脉彻底断后。

既然无后，那怎么立储呢？

朝堂上有一种强有力的意见——赵匡胤是开国之君，应该在他的后代中选择接班人。起初，赵构对这种议论严加贬责。忽然有一天，他又改变主意，说他做了一个梦，梦见宋太祖赵匡胤带他到了“万岁殿”，看到了当日“烛光斧影”的全部情景，并说：“你只有把王位传给我的儿孙，国势才有可能有一线转机。”而且据说做此梦者不止赵构一人，还包括他的伯母、宋哲宗之妻隆佑太后。

于是，赵构终于找到了赵匡胤的七世孙伯琮、伯玖为自己的养子，并将皇位传给了伯琮，是为宋孝宗赵昚。

也许只是巧合，也许是命运捉弄，赵光义苦心经营得到的皇位，最终在一百多年以后，再一次回到了赵匡胤一脉，也许这是历史对赵匡胤的最大的奖赏吧。

# 5. 踏破北汉：这是一块难啃的硬骨头

## 宋太祖三伐北汉无果

宋平南唐后，赵匡胤不接受群臣请加尊号“一统太平”，说：“燕（幽云）、晋（北汉）未复，可谓一统太平乎？”可见他对平北汉和收幽云，是视为统一范畴的事，认为太原未下，幽云未复，赵宋王朝的统一事业尚未成功。

赵匡胤本拟按照“先南后北”的顺序实行统一大业，然而968年8月，北汉主刘钧（刘崇之子）死，其养子刘继恩继立，权臣郭无为掌握政权。九月，刘继恩宴请群臣，意图擒杀郭无为，反被郭无为派人杀死。刘钧另一养子刘继元继位。赵匡胤觉得北汉内乱，有机可乘，便临时改变“先南后北”的统一方针，决定先伐北汉。

开宝二年（969年）初，赵匡胤大举出征。当上皇帝后，赵匡胤颇维护自己的体面形象，很少像以前那样亲自领兵了，然而这次军事行动牵动了宋军各路方面的名将：党进、李继勋、赵赞、曹彬分别从东南西北四个方面筑寨合围太原城，负责围城打援的何继筠和韩重赟分别在石岭关和定州伏击两路来救的辽军，太祖不得不临阵调度、面授戎机。

太原城久不能下，战事异常惨烈。赵赞在督战时，足部被弩矢贯穿受伤。宋军决汾河灌城，赵匡胤亲自指挥禁军乘小舟载强弩攻城，扈从的内

外马步军都军头王廷艾被流矢射中脑部而死。殿前指挥使都虞候石汉卿中箭，坠水溺死。殿前东西班都指挥使李怀忠（978 年卒）中箭垂危。

殿前诸班卫士皆叩头请求急攻，愿尽死力，但赵匡胤不忍心这支精心训练、“以一当百”的亲卫军死光，说道：“汝曹皆我所训练，所以同休戚也。我宁不得太原。”众皆感泣。

由于宋军“顿甘草地中，会暑雨，多被腹病。”赵匡胤听了太常博士李光赞的谏言，下令退兵。第一次攻汉行动未能成功。

开宝二年（969 年）二月，赵匡胤第二次征讨北汉。这次征讨仍以多次对北汉作战的李继勋为统帅，率兵先行进攻太原，赵匡胤随后从汴梁出发，率军奔赴太原。三月，赵匡胤抵达太原，立即部署宋军对太原城进行包围。李继勋在南，赵赞在西，曹彬在北，党进在东。北汉的刘继业率军冲出太原城，进攻实力较弱的赵赞和党进，可是没有取胜，又退回城内。北宋军队加紧攻城，还挖了太原城周围的汾水和晋水灌入太原城内。契丹果然没有辜负北汉的期望，穆宗派出援军，与赵匡胤当初预计的路线一样，从镇、定和阳曲两条路线进军太原。早已在这里守候的宋军，击退了前来援助的辽军。契丹没有放弃，穆宗派北院大王耶律斜轸继续南下援救北汉。耶律斜轸选择两路宋军的中间点——白马岭为突破点，一举越过了北宋的防线，进抵太原城下。北汉坚守数月，被宋军打得无还手之力。北宋军队受大雨和疾病影响，也无法短期内攻下太原。契丹援军的到来无疑会打破这种脆弱的平衡，压垮的则将是北宋军队。太常博士李光赞劝说赵匡胤退兵，面对这样的局面，赵匡胤只好同意了。

宋平南唐之后，南方除吴越、漳泉两个已经臣服于宋的小割据势力之外已全部归入大宋版图。开宝九年（976 年），赵匡胤再次出兵伐北汉，命党进、潘美、杨光美、牛思进、米文义等率兵分五路攻太原，又以郭进等攻忻、汾、代、沁、辽、石诸州，所向皆克。9 月，辽将耶律沙、塔尔（又译敌烈）等带兵救北汉。10 月赵匡胤死，12 月宋师撤回。

# 宋太宗完成国家一统

太平兴国四年（979 年），宋太宗赵光义召开廷议，商定讨伐北汉的大计。虽然有不少人反对兴兵，但在主帅曹彬的支持下宋廷通过了进伐北汉的决议。

辽景宗耶律贤紧急召见宋帝国驻辽大使，质问为何要无故侵略他的小弟弟北汉。宋使回答得非常争气：“河东地区的北汉国不顺应天命，应该讨伐，如果北方的辽帝国不支援他，则宋辽之间的和平协议依旧有效；不然，只有开战！”

最后一个割据势力即将重新纳入帝国的版图，而更加强大的契丹帝国只能焦急地筹措援军，希望能够尽力阻挠中原王朝的重新统一。

赵光义伐北汉，经济上已经不用发愁。他把太祖所置的封桩库改为内藏库，表示说此举非为“自供嗜好”，而是要储积以备时缺。

在军事上，他总结了前几次宋军进攻太原失利的原因，制定了肃清外围、先阻辽援、后取太原的方略。然后加紧整训军队，命邻近北汉的晋、潞、邢、镇、冀等州，修造兵器及攻城器具，转运粮草，积极做攻取太原的准备。

二月，宋军快速集结完毕，赵光义御驾亲征北汉。

不到一个月，宋军扫平周边州县，包围北汉国都太原城。契丹帝国援军也如同预料那般出现了，辽帝国南府宰相耶律沙率六万大军来援，并以冀王耶律敌烈为监军，南院大王耶律斜轸、枢密副使耶律抹只分率前后军开进。

按照赵光义在战前制定的作战方案，宋军主力部队围住太原城，遣云州观察使郭进为石岭关都部署，率万余精兵在白马岭大涧列阵阻击援军，属于典型的围城打援战术。耶律沙率领前军在涧北遥望郭进军整装以待，便停止行军，准备等后军到达后列阵出战。但敌烈见郭进兵少，认为应该以前军发起急攻，压倒宋军，再待后军压到，形成优势梯队攻击，便可对宋军实施毁灭性打击。抹只也附和敌烈的方案，耶律沙并不同意这样冒险的作战方案，但他虽为主将，却拗不过监军和副将两人，苦劝不听，只好令前军渡河先攻。好大喜功的敌烈率军冲锋在前，快速渡过大涧与郭进交锋。

按理说敌烈的作战方案并非完全没有道理，如果实施顺利可以使宋军受到最大程度的打击，然而这位契丹大王的方案却有一个重要缺陷：他低估了宋军的刚猛程度。

骑兵对战宋军重步兵方阵，最忌正面冲击，而应设法从侧翼包抄，但敌烈显然是求胜心切，以己之短击彼之长。对方是严阵以待，预先占据了险要地势，他的骑兵先锋渡过大涧之后来不及包抄对方的侧后翼就会先被对方包抄，一上岸就只能从正面冲击郭进的步兵方阵，战胜了还好说，战败了就没有了后退的空间，极易被全歼。而郭进不愧为太祖朝名将，按照兵法“半渡而击之”的战术，只待敌烈的前锋甫一上岸，立刻指挥重步兵方阵上前抵住去路，使辽骑兵失去了冲突的空间，并亲率精锐骑兵从侧翼猛攻辽军。辽军进退不得，敌烈和他的儿子蛙哥（好名字）、耶律沙的儿子德里、吐吕不部节度使都敏、黄皮室详稳唐筈等大将均死于宋军刀兵之下！

郭进以雷霆之势打掉了辽军前锋，而抹只的中军和耶律沙的后卫正在渡涧，收不住队形，全部上岸后被宋军包围！所幸耶律沙也是一位非常优秀的将领，他很快在战场上就地收拢败军，重新整队抵住郭进的猛攻，拖延了一下时间。此时，耶律斜轸听说前军大败被围，火速强行军赶到。耶律斜轸的头脑很清醒，他没有盲目渡河去急救耶律沙，而是令部下隔着河

列开箭阵对宋军进行猛烈的射击，耶律沙则在阵中配合耶律斜轸军的火力开始突围。耶律斜轸不愧为一代名将，他这个作战方案无疑是辽军处于败势时最合理的方案，辽军在涧北列箭阵，宋军绝不可能分兵渡河来袭，而箭阵的火力可以支援被困的辽军突围。宋军经过激战，已经比较疲劳，辽军虽败，但兵力毕竟占优。郭进见耶律沙、耶律斜轸都体现出极高的战术指挥水平，而且已经取得极大的战果，更重要的是监军田钦祚此刻没有及时率预备队上前继续攻击辽军，失去了扩大战果的机会，耶律沙狼狈逃回北岸。郭进又趁势攻破西龙门砦，契丹全军败退。

白马岭之战是宋辽战争中宋军取得的第一次大规模的胜利，可以说为以后对辽战争拔了个头筹。

之后，北汉再次向辽告急，辽军由于大败，短时间内无力再出援兵。不久，赵光义至太原，慰劳诸将，并出手诏向北汉主刘继元劝降。

至四月，宋军陆续攻下太原外围州县，使太原成为一座孤城。宋军也连续攻城，天武军校荆嗣率众登城，“手刃数人，足贯双箭，手中炮，折碎二齿”，受到赵光义嘉奖，由此亦可见战事之惨烈。赵光义又让平时拣选的诸军勇士舞剑为前导，这班武士平时训练有素，剑法精湛，城上人“望之破胆”。

赵光义招法用尽，仍是无法攻下太原坚城。而这时，从石岭关传来了坏消息。刚刚对辽作战立功的石岭关都部署、大将郭进自缢而死！赵光义本命郭进守石岭关，田钦祚护其军。而田钦祚在石岭关，“恣为奸利诸不法事”，赵光义察觉后，降其为睦州防御使，仍护石岭关屯兵。郭进与田钦祚不协，屡屡揭发他的丑事，田钦祚为此十分憎恨他，白马岭之战时不援郭进，没有进一步扩大战果，平时又屡次凌辱他。郭进为人刚烈，战功高，虽是大将，却也奈何不了相当于“监军”的田钦祚，被他数次凌辱之后想不开，终于自缢而死。而田钦祚报告赵光义说郭进是死于中风，赵光义也就没有追究，追赠郭进为安国节度使。当时左右都知道是怎么回事，就是没人敢说。

五月初五，赵光义来到城南，督促诸将又发起猛攻，大有屠城之势。此时北汉退休的枢密副使、左仆射马峰卧病在家，见情势危急，便让人抬自己进宫，痛哭流涕劝刘继元投降。当夜，刘继元派通事舍人薛文宝送降书给赵光义。赵光义当即至城北，宴从臣于城台，受其降，并命薛文宝带诏书给刘继元，以示抚慰，许其延享富贵。北汉宣告灭亡。

赵光义深感晋阳自古为帝王龙兴之地或割据政权对抗中央政权所在，传为“龙脉”，而晋阳城地形险要，城高池深，易守难攻，百姓习于戎马，人性劲悍，难以掌控，赵光义惧怕此地再出割据政权危害大宋政权，同时愤恨于晋阳城军民的长期顽强抵抗，称此地“盛则后服，衰则先叛”，遂以开封太原星宿不合为借口诏毁晋阳，迁城中士绅富户于开封洛阳，火烧其城，城中老幼被烧死或逃跑时被踩踏致死者不计其数，并征集数万人削晋阳北部的系舟山山头，曰“拔龙角”，并下令决汾水、晋水冲灌晋阳城废墟，禁止任何人在晋阳城废墟居住，彻底将其摧毁。

宋辽两大帝国第一次大规模正面交锋，就这样以宋帝国的胜利而结束。宋军阵斩辽帝国冀王敌烈等多名高级将领，将数万辽军精锐一战击溃。郭进将军作为此役的胜者，无疑是具有标志性意义的划时代名将。而在此之前，契丹帝国横扫大漠南北，所向披靡，无论是对草原游牧部族还是中原五代政权，几无败绩，此役遭到宋军的惨痛打击，也深刻认识到宋帝国的实力。经历此战，辽帝国一定会适当调整很多基本国策。此役中几位将军耶律沙、耶律斜轸和抹只虽然大败亏输，但辽景宗赏罚分明，并未盲目责罚，而是嘉奖了他们在败军中体现出的优良素质，并逐步委以大任，日后均成长为宋辽战争中的中坚力量。

# 6. 宋辽初争：你来我往的边界拉锯战

## 高梁河惨败，宋太宗中箭险丧命

宋军在平定北汉时，在太原集结了数十万部队。赵光义意图乘战胜的余威，一举夺取幽云地区。但是，宋军“攻围太原累月，馈饷且尽，士疲乏”，需要休整。同时“人人有希赏意”，需要对攻克太原进行论功行赏以利再战。因此大多数将领不赞成立即向辽进军，但无人敢直言谏阻。只有崔翰怂恿赵光义，认为机不可失，时不再来，如能挟战胜之威，攻取幽州如探囊取物。赵光义于是决意北伐，命曹彬负责部署军队行动，潘美组织粮运管理后勤。其战略方针是：以幽州为主要作战目标，迅速自太原转移兵力东进，越过山丘重叠、沟壑纵横的太行山，乘辽无备，实施突然袭击，一举夺占幽州。一旦幽州得手，必然震动其余诸州，然后乘胜收复全部幽云地区。

太平兴国四年（979 年）五月二十日，宋军从太原分路东进，翻越太行山，进入河北平原。由于宋军每天以百里的速度迅速开进，暴露在宋军侧后的辽东易州（治岐沟关）守军孤立无援，不战而降。这时，辽北院大王耶律奚底、将领萧托古和伊实王萨哈在沙河（今易县东南的易水）迎击宋军，企图阻止宋军向幽州推进，被宋军击败。六月二十一日宋军进至涿州，辽涿州守将开城投降。辽南院大王耶律斜珍看到宋军兵锋甚锐，不敢

正面交锋，率兵进驻清沙河北（在今北京清河镇一带），以声援幽州，从而使幽州、得胜口、清沙河结成犄角之势，并保持了幽州与山后的联系，因而增强了幽州辽军固守待援的决心。赵光义认为耶律斜珍只能凭险固守，便以一部牵制其军，部署主力围攻幽州。六月二十五日对幽州展开围攻：宋渥率部攻南面，崔彦进率部攻北面，刘遇率部攻东面，孟玄喆率部攻西面。辽将韩德让、耶律学古一面加强守备，一面安定人心，以待援军到来。

直到六月三十日，也就是幽州被围六天后，正在游猎的辽景宗耶律贤才得到消息，大敌当前，辽国的安危决于一线，面对危局，有人居然主张放弃幽、蓟，退守松亭和北岸口。关键时刻，耶律休哥挺身而出，力排众议，认为幽州绝不可轻易放弃，并请求亲率精骑五千前往救援，如果不能取胜，再撤退不晚。辽景宗支持了他的意见，并斥责统军使萧托古："卿等不严侦候，用兵无法，遇敌即败，奚以为将？"即命耶律休哥代替耶律奚底为北院大王，率领五院兵马南下，会合耶律斜轸解幽州之围。此前，辽南府宰相、太保耶律沙奉命救援北汉，白马岭败后，率军返回，刚好与耶律斜轸会师。耶律休哥率军日夜兼程，自古北口南下，绕道西山，直扑幽州。

这边，宋军对幽州的攻势越发猛烈，赵光义移驾城北，连续三次亲督诸将攻城。镇守顺州的辽国雄武军节度使刘延素、知蓟州事刘守恩相继投降，幽州形势危急，但宋军连日苦战，攻城不下，军心不免懈怠，曹翰、米信所部在城南掘土得螃蟹，曹翰分析说："蟹，水物而陆居，失其所也，且多足，敌救兵将至之象；又，蟹者，解也，其班师乎？"此事或许是后人附会，但反映了宋军的心理，可赵光义的注意力全被幽州吸引，居然未做任何阻援部署。

七月六日，正当赵光义指挥攻城时，耶律沙的援兵突然从沙河赶到，在幽州北门外的高梁河袭击了攻城的宋军，虽说事出意外，但宋军毕竟兵多将广，鏖战到黄昏时分，辽军渐渐不支。入夜，就在宋军胜利在望时，

耶律休哥和耶律斜轸的两路大军赶到了，分左右翼同时向宋军发起猛攻，耶律休哥的五千契丹铁骑“人持两炬、高举双旗”，如猛虎下山，势不可当，慌乱中，宋军不知辽军多寡，军心动摇。幽州城内的耶律学古见援兵已至，开门列阵，四面鸣鼓，猛攻宋军，幽州居民也出来助阵，呼声震动天地，耶律休哥本人更是身先士卒，奋勇向前，辽军士气大振，无不以一当百，誓死相拼。

激战中，赵光义身中两箭，心胆俱裂，再也顾不上皇帝的威严，自己弃马乘驴车，在数十骑兵护卫下向南逃走。此时，宋军将士不知道皇帝已经溜号，大队人马仍然在幽州城外苦战不休，耶律休哥身被三创，血流如注，仍然勇猛无比，黎明时分，宋军终于全军溃败，乱成一团，四散奔逃，辽军追杀三十余里，缴获兵仗、符印、粮馈、资财无数，斩首万余级。赵光义跑的倒很快，一昼夜狂奔三百余里，天亮时遁至金台驿，混乱中，宋军一部分将领因皇帝失踪，竟欲拥立武功郡王赵德昭为帝，耶律休哥因伤势严重，不能骑马，只能轻车追击至涿州，宋军残部这才得以侥幸逃去。

7 月 9 日，内供奉官阎承翰带来前方已经大败的消息，赵光义惊魂稍定，让坚决主战的殿前都虞候崔翰到前线安抚溃军，7 月 11 日，宋军残部退至定州，稳住阵脚。为挽回面子，赵光义追究战败之过，斥责中书令、西京留守石守信“从征失律”，又贬彰信节度使刘遇为宿州观察使。在返回开封前，赵光义又做了一番安排，命崔翰、定武节度使孟玄喆守定州，彰德节度使李汉琼守镇州，河阳节度使崔彦进等人守关南，给以“便宜从事”的权力，临行前，他还给将领们打气：“辽兵必来侵边，当会兵设伏夹击之，可大捷也。”

高梁河大捷，辽景宗论功行赏，以幽州守将韩德让等人能够安定人心，守卫城池，特别予以褒奖，加封韩德让为辽兴军节度使、耶律学古为保静节度使，耶律沙力战有功，赦免白马岭战败之罪，耶律休哥、耶律斜轸以战功受知于辽景宗，从此执掌兵权，开边拓土，成就一代功业。

北宋第一次攻幽州之战，可谓是不折不扣的惨败。宋军事先无周密计划，攻克太原后，日行百里，长驱东进，既未控制战略预备队，又未占领幽州城北的要地得胜口，围而不严，致使屡攻不克，痛失先机。幽州为辽国南京，断无轻言放弃之理，宋军却毫无打援的准备，可谓粗心大意。战争初期，辽军受到突然袭击，一些城市沦陷敌手，幸赖幽州城坚，砥柱中流，挡住了宋军的攻势，一代名将耶律休哥帮助辽景宗力排众议，决策南下救援，更是培本固基、稳定人心的关键一招。高梁河之战，耶律休哥临机制变，虚实相应，乘宋军疲惫，与耶律斜轸以翼侧包抄战术，发挥骑兵的优势，一举破敌，不愧为名将。

## 满城之战，挽救大宋于危难

高梁河之战，宋军败得极其狼狈，逃回东京的宋太宗赵光义，预料辽军必然会南下反攻。于是派兵驻守各个要塞，预防辽军南进。

他先是任命河阳节度使崔彦进等镇守关南，再让都钤辖刘廷翰、钤辖李汉琼戍镇州，接着让殿前都虞候崔翰知定州，四面八方都做好准备，以防辽军入侵。果然两个月之后，辽景宗耶律贤命韩匡嗣、耶律沙等率军从幽州兵分两路南下，准备进攻镇州。不久后东、西两路军在满城的西部会合。

当时刘廷翰已经率部下在满城北部列好了阵，崔彦进也从北向西推进，对辽军形成了夹击之势。在这样的情形下，宋军另外几个将领李汉琼、崔翰也都领兵到达了满城，于是他们按照赵光义所传授的阵图开始布阵。期间右将军见辽军势盛，私自改了阵法，集中主力对抗辽军。阵法被

破坏之后，崔翰马上将八阵改变为二阵，前后相接。

宋军还派了人过去辽营那边诈降，韩匡嗣信了，准备受降。耶律休哥非常冷静，认为宋军无故请降，必然有诈，这反而是准备进攻的信号，应该严阵以待。韩匡嗣则认为宋军新遭大败，士气低落，投降是理所当然，听不进去意见，传令准备受降仪式。韩老大王是韩德让的父亲，资历比耶律休哥老得多，耶律休哥苦劝不听，只好赶紧回到本部备战。

果不多时，宋军大阵开始推进。韩匡嗣可能是第一次见到宋军步兵方阵，只见扬尘蔽空，号令声、步伐声交替如雷，竟仓皇不知所措。此时崔彦进部又在辽军背后出现，断了北归之路，辽军顿时大乱。宋军步骑趁机切入砍杀，辽军丢弃战马铠甲，往西山坑谷中逃走，宋军一直追击至遂城，斩首万余级、马千余匹，生擒将军三名，俘获老幼三万余人，军器甲仗不计其数。韩匡嗣丢弃主帅旗鼓，向东连夜遁入易州。但是耶律休哥、抹只整军迎战，边打边撤，徐徐退出了战场。另一路耶律善补也在雁门关被杨业击败，得到韩匡嗣的败报后急忙撤去。

战后辽景宗大怒，斥韩匡嗣五大罪状，欲斩韩匡嗣和耶律沙，幸得皇后萧绰求情免死，但被降为秦王、晋昌军节度使。而耶律休哥表现优秀，被确定为辽帝国第一良将，任为北院大王，总管南面军务，成为对宋战争的总指挥。这边太宗收到捷报大喜，手诏褒奖诸将，没有提及违诏的事，宋军自高梁河惨败后士气复振。至此，宋辽双方各送对方一次大败，基本确定了以西路雁门关和南路瓦桥（雄州）、益津（霸州）、岐沟（涿州）三关为界，以后的大战也主要在这几处展开。

这是继白马岭之战后宋对辽的又一次大胜。高梁河战后，宋军受重创而沮，由于此战之胜，才慢慢从失败的阴影中走出，重新找回了信心。而辽军也通过此战感觉到宋军还是有实力的，所以从此之后，辽军发动南犯再也不如此轻率了，一般都会有充分的准备和比较明确的目标。满城之战宋军以牙还牙，虽说胜利的规模还不足以弥补高梁河之战的损失，但毕竟将宋辽战争的比分扳平，双方又回到了同一起跑线上。

# 白岐沟之蹶，终宋不振

自从第一次幽州之战失利以来，赵光义一直郁结于心，为了挽回自己“圣主明君”的名声，他长期以来处心积虑图谋再攻幽州。986 年，贺令图、贺怀浦、薛继昭、刘文裕等人先后上言，以为“自国家伐太原而契丹渝盟发兵以援之，非天威兵力决而取之，河东之师几为迁延之役，且契丹主年幼，国事决于其母，其大将韩德让宠幸用事，国人疾之，请乘其衅以取幽蓟。”贺怀浦是赵匡胤元配孝惠皇后的胞兄，一向深得信任，赵光义随即召集群臣会商。其实，贺令图等人所言虽然道听途说的成分居多，但韩匡嗣、韩德让父子得到萧绰的宠信，在辽国专权横行也是事实，辽国涿州刺史耶律虎古小有过错，就被韩德让用骨杂击脑而死，群臣无人敢问，但并未发展到“国人疾之”的地步。

此前，赵光义在与群臣商议幽州形势时，就曾说过：“幽州四面平川，无险固守，难于控扼，异时收复燕蓟，当于古北口诸隘据其要害，不过三五处，屯兵设堡寨，自绝南牧矣。”当时，宋琪回答道：“范阳前代屯兵之地，古北口及松亭关、野狐门三路并立堡寨，至今石垒基堞尚存，将来止于此数处置戍可矣。”可见，燕云十六州始终是北宋君臣的一块心病，现在虽然争论不下，但赵光义的决心已经不可动摇。

公元 986 年 1 月，赵光义正式下达了收复燕云十六州的命令，宋军分三路出击：东路以天平军节度使曹彬为幽州道行营前军马步水陆都部署，河阳节度使崔彦进为副，率大军十余万人自保州向涿州攻击前进，这一带地形比较平坦；以马军都指挥使米信为幽州西北道行营马步军都部署，代

州观察使杜彦圭为副，率兵经雄州出发直向新城；中路以步军都指挥使田重进为定州路都部署，蕲州刺史谭延美为副，率军数万自定州而北，经飞狐攻取蔚州；西路以忠武军节度使潘美为云、应、朔路行营马步军都部署，灵州观察使杨业为副都部署，率军从雁门、代州越过恒山，出雁门关，攻取寰、朔、应、云诸州。与此同时，赵光义还派监察御史韩国华出使高丽，请求高丽出兵进攻辽东，配合宋军的行动。这次，赵光义吸取了第一次幽州之战的教训，集中了优势兵力，三路并进，分进合击，意图在幽州地区聚歼辽军主力，一举收复燕云十六州。东路军虽是主力，但在中西二路没有取得战果以前，主要担任佯动，赵光义特别交待曹彬等人："潘美之师，但令先趋云应，卿等以十余万众声言取幽州，且持重缓行，毋贪小利而要敌，敌闻大兵至，必萃劲兵于幽州，兵既聚，则不暇为援于山后矣。"宋军的战略意图是以东路军将辽军主力吸引在幽州以南地区，使其无暇它顾，待中西二路取胜后，再会攻幽州。

1 月 21 日，三路宋军先后出发，由于采取了严格的保密措施，辽国方面直至 3 月 6 日才得到消息，针对宋军的分进合击之势，承天太后萧绰决策，集中兵力先对付威胁最大的宋东路军，寻机将其歼灭后，再转移兵力对付力量较弱的中西二路。以南京留守耶律休哥率军先发，东京留守耶律抹只作为后继；山西兵马都统耶律斜轸增援山后诸州，对付田重进和潘美；以林牙耶律痕德守备平州海岸，防备宋军可能从海上进行的袭击，同时征发全国诸道兵马，集中到幽州以北的驼罗口作为总预备队。

三月初，各路宋军转入进攻，起初进展颇为顺利。西路军潘美所部出雁门关西口北上，南败辽军一部，斩首五百余级，神卫右第二军都指挥薛超在寰州再败辽军，辽国寰州刺史赵彦辛投降，3 月 13 日，宋军占领朔州，3 月 19 日占领应州，4 月 13 日占领云州，军锋直指蔚州。3 月 9 日，中路军田重进进至飞狐北，辽国冀州防御使大鹏翼、康州刺史马赟、马军指挥使何万通率军两万人迎战，双方众寡悬殊，但宋军士气高昂，閤门使袁继忠、蕲州刺史谭延美、龙猛副指挥使荆嗣、裨将黄明等人奋勇争先，

战至日暮，大败辽军，生擒大鹏翼，3 月 23 日，辽国飞狐守将定武军都指挥使、郢州防御使吕行德、副都指挥使张继从、马军都指挥使刘知进等人投降。3 月 28 日，宋军包围灵丘，守城的步军都指挥使穆超投降，4 月 17 日，宋军进至蔚州，左右都押牙李存璋、许彦钦杀节度使萧啜里，逮捕监城使耿绍忠，投降。

东路军曹彬所部 3 月 5 日占领固安，3 月 13 日占领涿州，3 月 17 日，曹彬以勇将李继宣为前锋，率轻骑渡过涿水，歼灭辽军千余人，斩辽国奚部宰相贺斯。这时，辽国援军未到，耶律休哥因兵力不足，所以不与曹彬正面接触，只是想方设法迟滞宋军的行动，昼出精锐虚张声势，夜遣轻骑袭扰，同时又派部分兵力设伏宋军侧后，断其粮道。这一招果然奏效，曹彬的十万大军占据涿州不过十余天，就因粮食不足而退返雄州，如此一来，就为辽军主力赶到后聚歼宋军赢得了时间。

赵光义得知曹彬率全军退而就食，大惊失色，他立即指示曹彬“缘白沟河与米信军接，按兵蓄锐以张西师之势，待美等尽略山后之地会重进东下趋幽州，以全师制敌。”曹彬奉诏后，本来不准备继续北上，但是诸将求功心切，眼看中西二路都获大捷，便纷纷主张再次北进，攻取幽州。副使崔彦进也认为朝廷三路出师，如不急取幽、蓟，恐落人后。曹彬为人谦仁有余、智勇不足，听信了诸将的意见，便决定携带仅剩的五日粮从白沟再次北上。时值酷暑，行军艰难，耶律休哥又沿路伏兵阻击，宋军且战且行，军渴乏井，漉淖而饮，经过四天的时间，才前进到涿州，但已人困马乏，部伍散乱。

这时，曹彬忽然听说，辽国承天太后萧绰、圣宗耶律隆绪已经率领大军进至涿州以东五十里处，即将与耶律休哥所部对宋军形成钳击之势，形势不妙，曹彬决定立即撤退，此时，他还想留下部将卢斌率军万余人守城，但卢斌也不愿当替死鬼，说：“涿州深入北地，外无援内无食，丁籍残失，守必不利，不若以此万人结阵而去，比于固守利百矣。”曹彬同意，便让卢斌裹胁城中民众先行，自己率大军断后。

宋军撤退后，耶律休哥抓住时机，立即率领精骑发起追击。当时，暴雨如注，败退的宋军在泥泞中艰难跋涉，士气低落，“无复行伍”，将领也无法控制，耶律休哥的骑兵在岐沟关追上了逃跑的宋军，这支疲惫之师霎时崩溃，曹彬率领溃军连夜抢渡拒马河，慌乱中人马自相践踏，伤亡甚众，知幽州行府事刘保勋、开封兵曹刘利涉父子、殿中丞孔宜等人溺死河中，宋军残部逃至易水南岸，又被耶律休哥的骑兵追上，前后死者数万人，幸亏勇将李继宣殊死力战，侥幸逃生者才得以奔回高阳。

经过一段时间的休整后，辽军移师西线，以十万大军实施战略反攻，耶律休哥也增援了耶律斜轸，辽军连克蔚州、飞狐。眼看败局已定，赵光义急令中路军退守定州，西路军退屯代州，掩护云，应、寰、朔四州的民众内迁。当时，辽军已占据寰州，杨业力主分兵应州，诱使辽军向东，以保民众安全南撤，但被监军王侁和主帅潘美拒绝，结果，杨业被辽将耶律斜轸打得大败，退至陈家谷口，全军覆没。至此，北宋第二次攻取幽州之战以惨败而告终，所取州县全部得而复失。

消息传来，朝野哗然，赵匡胤的旧臣——武胜军节度使赵普上书，委婉地批评赵光义“信任邪谄”，建议他先修德政、再议征伐，表面上，赵光义对失败不甚在意，还作诗赐给群臣，甚至“推诚悔过”，但这些都是伪装，等曹彬、米信等人逃回后，他立刻撕下了假面具，下令将这些败将羁押，准备处死，后经工部尚书扈蒙竭力相救，曹彬又“素服谢罪”，这才收回成命，贬曹彬为右骁卫上将军，崔彦进为右武卫上将军。岐沟关之战，辽军取胜虽是赵光义、曹彬的错误所致，但最根本的原因是耶律休哥的正确指挥，能抢在宋军合击之前集中兵力，在平原开阔地带以骑兵不断袭扰，在宋军仓促撤退时，又敢于全师追击，力求扩大战果，给宋军主力以歼灭性打击，从此改变了整个宋辽战争的态势，所谓“岐沟之蹶，终宋不振”，此役后，北宋政权完全丧失了战略进攻能力，被迫转入战略防御。

# 杨业气贯长虹，潘美冤负骂名

宋太宗灭了北汉以后，北汉大将刘继业归降北宋，宋太宗也算是知人，他知道刘继业威名远播，就授予他左领军大将军、郑州防御使，给予重用。刘继业归宋以后，恢复了杨姓，单名业，也就是戏文里面著名的杨老令公。宋初，朝廷试图用对辽战争的办法收复燕云十六州，杨业常与辽国打交道，有着丰富的对辽作战经验，于是被派往代州为三交驻泊兵马部署，与潘美前后夹击，兵马归潘美节制。980 年，辽景宗率十万大军攻雁门。杨业率领数百骑兵绕到辽军背后，突袭辽军，辽军大败而回。982 年四月，辽军分路攻宋，杨业统军败辽军于雁门关下，斩辽兵三千人，俘万余人，缴获很多军事物资。杨业立功之后，升为云州观察使。此战以后，辽国军队对杨业非常忌畏，常常望见他的旌旗就不战而走。杨业因此被辽军称为“杨无敌”。

雍熙三年，宋太宗再次征讨辽国，三路大军并出，潘美为西路军主将，杨业为副将。起初战事进展顺利，杨业也是英勇善战，一路夺取了寰、朔、云、应四州，但主力军东路曹彬失利，东路宋军于岐沟关大败，辽军乘胜大举反击。宋太宗无奈，命令三路人马班师回朝，命潘美等率领大军将收复四州的民众迁移到内地。此时，辽国十几万大军全线反击，攻破了寰州。辽军兵力占有很大的优势，杨业针对自己的任务是迁移民众，不需与敌人决战的实际，就向潘美进言，力主兵至应州，诱辽军向东，以保障民众沿石碣谷（今山西朔州南）南撤，并设弓弩手千人于谷口，骑兵居中接应，扼阻辽军南下。杨业与辽军交锋多年，深知边境地理，做出的判断非常正确，也切实可行。

但是监军王侁和刘文裕却狂妄自大，说："我们带了几万精兵还怕他们？我们只管沿着雁门大路，大张旗鼓地行军，也好让辽军见了害怕。"

杨业说："现在敌强我弱，这样干一定要失败。"

王侁带着嘲笑的口气说："杨将军不是号称'杨无敌'吗，怎么在敌人面前却畏缩不前了，是不是另有打算呀？"

这一句话把杨业激怒了，他说："我并不是怕死，只是看到现在时机对我们不利，怕士兵白白丧命。你们一定要打，我可以打头阵。"

潘美爱惜杨业是个难得的将才，本来不同意他去送死，但有王侁从中作梗，只得违心同意。杨业无可奈何，只好带领手下人马出发了。临走时，潘美抓住杨业的马缰绳，说："杨将军此去一定要多多保重，能胜则胜，不能胜则迅速回兵，不必恋战。"接着又问道，"杨将军还有什么要交代的吗？"杨业含着眼泪对潘美说："这个仗肯定要失败，我本来想看准时机痛击敌人，报效国家。现在大家责备我惧敌，我不得不先死了。"

接着，他指着前面的陈家峪（今山西朔县南）说："希望你们在这个谷口两侧埋伏好步兵和弓弩手，我兵败之后，退到这里，你们带兵接应，两面夹击，也许有转败为胜的希望。"

杨业出兵没多远，果然遭到辽军的伏击。他带兵拼杀了一阵，终于抵挡不住，只好一边打一边把辽军引向陈家峪。到了陈家峪，正是太阳下山的时候。杨业退到谷口，只见两边静悄悄的，连一个宋军的影子也没有。原来，杨业走了以后，潘美按照杨业的意见，把人马带到了陈家峪准备接应，但等了一天，听不到杨业的消息。王侁认为一定是辽兵退了，他怕杨业抢了头功，就催促潘美把伏兵撤离了陈家峪。

杨业见约定的地点没有自己的人接应，气得直跺脚，悲愤之余率领部下力战。杨业受创几十处，曾让幸存的士卒突围，士卒不愿，全部战死。部下战死殆尽后，杨业仍奋战不止，手刃敌军数十人，最后筋疲力尽，为辽军生擒。杨业长子杨延玉，以及部将王贵、贺怀浦全都力战而死，场面惨烈悲壮。杨业被擒之后，辽国非常希望能招降这员宿将，但是杨业没有背弃宋朝，威武不屈，绝食三日而死。但是宋太宗听信谗言，抚恤菲薄，只赐给了他的家人五品官位应得的一半抚恤物品。后来杨业妻子佘氏向宋太宗上书说明了陈家峪血战真相，宋太宗得知杨业是绝食三日而死，这才下诏表示痛惜，厚恤杨业家属，称杨业“诚坚金石，气傲风云”。同时，宋太宗下诏将潘美降职，王侁、刘文裕都被削职发配。

杨业的死虽然与潘美没有坚持在陈家峪接应有很大关系，但他并没有要陷害杨业的意思，更没有要故意置杨业于死地的意图。他的失误在于，当监军王侁心存私念让他从陈家峪撤军时，潘美没有坚持自己的意见，而是一味听命于王侁，致使杨业兵退陈家峪时没有得到援助。因此，杨业的死，主要责任在王侁，次要责任在潘美。

其实，对于三位当事人王、刘、潘所犯的错误，宋太宗在诏书中讲得非常明白。《宋史》对杨业给予了高度评价，对其冤情是这样描述的：

执干戈而卫社稷，闻鼓鼙而思将帅。尽力死敌，立节迈伦。群帅败约，援兵不前。独以孤军，陷于沙漠，劲果飙厉，有死不回。

给潘美的定性是：

俾总援兵，经涂非赊，精甲甚众，不能申明斥堠，谨设堤防，陷此生民，失吾骁将。据其显咎，合正刑书。

这段记述可谓一针见血。陈家峪一役，在杨业需要救援之时，潘美统领的大军，相隔并非遥远，兵员装备又很充足，但他没有做出正确的判断，更没有采取有效的措施，导致“陷此生民，失吾骁将”的悲剧发生。潘美的错误很明显，应该依法受到处罚。

诏书对王侁、刘文裕的评判最为严厉：

昨出师徒，俾其监护，固合明宣纪律，动协机宜。而乃堕挠军谋，窘辱将领，无公忠之节，有狠戾之愆。违众任情，彼前我却，失吾骁将，陷此生民。合塞群情，抵于严宪。

王侁和刘文裕被委以监军的重任，他们理应在合理的范围之内，督促部队严守纪律，鼓舞激励官兵士气，但是他们却越权越位，干涉阻挠军事谋划，羞辱逼迫军事将领，刚愎自用，一意孤行。战斗打响之后，让杨业冲锋在前，自己先行退却，所作所为堪称“无公忠之节，有狠戾之愆”。

应该说，宋太宗对此事的认定和评判是客观公正的，王侁是这次兵败的祸首。有人分析认为，王侁有通敌的嫌疑，理由是，在此战之前的太平兴国初年（975 年），契丹来使多为王侁接待，一年中往来数次，王侁返奏皇上所言多为好话。

这种观点很可能影响了宋太宗，一年以后，潘美又重新受到重用，刘文裕也被召回京都，“上知业之陷由，召文裕还”，只有王侁维持原判。从此，王侁是陷害杨业的主犯成为官方的基调，国史、实录无不受此影响。

不管基本事实如何，有关杨业之死和他与杨业的关系成了潘美一生最大的污点，这一污点后来被不断放大与演绎，潘美的形象离真实越来越远。

在民间评书《杨家将》中，潘美被彻底丑化为奸邪忌功的大坏蛋。其实潘美对宋朝功劳很大，总体超过杨业。《宋史》传中，潘美位于列传第十七的位置，而杨业仅处列传三十一，排名差了许多。

潘美字仲询，河北大名人。其父潘璘，任军校戍守常山。潘美年轻时风流倜傥，附属于府中典谒。曾经对同乡人王密说：“汉代将要结束了，奸臣恣肆行虐，天下有改朝换代的征兆。大丈夫不在这个时候建立功名，谋取富贵，碌碌无为与万物一并灭亡，真是羞耻啊。”正好周世宗任开封府尹，潘美任侍从官事奉世宗。到周世宗即帝位后，补任潘美为供奉官。高平之战，潘美因为战功升迁为西上门副使。后出任陕州监军，改任引进

使。周世宗准备用兵于陇、蜀二地，命潘美统率永兴的屯兵，管理西部战事。

宋太祖赵匡胤即位之后，也对他格外信任，命潘美召集后周宰辅，晓以大义，使这些人对新朝俯首称臣，甚至连改朝换代的圣旨，也是由潘美晓谕天下的。当时陕西军阀袁彦心怀异志，赵匡胤担心袁彦作乱，命潘美前往西北监其军，胆识过人的潘美单骑入长安，劝袁彦顺天从命，迫使袁彦入朝。赵匡胤对潘美此举备加赞赏，称他为孤胆英雄。

此后的数十年中，潘美作为一位将领南征北战，为宋王朝的基业立下了非常人可比的战功。他先随太祖征讨淮南叛将李重进，淮南平定后，单师挥戈前往湖南，讨平湖南叛将汪端，接着继续南下，攻克南汉的北部屏障郴州，继而荡平南汉二十万大军，擒南汉主刘鋹送京师。太祖开宝七年（974 年），朝廷决定平定江南李煜，潘美与曹彬分率大军进攻秦淮，经数日短兵接战，为曹彬主力杀开一条血路，一鼓破金陵，李煜又成了曹、潘大军的俘虏。潘美还朝奏捷，席不暇暖，又披挂为帅，北征北汉刘氏，刘继元借契丹重兵，才赖以暂保疆土。太宗即位的第四年（太平兴国四年，979 年），潘美以北路都招讨之职攻打北汉，刘继元大败，北汉亦归宋朝所有。为了安定河东，太宗命潘美留镇太原，他是北宋第一任太原知府。不久北伐契丹，节节胜利，以功封代国公。

潘美戎马一生，晚年因一失足而使北伐大业败于垂成，心中怏怏，一年多以后，便病死于太原，终年六十七岁。

《杨家将》系列故事，兴于南宋，当时因为政府军战力低下，广大人民希冀英雄的出现。要衬托主人公杨继业（历史原型杨业）和其诸子媳，由于塑造英雄的需要，潘美的故事不断向负面演绎。在很多事上，潘美背了黑锅，被妖魔化了。真实的潘美与卖国奸臣的形象大相径庭，相反，他一生对北宋鞠躬尽瘁，死而后已。

不过话又说回来，有些人，尤其是太原人痛恨潘美也不是完全没有道理。故事虽然扭曲了潘美的形象，但可能也是另有原因。

# 君子馆惨败：几乎赔光了军事力量

这场大战发生在公元986年。当年正月，为了收复被北方强国契丹占据的国防要地——燕云十六州（今北京至大同之间的河北、山西北部地区），宋太宗在仓促中下诏兵发三路北伐。同年五月，宋军北伐主力在岐沟关被契丹女主萧燕燕（即辽代著名的萧太后）与其幼子辽圣宗亲统大军击败。宋朝丧师数万，丢掉了易州，还折损了杨业等几员大将，史称“雍熙北伐”。

始而骄恣继而惶乱的北伐，使辽人认清了宋军很像一只“纸老虎”，精明刚毅的萧太后开始锐意图宋。五月击破宋军北伐，萧太后带着辽圣宗从辽南京班师回銮时，即命令大于越、南京留守耶律休哥整修器甲，储备粮粟，待秋高马肥之时，就要大举南征。而宋廷因北伐失利，黜免了曹彬、米信等很多高级将领，一时边将乏人。宋太宗只得起用张永德、宋渥等一批后周时期的将领，来应付紧急的边界情势。这批将领中，就有后来在君子馆大战中担任宋军总指挥的刘廷让。

宋太宗还没布置妥当，辽国君臣已在筹划着大举南下。

9月16日，刚刚纳皇后五天的辽圣宗就抵达儒州，并且停问小事，专治甲兵，全力备战。10月17日，辽主向拒马河南六州军民宣谕，即将对宋开战。10月19日，萧太后与辽圣宗驾临幽州。11月8日，辽主在南京御正殿，犒赏从征将校。三天后，萧太后与辽圣宗在南征大军的集结地狭底埚亲自检阅了辎重兵甲，南征大军随即开拔。

既是出于对进军路线的考虑，又似乎是对宋人刚刚结束的北伐的报

复，此次辽主南下亲征，也采取了兵分三路而进的部署。一路由大于越耶律休哥为先锋都统，率数万骑攻宋之满城、望都；一路由北院大王耶律蒲奴宁率领，攻击和牵制山西方向的宋军；圣宗与萧太后则亲率主力从固安、保州、瀛州之间南下。

进军途中，辽主命驸马都尉萧继远、林牙耶律谋鲁姑、太尉林八等人严守边界，加强巡检，不得漏掉宋朝间谍，并严禁军中无故驰马，以防暴露大军动向。同时下令对宋境内的桑林果园一概予以铲毁。这样做，既破坏了宋人的经济作物，又可防备敌军在园林中埋设伏兵，因而成了辽人历次南下的“必修课”。

21日，辽主以俘获宋兵“射鬼箭”，第二天又行“青牛白马祭天地”，完成了大战前最重要的祭祀仪式。27日，辽军进至唐兴县击溃了屯扎在滹沱河北岸的宋军，焚毁了滹沱桥。两日后，辽楮特部节度使卢补古率军进攻满城，遭宋军猛烈反击，卢补古临阵脱逃，辽军大败。辽主闻讯，立即将卢补古撤职，其属下判官、都监等都被处以杖刑，并把诸人罪状诏谕诸军，以示惩戒。与此同时，率轻骑侦察宋军行动的郎君拽刺双骨里在望都与宋军遭遇，经过一阵厮杀，擒宋军九人，获甲马十一匹。虽然只是一次小胜，但辽主马上赐美酒、银器加以褒奖。有了赏罚分明的警示与激励，辽军对满城的第二次攻击十分勇猛，大将萧排押率部先登，满城告破。

早在十一月初，宋军就得到了契丹大军即将南下的情报，并且在沿边的城池堡寨加强了守御。但是严密戒备了二十多天，除了在边境上与辽军的小股游骑发生了几次小规模的战斗外，根本没发现辽军大举进犯的迹象。宋太宗开始沉不住气了，他诏命河北宋军主动出击，试图先发制人，打破敌军的进攻计划。

定州都部署田重进接到诏命，于十二月初四日率数万人马北上，第二天就一举袭破岐沟关，杀守城辽兵一千余人，缴获一批牛马辎重，随即又收复了年初北伐时丢掉的易州。田重进虽然袭破岐沟，但并没有如愿找到辽军主力。他派出轻骑四出探查，方知辽大军都屯扎在固安、瓦桥关一

带，即将大举进犯。田重进立即退回了定州。

驻守瀛州的刘廷让也在执行着宋太宗的进攻命令。他与益津关守将李敬源在瀛州合兵，声言将并海而出，攻取幽州。闻知契丹大军逼近，刘廷让立即在君子馆摆好阵势，准备背靠瀛州坚城迎击来势汹汹的辽军。刘廷让深知自己将面临着一场恶战，因此分遣麾下一部约万人的精锐骑兵，转隶于沧州都部署李继隆，让他在瀛州战况紧急时率部增援。

此时，辽军先锋耶律休哥已在望都用“纳降计”擒获了北宋雄州刺史贺令图，随即转师东向，与辽主亲统的主力部队会合，准备进攻集结在瀛州附近的宋军。

初七日，辽主诏令耶律休哥派骑兵截断宋军退入祁州的后路，又命太师王六加强对敌侦查，随时掌握宋军动向。显然，辽国君臣已决意全力打击宋军，而辽军也隐然对君子馆形成了合围之势。

腊月初九这天，正是民谚所说的能“冻掉下巴”的时候，天气异常寒冷，但是辽军依然向君子馆的宋军发起了总攻。辽主命宰相安宁率领迪离部及三克军殿后，自己亲统大军，与南院大王留宁、耶律休哥的部队共同向宋军发起猛烈进攻。

辽军的铁拳重击首先落在了宋军御前忠佐神勇指挥使桑赞的头上。桑赞率部奋力抵抗，从早晨一直厮杀到下午。强弓硬弩原本是宋军克敌制胜的利器，但宋军将士因衣衫单薄被冻得手木足僵，连弓弩的弦也拉不开，而身披皮裘、往来飞驰的契丹骑士却越战越勇。日暮时分，辽军增援部队源源而至，桑赞支持不住，引众先逃。他的败逃，破坏了宋军的防御体系，致使君子馆宋军被辽军重重包围。

深陷重围，使原本在兵力上就处于劣势的宋军处境变得更加凶险，但刘廷让仍然督率部下苦苦支撑。因为他的手里还有一张牌，即那支拨给沧州李继隆，作为战役预备队的奇兵！可是不知出于什么原因，直到大战结束，刘廷让也没等来那支奇兵。《宋史》记载，李继隆并没有如约赴援，而是引军退守乐寿。

久候援军不至，宋军战不能胜，突围亦不得出，但辽军如疾风暴雨般的进攻并没有停止。马蹄荡起的烟尘裹挟着如蝗飞矢，森长的枪矛交织成纷乱的死亡之网，勇气、力量、生命碎散飘荡在滚滚黄尘中……刘廷让这位久历沙场的老将亲临火线督战，却很快因为主帅的鲜明标志而成了辽军围攻的重点目标。他的坐骑被戕，凡三易之。

渐渐地，因整日苦战而疲惫不堪的宋军抵挡不住敌人的快刀骁马，一场交锋逐渐演变成残虐的屠杀。宋军被散乱地分割着蚕食着，终至彻底崩溃。刘廷让骑着部下的战马，仅带了几个随从逃出重围。宋军此战损失惨重，死者数万人（一说六万），李敬源、高阳关部署杨重进力战阵亡，骁将张思钧等被俘。

全歼数万敌军，令辽主非常高兴，招耶律休哥等一批将官入行宫内殿，赐酒慰劳。第二天，辽主又下令在君子馆收集宋军尸体，筑“京观”以耀兵威。

君子馆惨败，几乎使河北宋军完全丧失了斗志，各自收缩在坚固城寨内以图自保，而用未习战阵的乡民守御地方。辽军因此得以乘胜长驱，分兵略地，十余日内接连攻拔冯母镇、祁州、深州（今河北深县南）、德州（今山东陵县），如入无人之境。辽军所到之处大肆掳掠烧杀，其间唯一的例外，就是屯积了宋军大批军器、粮秣的杨团城守将献城投降，辽主下令勿得扰掠。次年正月初一，东路辽军攻破束城，纵兵大掠。初三日，辽主抵文安，遣人招降，宋军不从，辽军即攻破城池，尽杀壮男，掳其老幼妇女，而后班师北还。

君子馆之战是宋辽战争中的一次重要战役，它与岐沟关之战一道成为北宋对辽从战略进攻转为战略防御的分水岭。君子馆惨败，使北宋立国之初所培植的禁军精锐丧失殆尽，也让一心要廓清北患的宋太宗差点赔光了本钱，从此不敢再奢望收复燕云，转而在河北构筑以定州、真定、河间为重镇，以雄州、霸州、保州为据点的前沿防御体系，对辽采取守势。沧州也从后周时期的边境城市过渡为具有兵站性质的后方基地，相对比较安定。因临近运河，水路交通便利，加上军事供应的需要，这里逐渐成为一个商贾云集的城市。

## 徐河大捷：配飨太庙的指挥大师李继隆

当年，汉武帝为了表彰霍去病的卓越战功，特许将其葬在自己的寝陵之侧，这正是封建王朝给予非皇族功臣的最高荣誉。北宋有四位武将也获得了这个殊荣，李继隆便是其中之一。

李继隆祖籍上党，其父是北宋开国名将李处耘。李继隆的妹妹经赵匡胤（即宋太祖）撮合嫁与赵光义（即宋太宗）为妻，即后来的明德皇后。李继隆之弟李继和后来是镇守西北边防的名将。因李处耘和慕容延钊不和，李继隆虽有才华，却屡遭压制，少年时代的李继隆只好每天游猎练武等待机会。

乾德二年（964 年），北宋征伐后蜀的战争爆发，李继隆作为将门之后，年方弱冠就毅然从军，校场上他每射必中受到赏识，被任命为果、阆州监军。慈母见到年轻的爱子将要远征不免非常担心，找来一些当年丈夫的老部下辅佐李继隆。没想到李继隆一口回绝道："是行儿自有立，岂需此辈，愿勿以为虑。"就此踏上了漫长的征途。

端拱元年（988 年），李继隆获授侍卫马军都指挥使、领保顺节度使。九月，李继隆终于被任命为定州都部署，不过他面对的局面是险恶的，宋军精锐几乎在之前的歧沟关和君子馆两战中丧失殆尽，《续资治通鉴长编》记载"缘边疮痍之卒，不满万计，皆无复斗志，河朔震恐"。

同年冬，辽军大将耶律休哥再次大举入侵，攻克涿州，陷长城口。李

继隆领兵北上增援，不敌耶律休哥，宋军退保北平寨。耶律休哥领八万精骑继续南下，陷满城，南下祁州。李继隆再次赴战，路上遇敌激战之后斩获不少，最后依据宋太宗指令退保唐河。耶律休哥的精锐铁骑也没闲着，如风雷一般迅速扑向了唐河。面对辽军凌厉攻势，李继隆一面招来镇州都部署郭守文增援，一面在唐河北岸设下两千名伏兵准备背后偷袭。耶律休哥很快发现了宋军伏兵，他首先对宋军伏兵实施攻击。李继隆见情况有变，立即下令荆嗣出战救援，荆嗣杀入重围救出伏兵，迅速退到河边，把军队分为三阵，背水抵抗。辽将耶律休哥亲率骑兵主力登上烽火台求战，然后全力冲击。勇将荆嗣顽强抵抗，战斗拉锯了好几个回合后，荆嗣军抵敌不住且战且退撤到南岸和李继隆主力会合。辽军乘势迅速杀过河桥。李继隆的部下袁继忠见此慷慨陈词道："今强敌在近，城中屯重兵不能翦灭，令长驱深入，侵略他郡，虽欲谋自安之计，岂折冲御侮之用乎？我将身先士卒，死于寇矣。"但黄门林延寿等却拿出太宗不许出战的诏书。李继隆早已下定决心一战，他喝斥道："阃外之事，将帅得专焉。往年河间不即死者，固将有以报国家尔。"下令田敏带领其数百名静塞骑兵来到阵前，"静塞"这个番号是北宋的精锐骑兵部队，史载："近世边郡骑兵之勇者皆习干戈战斗而不畏懦者也，闻虏之至，或父母辔马，妻子取弓矢，至有不俟甲胄而进者。"田敏不负众望带着骑兵"摧锋先入"。李继隆、荆嗣、郭守文乘势掩杀，辽军大败，横尸遍野，宋军一直追击到满城，斩首一万五千级，获马万匹。战后，辽军南下的势头被初步遏制。大将裴济本与李继隆不和，但此战中，二人摈弃前嫌，奋力拼杀，与敌军短兵相接，因而成为莫逆之交。

端拱二年（989年），耶律休哥再率三万铁骑南侵，旨在切断威虏军的补给。宋朝内部展开了激烈的争论，有人建议放弃威虏军。李继隆表示反对，他召集镇、定、高阳关精锐万人，毅然出发运粮，归途中渡过徐河后遭到耶律休哥追击。李继隆派麾下大将尹继伦偷偷潜至辽军后方。到了凌晨尹继伦乘耶律休哥不备，突然从背后袭击辽军，辽军正在用餐不及防

备，顿时陷入混乱。尹继伦杀入辽军指挥部，劈面一刀，耶律休哥手臂差点被砍断，狼狈逃窜，但辽军毕竟人多，很快组织反击，尹继伦渐渐支持不住，连连败退。此刻李继隆和大将王杲、范廷召领兵杀到增援。辽军败状据《宋史》记载："杀其将皮室一人。皮室者，契丹相也……寇兵随之大溃，相蹂践死者无数。"宋军追击了几十里，辽军在曹河遭到宋军孔守正伏击，又死伤不少。徐河战后，宋辽战争的形势为之一振，此后十年辽军没敢再次大举进攻。

景德二年（1005年）二月初五（3月17日），李继隆逝世，享年五十六岁。真宗亲自前往李继隆家中痛哭吊祭，身穿丧服发哀。为他辍朝五日，追赠中书令，谥号"忠武"。

# 7. 内忧外患：斩不断的起义与边乱

## 王小波、李顺青城树反旗

宋太宗征讨辽国，落得个惨败的结果，又丧失了像杨业这样的勇将，没有勇气再跟辽国作战。再说，国内局势也很不稳定，特别是川蜀地区接二连三爆发农民起义，弄得宋王朝手忙脚乱，难以应付。

唐宋以来，四川蒙受战乱冲击相对较少，就连席卷大部分国土的黄巢起义军也未能攻进四川。土地多为豪强大地主兼并，贫富两极悬殊加大。而有缓冲作用的中产阶层日趋消亡，大地主阶级同封建王朝一起在这块“肥肉”上愈加贪婪肆虐。而成都地区的农民以经营茶叶和手工编织为主业，贩运销售四方，所以这一带是阶级矛盾最尖锐、经济最活跃的地区。加之官府在成都设立“博买务”，垄断茶叶、布帛，明令禁止出境，强行“高称低估”“贱贩贵”，搞掠夺式经营，使农民生活利益受到过多的侵害。

青城县（今四川灌县西南）有个农民叫王小波，和他妻子的弟弟李顺，都是靠贩卖茶叶谋生的。官府禁止私卖茶叶后，王小波断了生路，决心起义。993年，王小波聚集了一百多个茶农和贫民，跟他们说：“如今这个世道，穷人越来越穷，富人越来越富，实在太不公平了。现在，我们一起来消灭这种不平均的现象，你们说怎么样？”

这些茶农和贫民平时受够了官府、富人的剥削，听了王小波的话，都热烈拥护。消息一传开，各地贫民都来参加王小波的起义军。不出十天，就集中了几万人。王小波有了人马，先打下了青城。接着，其又乘胜攻打彭山（今四川彭山）。

彭山县令齐元振，是个刁钻狠毒的贪官。宋太宗禁止地方官员贪污，有一次，派钦差到蜀地调查。齐元振听到钦差要来，先把贪污得来的财物分散藏在富商家里。钦差到了彭山县，查不出那里官员有贪污行为，回去向朝廷回报，朝廷竟下令嘉奖齐元振清白能干。

齐元振骗过了朝廷，搜刮得更厉害。王小波知道彭山的百姓对齐元振怨恨最深，就带起义军攻打彭山。在彭山百姓的响应下，起义军很快占领了县城，杀了大贪官齐元振，把他平日从百姓那里搜刮得来的钱财，分给那里的贫苦百姓。王小波又带兵北上，向江原（今四川崇庆东南）进攻。驻守江原的宋将张玘发兵反击，双方在江原城外展开一场大战。

王小波的起义军打得十分英勇顽强，张玘招架不住，就放起冷箭来。王小波没防备，被冷箭射中了前额。王小波不顾满脸鲜血，继续进攻，终于打败宋军，把凶恶的张玘杀了。起义的队伍进占了江原，但是王小波却因为伤势太重死去。王小波一死，起义将士推举李顺做首领，继续带领大家反抗官军。

在李顺的指挥下，起义军越聚越多，连续攻下许多城池，杀死了一批贪官污吏，最后终于攻取了蜀地的中心成都。成都的文武官员抵挡不住，全部逃跑。

994 年正月，李顺在军民的拥护下，建立大蜀政权。李顺当了大蜀王，一面整顿人马，一面继续派兵四出攻占州县。从北面剑阁到东面的巫峡，到处是起义军的势力。消息传到东京，宋太宗大吃一惊，赶快召集宰相商量，说："没想到李顺这样厉害。一定要派遣人马，把他讨平。"

宋太宗派了宦官王继恩为剑南西川治安使，前往镇压。王继恩分兵两路，派人从东面堵住巫峡的起义军，自己率领大军向剑门进发。

剑门是西川通向关中的要道。李顺占领成都之后，也派将领进攻剑

门，不幸遭到官军阻击，打了败仗。王继恩顺利地通过了剑门，集合各地宋军，进攻成都。那时候，聚集在成都的起义军还有十几万，但是在宋军重兵包围之下，经过英勇激战，战死了三万人。成都城终于被攻破，李顺也在战斗中牺牲。

后来，民间传说在成都陷落的时候，李顺并没有死，他化装成一个和尚，秘密逃出成都，继续率领农民军战斗。宋军进城时，抓到一个胡子很长的人，外貌很像李顺，就把他当李顺杀了。又过了四十年，在广州街上出现了一个老翁，有人认出他是李顺，官府把他抓起来，在监狱里秘密杀死了。这些传说虽然不一定可靠，但是说明李顺在民众中，影响是很大的。

更奇者，百年之后，成都人还曾于文庙西街江渎庙北壁外绘制一幅李顺像，仪态英武俊美。惜江渎庙早废。至少，这次农民起义运动的爆发，迫使宋王朝治蜀方针不得不以“抚”为主，四川人多沾一点“皇恩”完全是义军用鲜血换来的。直到南宋末年，四川对元朝数十年英勇抗战，从中也能发现因缘伏线关系。如果王小波没有过早牺牲，他当会推迟打成都建国称王之举，这一教训后来启迪了明代“军师”刘基，他为朱元璋推授的“高筑墙、广积粮、缓称霸”这一著名战略思想与此不无关系。可以说，此后中国历次革命都不同程度地从这次起义中汲取过营养。王小波、李顺英雄业迹的影响实在是多方面而又深远的。今灌县泰安乡（原青城县属地）王小波、李顺起义遗址尚存，亦还有李顺“应运元宝”钱币存世。

# 王钧益州起兵变

王小波、李顺起义被镇压下去以后，统治者对蜀地的政策也做了些调整，例如减少或减轻了一些税赋徭役，封建生产关系也多少得到了一些调整，但阶级矛盾仍然很尖锐，人心未宁，等待时机，准备斗争。加上川蜀的地方军政官员也并未从王小波、李顺起义中吸取教训，依然享乐腐化、剥削军民，终于激起王钧兵变，起义爆发时距王小波、李顺起义失败不过五年。

宋真宗咸平三年正月元旦（1000 年 2 月 8 日），驻守在益州（成都府改，今成都）的神卫军指挥王钧，趁官员们庆贺元旦，率众发动兵变，士兵们奋起杀死兵马钤辖符昭寿，大获全胜。起义军于是占领了益州，王钧被部众推举为王，称帝建元，国号蜀，建元化顺，任命小校（低级军官）张锴为宰相，成为与宋朝对立的政权。王钧攻占益州后，益州知州牛冕等逃往汉州（今广汉），起义军乘胜追击宋军，没过几日，汉州随即也被王钧攻陷，牛冕命大，又逃往东川（锌州，今三台）。后来王钧率兵攻打绵州、剑门，企图占据四川北部门户，但均未成功，只得退回益州。这时四川各地人民被充分发动，纷纷响应。彭州农民准备杀兵马都监响应王钧的起义，但是由于计划不周，事情泄露，首领被杀害。但是已经燃烧起来的革命烈火难以扑灭，起义军逐渐发展到数万人。

蜀州知州杨怀忠乘王钧攻打剑门的时候，率重兵进攻益州，一度攻入城内，但杨怀忠所调集的壮丁中有许多是原王小波、李顺起义军战士，在关键时候，临阵兵戈倒向，加入起义军的行列，杨怀忠战败，只得退到江原（今崇庆东）龟缩。王钧北上未果返回益州后，积蓄力量。第二年二月，王钧率领起义军向南发展，但又遭到杨怀忠的阻击。两军大战数日。不久，杨怀忠集结嘉州、眉州等七州宋军再攻成都，宋军再次攻入城内。而起义军也进攻蜀州，断绝了宋军的援路。这次双方都有所获，但谁也不能灭了对手，杨怀忠只得再次退回鸡鸣原（今双流东），王钧也闭门守城，没有追击。

鉴于以往的教训，宋朝廷对四川地区起义相当重视。起义后派出雷有终为川陕招安使，率领宋军禁军，结集川陕各州的兵马，大举镇压起义。二月十九日，雷军奔赴至成都城外。鉴于敌强我弱，王钧采取迂回战术，开城假作逃跑，实际上埋伏在城内。雷有终率军进城掠民财，队伍相当混乱。起义军趁机杀出，打了宋军一个措手不及，宋军一时大乱，城门被起义军封死，宋军不能出，大都被歼灭。雷有终仓皇逃窜，败回汉州。到了三月份，雷有终不甘心失败，又卷土重来。率大军赶到成都附近，与起义军对峙。王钧从升仙桥分路迎敌，但是没有取胜，损失千余人，只得退守成都。宋军害怕再次中计，也不敢追击。

五月份，宋真宗下诏，对“益州乱军”进行招降。起义军没有屈从，继续坚持与宋军对峙。直到九月间，宋军仍然没有攻下益州。这时宋军中有人出主意，乘起义军不备，夜间挖隧道潜入城内。这一计策果然见效，宋军攻下了久围的益州。王钧没有了立足之地，只好率起义军两万人突围，远走他乡。雷有终进入益州城后，实行大肆屠杀的政策。凡是城内存留的健壮的男子，只要参加过起义军，或者是帮助起义军守城，就把他们投到火中烧死。恐怖政策延续了一个多月，前后烧死数百人。

王钧率领起义军逃走后，到了富顺，全力攻下了这座城池，希望作为与宋军对峙的另一个据点。但是宋军没有给起义军喘息的机会，雷有终派杨怀忠紧紧追袭。由于力量比对悬殊，宋军很快攻入城内，王钧虽大势已去，但是坚决不屈，自杀身亡。起义军六千多人被俘。就这样起义被镇压下去了。

王钧领导的农民起义尽管持续时间不很长，但是对羸弱的宋王朝是一个沉重的打击。此后宋朝又有多次农民起义爆发，正如欧阳修所说："一年多于一年，一伙强于一伙。"尽管没有推翻宋朝统治，却使统治者认识到需要调整统治措施，改善农民的生存状况。从这一点来说，王钧的起义是有一定的历史意义的。

## 不可遏止的西夏崛起

五代十国时期，不管中原是何人当政，李氏（拓跋氏）皆"俯首称臣"，换来该地的统治地位和大量的赏赐。经过两百多年建设，西夏地区非常富饶，以鄂尔多斯南部地斤泽地区为核心的肥美牧场，以夏宋交界的七里坪为代表的农业区为西夏提供了大量的牛羊粮草，同时鄂尔多斯此时还盛产当时可当货币使用的上好青盐，每年产量可达15000斛左右，因此平夏部党项羌可以说是有兵有马有粮有钱，天时地利人和均占，势力逐步壮大起来。不过一直以来李氏一族野心并不大，无非是甘愿当一方诸侯，宋太祖虽削夺藩镇兵权，但对西北地区依然宽宥，"许之世袭"。当夏州节度使李继捧上台后，情况有所变化。

太平兴国七年（982年），赵光义削藩镇的兵权，把李氏亲族一锅端到京城，准备根除西北这一大盘踞势力。李继捧的族弟名叫李继迁，志向不凡，深知一旦入京，无异于蛟龙失水，再无翻盘可能。因此借故逃离，遁入茫茫草原。宋朝廷此时认为逃跑的小股匪帮没什么能耐，折腾不起来，但李继迁却很有政治头脑，连娶数位当地豪强的女儿作为妻妾，一下子与地方首领成了亲戚，势力渐盛。

雍熙二年（985年），李继迁会同族弟李继冲诱杀宋将曹光实，并占据银州，攻破会州（今甘肃靖远），与宋闹翻；又向辽国“请降”，被辽人封为夏国王。至道二年（996年），李继迁截夺宋军粮草四十万担，又出大军包围灵武城。宋太宗大怒，派五路军击夏，皆败。宋太宗崩后，宋真宗即位，为息事宁人，割让夏、绥、银、宥（陕西靖边）、静（陕西米脂）给李继迁，事实上承认了西夏的独立地位。

宋真宗咸平五年（1002年），李继迁率诸部落攻陷宋朝重镇灵州，改名西平府，后又攻取西北重镇凉州，截断宋朝与西域的商道，截断西域向宋朝的入贡，同时禁止西域诸部向宋朝卖马，严重影响了宋朝的国防军力建设。与吐蕃会盟时，李继迁遭吐蕃人暗算，被劲弩射伤，后伤重而死，时年42岁。

李德明即位后，倾力向河西走廊发展，南击吐蕃，西攻回鹘，大大拓展党项羌族的生存空间，1019年，李德明选定怀远镇（今宁夏银川）为都城，改名兴州。他对外仍向宋、辽称臣，对内则完全是帝王气派。

1032年李德明之子李元昊继夏国公位，开始积极准备脱宋。他首先弃李姓，自称嵬名氏。第二年以避父讳为名改宋明道年号为显道。开始使用西夏自己的年号。在其后几年内他建宫殿，立文武班，规定官民服饰，定兵制，立军名，创造自己的民族文字（西夏文），并颁布秃发令。并派大军攻取吐蕃的瓜州、沙州（今甘肃敦煌）、肃州（今甘肃酒泉、嘉峪关一带）三个战略要地。这样，李元昊已拥有夏、银、绥、宥、静、灵、会、胜、甘（今甘肃张掖）、凉（今甘肃武威）、瓜、沙、肃数州之地，即今日的宁夏全部，甘肃大部，陕西北部、青海东部以及内蒙古部分地区。

公元1038年10月11日，李元昊称帝，建国号大夏。宋廷上下极为愤怒，双方关系正式破裂。此后数年，李元昊相继发动了三川口之战、好水川之战、麟府丰之战、定川寨之战四大战役，歼灭宋军西北精锐数万人。并在1044年，在河曲之战中击败携十万精锐御驾亲征的辽兴宗，完全奠定了宋、辽、夏三分天下的格局。此时，西夏总兵力约五十万人。

大败宋辽之后，李元昊不可一世，日益暴横淫纵，甚至将儿子宁令哥的妻子纳为妃子，1048 年元宵节，因夺妻之恨，李元昊之子宁令哥挥刀，将其父李元昊的鼻头削掉，李元昊痛极血尽而死，时年 46 岁。李元昊子谅祚继承大位，其死后又由子秉常即位，此时西夏政局内部动荡，宋神宗以为有机可趁，派兵五路攻夏，准备收复灵武。但败多胜少，特别是灵州、永乐城两战，损失士兵民夫达六十余万人，耗费军费无计。西夏方面国力也大亏不济。

## 澶渊之盟：走向绥靖的策略

景德元年（1004 年）闰九月，辽国雄才大略的萧太后摄政，挥兵南指，牧马中原。辽军声势浩大，号称二十万，十月，辽军在击败部署在边境一线的宋军主力后，移兵东攻瀛州（今河北河间）。宋知州李延漏率众坚守。辽军围攻多日，昼夜猛攻，死者达三万余人，城仍固守不下，只得移军南下。为了和兵临澶渊的宋军对峙，在今山东馆陶黄河故道边筑土城以屯大兵，相传此城是辽兵用头盔装土，一夜夯成，故俗称“盔安城”，城内挖七十二眼“饮马井”，筑起东西两座点将台，也就是萧城，时至今日仍保存完好。以此城为后方，直扑澶州（今河南濮阳）城下。这样，不光河北的大片领土陷入辽军之手，仅隔一河的都城开封也暴露在辽军铁骑的威胁之下。

“急书一夕五至”的时候，北宋统治集团的上层人物大多惊惶恐惧。参知政事王钦若是江南人，主张迁都金陵，枢密副使陈尧叟是四川人，提议迁都成都。他们主张用躲避辽军的办法，应付辽军的入侵。宋真宗本来

就无心抗敌，更表现得惶恐不安。只有寇准与毕士安坚决主张抵抗，当宋真宗问他们的意见时，王钦若、陈尧叟二人正好在场。寇准心里明白，迁都之议就是他们提出的，但他却假装不知，对宋真宗说："谁是替陛下筹划这个计策的人？他的罪可以杀头。现在陛下是神明威武的皇帝，武将和文臣都很团结，如果您亲自领兵出征，敌人自然而然就会逃跑。不这样，那就出奇兵打乱敌人的计划，坚守阵地消磨敌人的士气，使敌人困乏疲惫。从疲劳和安逸的敌我形势来看，我们有必胜的把握。为什么要抛弃太庙太社，到楚、蜀这样边远的地方去呢？问题在于人心崩溃了，敌人乘势而入，天下还能够保得住吗？"

寇准的意见终于阻止了妥协派逃跑避敌的主张。为了消除王钦若对宋真宗的影响，寇准把他从宋真宗身边调到天雄军前线去防辽兵了。

寇准派探子到前线侦察情况，根据对敌情的分析，制定了一套抗敌方略。他指出："目前敌人已至深州、祁州以东，我方大军在定州及威虏等地，东路别无驻军。应一面调天雄军步骑万人，驻守贝州，派孙全照指挥，遇敌掩杀；另一方面招募民兵，深入敌后，袭击敌人据点，兼以报告敌情。这样就可以振奋军威，安定人心，打乱敌人的军事部署，并可与邢州和洺州的军事据点构成犄角之势，以便攻守。万一敌骑南下攻入贝州，即应增援定州，向东北进攻，牵制敌人后方，使敌兵不敢纵深作战。"同时寇准特别强调指出：为了鼓舞士气，争取更大的胜利，宋真宗必须渡过黄河，亲临前线。

寇准一方面同妥协派斗争，一方面积极备战。他派人到河北把农民中的优秀青年组织起来，加以训练，发展民兵队伍，并规定：河北民兵杀敌，所在官军应给以声援；民兵中有杀敌立功者，同样给予奖赏。寇准还派人携带钱物慰劳河北驻军，并出银三十万两交给河北转运使，用来收购军粮，充实军资。

十月，辽兵攻下祁州，向东南推进，经贝州，直扑澶州城下。这样一来，不仅河北大片领土陷入敌手，而且仅隔一河的都城汴京也暴露在辽

国骑兵的威胁之下。事实摆在面前，只有坚决抗敌才是唯一的出路。怯弱的宋真宗在寇准的督促下终于决定亲征。但统治集团内部仍然有不少人对抗敌没有信心，甚至当时的宰相毕士安也以自己抱病在身，以及太白星白天出现对大臣不祥为借口，不愿随驾北征，并对寇准促使宋真宗亲征说三道四。

在寇准的督促下，宋真宗让雍王留守京师，自己起驾北上。当车驾缓慢行至韦城时，辽军日益迫近的消息雪片似的从前方飞来。臣僚中又有人劝真宗到金陵躲避敌锋，于是真宗又动摇起来。寇准十分懂得把握军心民心和“取威决胜”的军事法则。他提醒真宗在大敌压境，四方危机的情况下，只可进尺、不可退寸。寇准明确指出，进则士气倍增、退则万众瓦解。殿前都指挥使高琼也支持寇准的意见。宋真宗的车驾终于北行到达澶州。北宋时，黄河还是从澶州流过的，将澶州城一分为二。

辽军已抵北城附近，宋真宗不敢过河，只愿驻扎在南城。寇准力请渡河，真宗犹豫不决。寇准对高琼说：“太尉承蒙国家厚恩，今日打算有所报答吗？”高琼说：“我是军人，愿以死殉国。”于是寇准与高琼商议了一番，便一同去见宋真宗。寇准对宋真宗说：“陛下如果认为我刚才的话不足凭信，可以问问高琼。”没等真宗开口，高琼便说：“寇准的话不无道理。随军将士的父母妻子都在京师，他们都不愿意抛弃家中老小随您迁都而只身逃往江南的。”接着高琼便请宋真宗立即动身渡河。枢密院事冯拯在一旁呵责高琼对宋真宗的鲁莽。高琼愤怒地驳斥道：“你冯拯只因为会写文章，官做到两府大臣。眼下敌兵向我挑衅，我劝皇上出征，你却责备我无礼。你有本事，为何不写一首诗使敌人撤退呢？”高琼命令卫士把真宗的车驾转向北城行进。渡过浮桥时高琼简直是在驱赶卫士前进。当真宗的黄龙旗在澶州北城楼上一出现，城下北宋的兵民立即欢声雷动，气盛百倍。真宗到澶州北城象征性地巡视后，仍回南城行宫，把寇准留在北城，负责指挥作战。宋真宗几次派人探视寇准的举动。寇准与知制诰杨亿在城楼上喝酒下棋，十分镇定。寇准的胸有成竹，使宋真宗不再恐慌。

自从辽国大举入侵之后，各地军民英勇抗敌。辽军虽然号称二十万，却是孤军深入，供给线长，粮草不继。十月以后，辽国军队在战场上节节失利。尤其是真宗亲临北城时，辽军先锋萧挞览在澶州城下被宋将李继隆部将张环用精锐的床子弩射杀，极大地动摇了军心。因此辽国太后萧绰及大丞相耶律隆运估计在战场上捞不到什么便宜，便转而向北宋议和，企图从谈判桌上获得在战场上得不到的好处。

宋真宗本来就没有抗敌的决心。差不多在他离京亲征的同时，宋朝的议和使节曹利用也被派往辽国军营。曹利用当时是一个职位很低的官员。在辽宋对垒的过程中，曹利用总是往来于两军之间。辽圣宗和萧太后也通过前一年望都之战中俘虏的宋将王继忠和曹利用联系。契丹提出的议和条件是要宋“归还”后周世宗北伐夺得的“关南之地”。宋方的条件是，只要辽国退兵可以每年给辽一些银、绢，但不答应领土要求。谈判在两军对峙中进行。最后终于按宋方的条件达成了协议，剩下的问题就是每年给辽银绢的数量。曹利用临行前请示宋真宗，真宗说：“迫不得已，一百万也可。”曹利用从真宗的行宫一出来就被一直守候在门外的寇准叫住。寇准叮咛他说：“虽然有圣上的旨意，但你去交涉，答应所给银绢不得超过三十万。否则，你就不必再来见我，那时我要砍你的头！”

寇准始终反对议和，主张乘势出兵、收复失地。主战派将领宁边军都部署杨之，已夺取幽燕数州。但由于真宗倾心于议和，致使妥协派气焰嚣张。他们攻击寇准拥兵自重，甚至说他图谋不轨。寇准在这班人的诽谤下，被迫放弃了主战的主张。于是，在妥协派的策划下，于同年十二月，宋辽双方订立了和约。

通过谈判，曹利用果然以三十万银绢谈成。宋辽双方订立了和约，这就是历史上著名的“澶渊之盟”（澶州西有湖名澶渊，澶州也称澶渊郡）。

澶渊之盟规定：

一、辽宋为兄弟之国，辽圣宗年幼，称宋真宗为兄，后世仍以齿论。

二、以白沟河为国界，双方撤兵。此后凡有越界盗贼逃犯，彼此不得收匿。两朝沿边城池，一切如常，不得创筑城隘。

三、宋方每年向辽提供“助军旅之费”银十万两，绢二十万匹。至雄州交割。

四、双方于边境设置榷场，开展互市贸易。

好笑的是，和议达成后，宋真宗询问结果，曹利用伸出三个指头。宋真宗误以为给了辽国三百万，大吃一惊，说：“太多了！”但想了一想，又认为谈判既已成功，也就算了，又说：“三百万就三百万吧。”后来，宋真宗弄清了只给辽绢二十万匹、银十万两，合计数才三十万，不到宋年财政收入的千分之五，大大低于早先的预计，不禁大喜过望，重重奖赏了曹利用，甚至写诗与群臣唱和，以此来庆祝。

合约缔结后，第二年，宋朝派人去辽国贺萧太后生辰，宋真宗致书时“自称南朝，以契丹为北朝”，宋、辽之间百余年间不再有大规模的战事，礼尚往来，通使殷勤，双方互使共达三百八十次之多，辽国边地发生饥荒，宋朝也会派人在边境赈济，宋真宗崩逝消息传来，辽圣宗“集蕃汉大臣举哀，后妃以下皆为沾涕”。

澶渊之盟具有重要的历史意义。澶渊之盟以后，辽、宋长期保持友好往来，边境地区的经济、文化交流得到加强。此后一百二十年间，辽宋不曾兵戎相见。但在中国历史上，这却是个有争议的命题。对于宋朝而言，澶渊之盟显然是个屈辱性的条约，既承认辽国政权的存在，又开“岁币”之滥觞，导致此后两宋之积弱，使宋朝繁荣的局面江河日下。

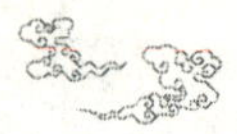

# 8. 面涅将军：狄青死得很憋屈

## 英雄不怕出身低

李元昊称帝反宋以后，宋仁宗派韩琦、范仲淹领兵讨伐，并从京师卫士中挑选一些人充实队伍，当时身为皇室侍卫的狄青也被挑中。

狄青是汾州西河（今山西汾阳）人，本领高强，擅长骑马射箭。他刚到陕西，还是一个低级军官。当时，将士大多胆小怕死，只有狄青艺高胆大，因此经常担任先锋。

狄青打仗的时候，有个特点：他每次上阵，都披头散发，脸上罩着一个铜面具。他在敌阵中往来冲杀，勇猛异常，西夏军没有一个抵挡得住，以为是天神天将下凡，因此给他起了一个外号，称他“狄天使”。

狄青打仗，也很有智谋。有一次，狄青率领少量军队，在泾原和西夏军作战。西夏军人数很多，狄青想，敌众我寡，如不采用奇计，无法取胜。于是，他下令军中，出战时不用弓箭，都拿刀枪，以钲（古代军队中所用的打击乐器，用铜制成）声作为号令，第一次敲钲，全军停止不动；第二次敲钲，全军退却，但仍排好阵势；钲声一停，全军转身向前，大喊大叫，向敌军冲杀过去。宋军士兵还都按照这一办法，进行了演习。

第二天，宋军出战。他们还没有跟西夏军交战，军中第一次钲声就响了，宋军士兵全部停下来不动。第一次钲声刚过，第二次钲声又响了，宋军士兵又突然退却了。西夏士兵一向惧怕狄青，这次看了宋军的出战情景，不觉大笑说："哪有这样的打法，谁说狄天使勇猛善战！"

就在这时候，宋军的钲声突然停止了，宋军将士顿时转过身来，大声喊杀，冲入西夏军阵中。敌人措手不及，乱成一团，吓得四散逃奔，很多人都自相践踏而死。这一仗，狄青以奇计制敌，取得了大胜。

陕西有个官员，和狄青谈论军事，非常赏识他的才能，就把他推荐给韩琦和范仲淹。

韩琦和范仲淹召见狄青，向他问了一些问题，觉得他确是一个人才，只是读书不多，缺少见识。

于是，范仲淹就劝告他说："你如今当了将官，要多读点书才行。做将官的，不知古今，不懂兵法，只凭个人之勇，怎么能为国家建立更大的功业呢？"

狄青听了，连连点头，便请范仲淹指点。范仲淹就拿出一部《左氏春秋》，送给狄青，要他先好好了解古代的一些战争历史。

狄青非常感激地接受了这部书。自此之后，他刻苦学习，读完了这部《左氏春秋》，又读完了秦、汉以来的很多兵法著作。他的军事知识更丰富了，名声也更大了。

他在西北的四年当中，大大小小的仗打了二十五次，身上受了八次箭伤，也为宋朝立了不少功劳。

宋仁宗对狄青很看重，除了提升他以外，还很想召见他。恰巧西夏军又侵犯渭州，狄青要去抗敌，不能去京城。宋仁宗只好叫人给狄青画了肖像，送到朝廷。

后来，北宋和西夏订立了和议，宋仁宗才把他调回京城，让他担任了马军副都指挥使。

狄青出身士兵。宋代为了防止士兵逃跑，在他们脸上刺上字，再涂上墨做记号，皮肤上留下青黑色的字迹，称作面涅。狄青当过小兵，脸上也留有面涅。

宋仁宗召见狄青，看到他脸上的面涅，觉得跟他如今的身份很不相称，便命他敷上药，把脸上的字迹除掉。

狄青不同意这样做。他回答说：“陛下不问我的出身低微，按照功劳提拔我，我才有今天这样的地位。这些字迹，我愿意留着，让士兵们看了，知道应该发奋向上。”

宋仁宗听了，非常赞赏，对他也更加看重了。

## 平定侬智高，再立奇功

西夏战事平息后不多几年，南方又出现了一个割据政权。广源州酋长侬智高起兵反宋。

侬智高，世居广源州（今广西靖西、田东一带），其父为当地壮族首领，因不堪交趾国（今越南北部）的欺压、掠夺，又得不到对交趾一味迁就的宋廷的保护，在忍无可忍的情况下，出兵反抗交趾，后被擒杀害。

侬智高成年后，继其父为广源首领，为摆脱为之深恶痛绝的交趾的控制，曾累次上书宋廷，并献上巨额的黄金和贡物，要求归附（据《宋史·广源州蛮传》）。但当时大宋朝廷不想与交趾冲突，屡次拒绝了侬智高要求内属的请求。因此，在忍无可忍、走投无路的情况下，侬智高发动了这次其迅猛程度与声势均为宋廷始料不及的大起义。

宋仁宗皇祐四年（1052 年）农历四月初六，侬智高在安德州（今靖西境）组织了五千人的大军宣告起义。大军浩浩荡荡，下德保，过田阳，沿右江东下，次日即抵达邕州管辖下的横山寨（一称横江寨，今田东县境），首战大捷——一举攻克该寨，杀死了寨主张日新、邕州都巡检高士安及钦横州同巡检吴香。

时值初夏雨豪，江水上涨，战船倍速。侬智高率大军沿江而下，很快就抵达邕城西郊的心圩，与守候在那里的永宁郡（今南宁邕宁区）太守吴某父子三人所率之守军交战。侬军将宋军团团包围，使其水断粮绝，又得不到援兵，因此很快破敌，吴某父子皆死于战中。

侬军马不停蹄，乘胜进击邕州，知州陈珙万分惊慌，忙命令通判王乾佑、权都监李肃守大门，武官守朝天门，并急派司户参军孔旦飞报附近各州及下游沿江郡县，请求援兵。马平（今柳江县）的宋士尧首先开到，与侬军交锋，不敌，宋士尧在马上被砍下头颅。

五月初一，张立的宾州（今宾阳县）援军到邕，陈珙大喜，在城上设宴犒军。可笑的是，酒未过三巡，在席上听到城破的消息，众皆大惊失色——知州陈珙、张立、王乾佑及节度使推官陈辅尧当场束手就擒被杀，守军千余名亦同时被歼。

侬智高举事不到一个月，就攻取了岭南重镇邕州，迅捷地奠定了举义的基础。侬智高夺取邕州后，马上着手建立了“大南国”，他完全采用了中原官制，自己黄袍加身，称为“仁惠皇帝”、改年号为“启历”，封其母为皇太后，十四岁的长子为太子，黄师宓以下，皆称中国官名。

侬智高心高气傲，他设想的所谓“大南国”的疆域不仅仅局限于广西。因此，在邕只停留了短短八天——五月初九，侬智高便高擎着“大南国”的大旗，以“仁惠皇帝”的架势，按既定方针进行东征与北伐了。

经短期休整的侬智高大军，士气高涨，一举开抵横州（今横县），知州张序等吓得弃了城，逃之夭夭。十二日，大军攻陷贵州（今贵港市），知州李琚亦闻风而逃。两日后，侬智高军又进抵浔州（今桂平市），知州急调本州各镇兵丁和请调容州（今容县）、上林等地兵员来救援。可是，由于久无战事，平日又疏于演练，守军作战能力很差，尸弃遍野。

攻破浔州后，侬智高军又开抵龚州（今平南县），知州惧怕，弃城逃遁。势如破竹的大军又相继攻陷了藤州（今藤县）、梧州——该两州的知

州李植、江某同样弃城逃命了。

声势越来越大的侬智高军，又神速地从梧州突入广东境内后，一样呈现摧枯拉朽之势——未经激战，便兵临封州（今广东封川县），知州曹觐早有防备，事先就募集了五百人的敢死队守卫，但仍无济于事，最后城破被擒。

侬智高军士气大增，继续挥师东指康州（今广东德庆县），知州赵师旦到任才一天，但他气薄云天，将侬智高派去劝降的人杀死，领兵三百抗敌，最终城陷阵亡。次日，大军攻陷瑞州（今广东高要县），三日后进逼三水，后为避台风，途中滞留了数天。

随后，侬智高大军浩浩荡荡地开抵南海重镇广州——侬智高率师东征，短短的十多天便攻下两广的横、贵、浔、龚、藤、梧、封、康、瑞九州，直抵千里以外的广州。兵数也从举事时的五千人增至近三万之众。

宋朝廷极为惊恐，忙任命狄青为枢密使、征南节度使，统领三万大军，从京都日夜兼程南下征讨。宋军的先锋即大将杨业之孙杨文广。

因为当时南方有崇拜鬼神的风俗，所以大军刚到桂林以南，狄青便设坛拜神说："这次用兵，胜败还没有把握。"于是拿了一百枚铜币，许愿："如果这次出征能够打败敌人，那么把这些铜币扔在地上，钱面（铸文字的那一面）定然会全部朝上。"左右官员很害怕，力劝主帅放弃这个念头，因为经验告诉他们这种尝试是注定要失败的。他们担心最终弄不好，反而会动摇军心。可是狄青对此全然不理，固执如牛。在千万人的注视下，狄青突然举手一挥，把铜币全部扔到地上。结果这一百个铜币的面，竟然鬼使神差般全部朝上。全军欢呼，士气大振。狄青本人也很兴奋，命令士兵，取来一百枚钉子，把铜钱钉在地上，然后说道："凯旋之后，定将酬谢神灵，收回铜钱。"由于士兵个个认定有神灵护佑，战斗中均奋勇争先。

侬智高军在龙岫洞歼灭了桂、宜、柳三州巡检李贵的队伍，随后进击昭州（今平乐县），九月十八日破城，知州逃离。

按原计划，侬智高是要在向湘荆进军后，占据主动地位与宋朝廷议

和。然而眼看宋朝大军汹涌而来，侬智高清醒地认识到，面对比自己强大近十倍的敌人，自己的军队是根本无法与之抗衡的。因此，在占领全州后，侬智高和黄师宓等人进行密议后，毅然做出回师邕州的决定。

正在此时，狄青的先头部队开到了，先锋杨文广率兵在桂州附近与起义军正面相遇，战斗十分激烈，结果宋军受创，杨文广被困得脱。

侬智高班师抵邕州时，兵力仍盛，知州宋克隆闻风弃城逃了。

重据邕州后，侬智高清醒地认识到：与宋廷已无妥协余地，但当前自身力量不足，准备返回广源，聚合三十六洞壮族等少数民族土酋，巩固好后方，然后再兴师北上。

狄青于皇祐五年（1053年）正月，率领主力抵达向有“一夫当关，万夫莫开”天险——昆仑关附近的宾州。这位足智多谋的大宋名将，故意放出“宋军只储有十日口粮”的假讯。侬智高闻之，竟信以为真，毫不戒备，加上时值元宵节，阴风细雨，狄青成功偷渡昆仑险关，并于正月十八日，突然精兵天降，直面侬军，在距邕州只有二十里的归仁铺摆开战场。

侬智高只好仓促应战。这时他知道：这是举兵近十个月以来首次遇到的强敌，归仁铺一仗非同小可，它关系到大南国的生死存亡！

在广袤的原野上，对峙着的两军排开阵势：侬智高军以骁士执标举盾居于前，羸弱的在后；而宋军则以步兵列前，西夏征来的骑兵殿后，两军刚交锋时，侬智高军先斩了宋的大将孙节：“偏将孙节、祝贵陈于前，石全斌为左翼，刘几为右翼。狄公暨挂帅，余靖处中军，李定殿其后……孙节恃勇出，与之争地形。公疾呼节曰：此岂争地利处耶？节不听，兵小，死焉。狄素奇之，失声惊呼……”宋军一度被迫退却。

可是，战局很快发生剧变。大将贾逵乘机率兵从山后抢占了高地，把侬军的阵势冲开，一分为二。这时，狄青趁势急麾骑步军一齐进击侬军，斩杀侬智高军数千人，并生擒黄师宓、侬智忠（智高之弟）等侬将一百五十七名，彻底击溃了侬智高军。

狄青乘胜追击，直逼邕州城下。侬智高突陷于寡不敌众的处境，一把

火烧了营房，弃离邕州，遁回广源，后到了大理国（今云南大理自治州境），两年后死在那里。

狄青征南凯旋后，知人善用的仁宗皇帝力排众议，超规格提拔狄青为枢密使，相当于今之国防部长，执掌大宋军权。

## 树大招风，狄青死得憋屈

狄青在迈上权力巅峰的同时，也给他的人生带来了巨大的悲剧。几乎就在狄青被任命为枢密使的同时，就遭到了朝中大臣的一致反对，这其中不乏名臣巨卿，如曾经对他赏识有加的韩琦，以及名望如日中天的欧阳修和文彦博等人，宰相庞籍就曾经拿祖宗旧例持反对意见，劝阻仁宗，即使开国大将曹彬战功卓著，也只是享用朝廷厚赠，而未获得枢密使重位，狄青何德何能？敢窃取国家重器？虽然仁宗坚持己见，毫不动摇地诏令狄青就任枢密使重位，但是由此带给这位名将的却是无休无止的攻击和指责，狄青缘何会成为名人和重臣们的眼中钉和肉中刺，必欲被人拔之而后快呢？

这里面既有历史原因也有其他各种错综复杂的因素，其一，狄青出身寒微，因脸上黥字而被文人士大夫瞧不起。皇帝仁宗就曾劝他把脸上黥文去掉，哪有国家大臣带着这种屈辱印记的？但狄青却愿留着这个印记，要让士兵都能像自己一样虽然出身微贱但能凭借军功，报答皇帝的知遇之恩。但其他大臣却歧视和鄙薄他，比如他在任枢密副使时，迎接他的人就因为狄青迟迟未到，而忿忿不休地骂他“迎一赤佬（丘八的口语），还屡日不来”。狄青过去的顶头上司韩琦的歌伎当着狄青的面劝酒，都敢毫不

客气地说“斑儿请你喝一杯”。

其二，宋朝重文轻武，武将的身份在文官集团中处于弱势地位，常常被人瞧不起。狄青出身行伍，终其一生，没有一张能够拿得出手的文凭，在那个讲究出身，地位和文凭的年代里，狄青显然是一个异数。宋朝做官讲究出身，尤其讲究进士及弟，一等为进士出身，二等为同进士出身，三等为赐进士出身、而狄青是个大老粗，只是在行伍之中，受范仲淹教诲，读过一些书，与那些根正苗红的朝廷大员相比非常微末。狄青也深知这一点，曾经感叹，我与韩枢密（韩琦）官职军功相等，只是少一进士耳。当狄青因仁宗赏识而被破格提拔后，因平步青云升迁速度过快而被文官集团所忌恨，甚至为曾经是自己上级的韩琦所嫉妒，文官们不敢对仁宗破坏官场潜规则的方式表示任何不恭，于是狄青就成为了众人必欲除之的替罪羊。

其三，狄青遭人忌恨，最重要的还在于历史原因，因为宋朝开国皇帝就是借助武人发动的“陈桥兵变”而夺得天下，所以武将是不能掌控着重要军权的，这是宋朝建国以来的最低底线和基本国策，皇帝仁宗可以一时得意忘形，忘记祖训，但是所谓的名卿贵勋们是不能忘记的，是誓死都要捍卫的红线，以此来正本清源。在狄青之前，还没有哪一个单纯的武将能够出任枢密使这一重要职位，很不幸，狄青触犯了名臣们内心深处的忌讳。比如欧阳修就屡次上书劝告皇帝拿下狄青，实在找不到狄青的罪名了，便因缘际会地说当年洪涝灾害就是上天针对狄青所任非职的警示。而一代名臣文彦博则说狄青军权在手，“朝廷疑耳”。这是什么？典型的“莫须有”罪名，仁宗辩解，狄青是忠臣。而文彦博却居心叵测地说：“太祖岂非周世宗忠臣？”这句话的杀伤力之大，足以让仁宗百口莫辩，也注定了狄青的悲剧结局。

其四，狄青最终还是武人吃了没文化的亏，他太不谙人情世故了，因为出身行伍，更加不擅于与文臣搞好关系，尤其是洞晓官场的潜规则，就在他功成名就之时，也没有选择急流勇退和明哲保身，没有料到自己会和历史上那些功高震主的功臣一样被卸磨杀驴。更没有想到的是他因一时疏

忽，在家中祭祀先祖时焚烧纸钱，因火光冲天，惊扰了周围民众，而被负责消防的宋朝小警察报告给了朝廷，被政敌们谣言惑众，狄枢密使家中夜有怪光冲天。这是一个非常严肃的政治事件，通常被视为有野心的臣子图谋不轨的表象，因自己一时不慎而招致了政敌杀伤力巨大的攻讦。狄青在仁宗瞻前顾后、犹豫不绝、三人成虎中最终被贬官外放。

狄青在所谓名臣们的联手打击下，在墙倒众人推中被罢去枢密使，到陈州基层任官，狄青自知此去凶险，曾经对人说："我此行必死无疑，陈州有一种梨，叫青沙烂，今去此州狄青必烂死。"

狄青到陈州之后，朝廷仍不放心，每半个月就遣中使，名曰抚问，实则监视。这时的狄青已被谣言中伤搞得惶惶不安，每次使者到来他都要"惊疑终日"，唯恐再生祸殃，不到半年，发病抑郁而死。这位年仅 49 岁，曾驰骋沙场，浴血奋战，为宋王朝立下汗马功劳的一代名将，没有在兵刃飞矢之中倒下，血染疆场，马革裹尸，却死在猜忌、排斥的打击迫害之中。狄青生前，被视为朝廷的眼中钉，必欲拔之而后快，他含冤而死，却受到了礼遇和推崇，"帝发哀，赠中令，谥武襄"。

北宋重文轻武的国策，终自食其果，在后来的民族战争中，一直处于被动的地位。到宋神宗登基，冀图重振国威，但又苦于朝中没有能征善战之人，这才又思念起了狄青，他亲自为文，派使者到狄青家祭奠，并将狄青的画像挂在禁中，但已于事无补，只能是叹息国势日颓，发思古之幽情而已。

# 9. 熙宁变法：北宋王朝最重要的转折点

## 神宗欲力挽大厦于将倾

嘉祐八年（1063年），在位达42年之久的宋仁宗病死。仁宗无子，由其养子赵曙（宋英宗）继承皇位。

英宗面对仁宗留下来的内外交困的政局，曾经想对朝政弊端进行一番改革。他即位不久，就对执政大臣富弼提出“积弊甚众，何以裁救”的问题。

但当时富弼等大臣因循守旧，对英宗敷衍塞责，不思救治。英宗本人不久也重病缠身，精神失常，难以理朝，他救治积弊的愿望也化为泡影。宋朝所面临的危机则进一步加深。仅财政一项，仁宗时每年亏空的数额达300万缗以上，英宗治平年间竟达到一千五百余万缗。治平四年（1067年），英宗病死，因财政困难，其丧葬费用不得不大大削减。

英宗死，其子赵顼（神宗）继承皇位，当时不满二十岁。赵顼当太子时，就很关心国家大事。十多岁时，曾披甲去见祖母曹太后，要求收复失去的疆土；每当群臣提到仁宗时辽朝趁宋西边紧张之际兴兵讹诈一事，便忧愤得落泪。

神宗即位，也正是士大夫变法思潮方兴未艾之时。神宗刚即位两个月，翰林学士承旨张方平上疏，对当时“天下困极，而天下恬然不图营

救”的政局表示不胜忧愤，而且指出，宋朝如果仍旧“遵常守故，龊龊细文，避猜嫌，顾形迹，恤浮议而废远图，忽人谋而徼天幸”，将来一旦出现凶年饥馑及“寇戎”，就难以挽救。宋神宗作为一个年轻的皇帝，在当时士大夫变法思潮的影响下，很想改变宋朝积贫积弱的局面。他即位后，即向元老重臣富弼征询富国强兵之道。但神宗料想不到，此时的富弼已经不是宋仁宗庆历年间努力兴致太平、革除旧弊的改革派了，不仅因为庆历新政的失败而丧失改革的锐气，而且久居高官，变得老于世故，因循故道。当神宗向他征询致国盛强之道时，他竟像几年前对待英宗一样，要宋神宗“二十年不言兵”，试图让宋神宗放弃改革时弊的想法。

宋神宗无法从元老大臣那里得到支持，就只得寄希望于当时在士大夫中享有很高声望的王安石。

## 王安石来得正是时候

宋真宗天禧五年（1021 年），王安石出生于临川（今抚州市临川区），父亲王益，时任临川军判官。王安石自幼聪颖，酷爱读书，过目不忘，下笔成文。稍长，跟随父亲宦游各地，接触现实，体验民间疾苦。文章立论高深奇丽，旁征博引，始有移风易俗之志。

16 岁时，王安石随父入京，以文结识好友曾巩，曾巩向欧阳修推荐其文，大获赞赏。宋仁宗庆历二年（1042 年），登杨寘榜进士第四名，授淮南节度判官。任满后，王安石放弃了京试入馆阁的机会，调为鄞县知县。王安石在任四年，兴修水利、扩办学校，初显政绩。

随后，王安石任舒州通判，勤政爱民，治绩斐然。宰相文彦博以王安

石恬淡名利、遵纪守道向宋仁宗举荐，请求朝廷褒奖以激励风俗，王安石以不想激起越级提拔之风为由拒绝。欧阳修举荐其为谏官，王安石以祖母年高推辞。欧阳修又以王安石需俸禄养家为由，任命他为群牧判官。不久王安石出任常州知州，得与周敦颐相知，声誉日隆。

嘉祐三年（1058年），王安石被调为度支判官，他进京述职，作长达万言的《上仁宗皇帝言事书》，系统地提出了变法主张。在此次上疏中，王安石总结了自己多年的地方官经历，指出国家积弱积贫的现实：经济困窘、社会风气败坏、国防安全堪忧，认为症结的根源在于为政者不懂得法度，解决的根本途径在于效法古圣先贤之道、改革制度，进而提出了自己的人才政策和方案的基本设想，建议朝廷改革取士、重视人才。

王安石主张对宋初以来的法度进行全盘改革，革除宋朝存在的积弊，扭转积贫积弱的局势。并以晋武帝司马炎、唐玄宗李隆基等人只图“逸豫”，不求改革，终致覆灭的事实为例，要求立即实行对法度的变革。但宋仁宗并未采纳王安石的变法主张。

此后，朝廷多次委任王安石以馆阁之职，均固辞不就。士大夫们以为王安石无意功名，不求仕途，遗憾无缘结识；朝廷屡次想委以重任，都担心王安石不愿出仕。朝廷任命王安石与人同修《起居注》，王安石辞谢多次才接受。不久王安石任职集贤院、知制诰，审查京城刑狱案件，朝众士大夫都引为盛事。

王安石在京任职期间，朝廷规定舍人院不得申请删改诏书文字，王安石认为立法不该如此，据理力争，得罪了王公大臣。嘉祐八年（1063年），王安石母亲病逝，遂辞官回江宁守丧。

宋英宗即位后，屡次征召王安石赴京任职，王安石均以服母丧和有病为由，拒绝入朝。宋神宗赵顼继承皇位之后，他才在熙宁元年（1068年）应召回到开封。

# 推行新法，第一次罢相

新即位的宋神宗问王安石："当今治国之道，当以何为先？"王安石答："以择术为始。"熙宁二年（1069年），宋神宗问王安石："不知卿所施设，以何为先？"王安石答："变风俗，立法度，方今所急也。凡欲美风俗，在长君子，消小人，以礼义廉耻由君子出故也……"同年二月，王安石开始推行新法，即中国历史上著名的熙宁变法。

变法刚刚推行时，王安石作为五个执政大臣之一，为推动变法而生气勃勃地活动。但整个朝廷却是暮气沉沉，其他四个执政大臣中，宰相曾公亮年过七十，长期占据高位，遇事模棱两可，阻挡起用新人，不支持变法，是一个"老成持重"的官僚典型。另一位宰相富弼（熙宁二年二月复相），因庆历新政失败已经丧失改革的锐气，因循保守，只求保住高官，见神宗信任王安石推行变法，便称病求退。同王安石并列为参知政事的唐介曾极力反对宋神宗任命王安石执政，在新法刚开始的四月间病死。另一参知政事赵抃见难以阻挠变法，便自叫苦。当时有人讽刺说：五个执政者王、曾、富、唐、赵是生、老、病、死、苦。依靠这样的执政班子显然无法推行新法。宋神宗于熙宁三年（1070年）十二月任命王安石为宰相，授予大权，有力地推行新法。

王安石执政后，随即建立起一个主持变法的新机构"制置三司条例司"，即皇帝特命设置的制定三司（户部、度支、盐铁）条例的专门机构。神宗任命知枢密院事陈升之与王安石同领其事，实际上是由王安石主持。在这个机构中，任用了一大批新人。吕惠卿、曾布、苏辙都被任命为制置三司条例的“检详文字”官，参与草拟新法。

王安石推行的新法包括均输、青苗、免役、市易、保甲、保马、方田、均税等。

年轻皇帝神宗支持的王安石变法，本是一场加强宋朝统治，又有进步意义的大好事，但一石激起千层浪，变法在北宋统治集团内部掀起了轩然大波，遭到当时皇族、元老重臣的激烈反对。当时反对新法的，不仅有文彦博、韩琦、富弼、欧阳修等元老大臣，还有太皇太后曹氏（宋仁宗的皇后，神宗之祖母）、皇太后高氏（英宗的皇后，神宗之母）。曹氏和高氏这两家在北宋都是已有上百年历史的高门贵族，再加上神宗之弟赵颢等宫廷显贵。而这个保守集团的代表人物则是司马光。

作为北宋政坛、文坛的两位杰出人物，王安石与司马光曾一度是好友。但变法后，两人因观点对立，经常“争论于私下，辩论于朝堂”。

说起司马光，我们不得不提起他主持编纂的中国第一部编年体通史《资治通鉴》。北宋熙宁四年（1071年），因与王安石政见不一，53岁的司马光自请离京，退居洛阳十五年，不问政事，主持编纂了三百多万字的《资治通鉴》。

北宋元丰七年（1084年），《资治通鉴》终于完成，该书在中国官修史书中占有极重要的地位。司马光还在《过洛阳故城》中留下千古名句：“若问古今兴废事，请君只看洛阳城。”

也是这一年，北方大旱，一位名叫郑侠的官员向神宗上呈一幅《流民图》，图中景象惨不忍睹，神宗因此受到极大震撼。第二天神宗就下令暂罢青苗、方田、免役等十八项法令。尽管这些法令不久之后得到恢复，但神宗与王安石之间已经开始互不信任。熙宁七年四月，王安石第一次被罢相，出知江宁府。

# 阻力重重，再次罢相

王安石被罢相以后，变法派中的官员吕惠卿肆意妄为。王安石因此回京复职，但是变法依然受到保守派的坚决阻挠。

一次，神宗因辽国无理要求割地，向旧臣问策。久已罢相在外的韩琦，又乘机攻击新法，指责将兵法、编保甲是“所以致辽之疑”，青苗、免役、市易诸法是使“邦本困摇”。在王安石复相后的一年多时间里，变法派仍然处境困难，难以实施新法。尤其是王安石复相后，得不到神宗的支持，市易法无法再向前推进，免役法在保守派官僚的攻击下开始倒退，官户所输助役钱，减免一半，逐步对官僚地主、大商贾妥协。王安石复相后，变法派原有矛盾加深，进一步分裂。韩绛与吕惠卿意见多有不合，王安石因选用官员事也与韩绛不合。王安石重用吕嘉问，而吕惠卿对吕嘉问又多有不满。王、吕之间，关系破裂。御史中丞邓绾，秉承据王雱（王安石子）意，弹劾吕惠卿在华亭县借富民家钱置田产，由县吏收租，“交结贪浊”。吕惠卿上章自辩，并罗列与王安石议论不合诸事，后罢政，出知陈州。章惇出知湖州。王安石复相后，变法派相互攻伐，四分五裂。王安石自己第一次罢相后，多少被削弱了变法初期那种一往无前的锐气。此时，保守派势盛，变法派消弱，神宗更加动摇，王安石无法扭转政局。

熙宁九年（1076 年）六月，王安石长子去世，王安石借机坚决求退，神宗于十月再次罢免王安石的相位，此后王安石便不问世事。

王安石被罢后，神宗继续改革事业，号为“元丰改制”。元丰改制虽与熙宁变法并称为“熙丰新法”，但改革力度无法同熙宁变法相提并论。伴随着国力的增强，神宗将焦点转移到外患上。他决心消灭西夏。熙宁五年（1072年）五月，神宗开始西征西夏，取得了胜利，也大大增强了神宗的信心。元丰四年（1081年）四月，西夏发生政变，神宗借此时机再次征讨西夏，结果却遭到惨败。神宗因此一病不起。元丰八年（1085年）正月初，神宗立六子赵煦为太子。而神宗颁布的新法虽然曾短暂被其母高太后废除，但不久又陆续恢复，不少甚至沿用到南宋时期。

尽管后人对熙宁新法的评价两极分化，但毋庸置疑，新法的推行效果远不如王安石预想。新法的实行虽然大大增加了国家的财政收入和耕地面积，但是却严重地增加了平民的负担。熙宁新法在军事上的改革也只是头痛医头，脚痛医脚，军队战斗力无明显改善。加上王安石操之过急，将需要很长时间社会演进才能完成的十余项改革在短短数年内全盘推行，使变法陷入了欲速则不达的困境。而且，新法实施到了后期，条文与执行效果相差越来越大，一些措施从利民变成扰民。新法施行过程中用人不当也是最后失去民心的原因，变法派中如吕惠卿、曾布、李定和蔡京等都是人品相当有争议的人物，有的更被视为小人。

## 除旧的新法，却成了党争的源头

变法之所以失败，与王安石本人的性格有关。王安石性格执拗，又不修边幅，在当时的士大夫中可算是特立独行。这也招致了不必要的攻击，如苏老泉在他拜相之前就写了《辨奸论》来影射攻击他，书中针对他的生活习惯有这样的字句：“夫面垢不忘洗，衣垢不忘浣，此人之至情也。今

也不然，衣臣虏之衣，食犬彘之食，囚首丧面而谈诗书，此岂其情也哉？凡事之不近人情者，鲜不为大奸慝。”进而预言：“使斯人而不用也，则吾言为过，而斯人有不遇之叹，孰知祸之至于此哉！不然，天下将被其祸，而吾获知言之名，悲夫！”来影射将来王安石会祸乱国家，由于苏洵是当时的名作家，因此造成了很坏的影响。

性格方面的影响还在于，因王安石的特立独行、刚愎自用，造成上层官僚之间关系紧张，加大了改革的阻力。如：文彦博、富弼，这两个人是仁宗一朝的重臣，久居中枢，门生故吏遍天下。富弼见神宗重用王安石，而王安石议论偏执，心里很不痛快，数十次上表要求辞职。出判亳州，临卸任时，神宗征求意见，问谁接替合适，富弼荐文彦博，不合神宗心意，君臣相对默然。过了很久，神宗亲自开口说：“王安石才识甚高，卿以为如何？”富弼居然也以沉默对抗。不久，文彦博也以司空的荣衔出判河阳，离开了朝廷。因与这两人交恶，他们的门生故吏们就先有成见，对改革的具体实施也就大打折扣。司马光、范纯仁等名臣，也对王安石颇不以为然，多次在皇帝面前与之争论，司马光更以拒绝出任枢密副使来拒绝与王安石合作，到洛阳专心著书去了。可见当时阻力之大。

那么既然当朝君子不与之合作，王安石只得起用新人来推行新法，这给了小人以钻营之机，并由此形成了新旧两党。后来的事实证明，旧党人士虽然因循守旧，但是个人品行方面确实堪称君子；而新党之中，有不少钻营小人，个人品行差了老大一截，当时的社会声望更不能与旧党人员相比。

改革就在这种情况下进行，旧党人员一直找机会攻击变法，新党也对旧党实施打压。终于，旧党等到了绝好的机会：熙宁六年（1073年）大旱，安上门监郑侠画《流民图》，图中流民或身背锁械，或口食草根，告诉皇上说旱灾是王安石造成的，神宗大受刺激，对变法产生重大怀疑。遂下诏罢新法十八条。恰巧下诏那天天降大雨，旱情得到缓解，各大臣入朝庆贺，神宗就拿出郑侠画的《流民图》来，责备群臣。因此王安石请求辞职。这是第一次罢相，变法受到打击。

那郑侠是撒谎吗？不是，客观地说，这其中当然有天灾的原因，更因为王安石推行新法太过心急，以青苗法为例：青苗法，本来是为了使农民便利，如有需要，可在每年夏秋两收前，到当地官府借贷现钱（青苗钱）或粮谷，以补助耕作。收获了再附带一部分利息偿还官府，一来使资金周转困难的农户免受高利贷剥削，二来不至于影响了农业生产，三来官府也可以收些利息来增加财政收入。看起来是官府、农户互利互惠，但是一方面定的利息太高（20%），另一方面推行办法失当，如果是农户自愿向官府借贷，虽然利息高一点，总比借高利贷要低很多。但是，王安石把推行青苗法作为考核地方官政绩的指标，因此实际上是地方官强迫农民五家互保后再逐家派定数目，称为散青苗，地方官为了保障秋后本息能够全部收回，散派的对象是中上之家而非贫下之户，因怕贫下户无力偿还，如此需要借贷的反而借不到，不需要借贷的反要强行摊派一定的份额，来承担利息，这还谈什么惠民呢？所以实际上是百姓未受其利，先蒙其弊。这是造成《流民图》所描绘现象的主要原因，由此可见，由于推行不得法，结果事与愿违。

后来几经反复，新旧法之争演变成了新旧“党争”，新党得势时，就对旧党人员残酷打击，如苏轼等一批旧党就遭流放远至广东，后又因东坡作诗“浮山下四时春，芦橘杨梅次第新，日啖荔枝三百颗，不辞常作岭南人”，新党章惇等人觉得他过的日子还是太舒服了，又将他远放海南。自王安石二次罢相后，原来政见不合之争变了性质，沦落成结党营私的排挤、打压，乃至人身迫害。而在新党小人主持下的革新，更加不得人心，百姓生活更加困苦，变法实际上自王安石退居金陵，就已归于失败。1085年，神宗在变法失败的困惑中，郁郁病逝。年幼的宋哲宗即位，在宣仁太后主导下，致力于恢复祖宗旧制，任命司马光为门下侍郎，尽废新法。

通常的说法是，变法失败，归于触动了官僚地主集团的既得利益和

神宗的年轻无知，缺乏坚定的政治主张，容易动摇，确实有这方面的原因。但是，凡是变法，总要触动既得利益者的利益，从商鞅变法开始历次变法莫不如此。把失败的主要原因归结于此，是不恰当的。王安石对变法的难度估计不足，推行不当，及其执拗、刚愎自用的个性，才是主要原因。

变法本为富国强兵、提振国势，结果适得其反。作为一个转折点，北宋帝国自此更是江河日下，直至灭亡。因之形成的党争之患，到北宋灭亡，仍然余波未尽，一直延续到宋室南渡后。

# 10. 放荡天子：端王轻佻，不可君天下

## 养尊处优，流连青楼

宋徽宗赵佶生于元丰五年（1082 年）十月，自幼养尊处优，逐渐养成了轻佻浪荡的性格。据说在他降生之前，其父神宗曾到秘书省观看收藏的南唐后主李煜的画像，“见其人物俨雅，再三叹讶”，随后就生下了徽宗，“生时梦李主来谒，所以文采风流，过李主百倍”。这种李煜托生的传说固然不足为信，但在赵佶身上，的确有李煜的影子。徽宗自幼爱好笔墨、丹青、骑马、射箭、蹴鞠，对奇花异石、飞禽走兽有着浓厚的兴趣，尤其在书法绘画方面，更是表现出非凡的天赋。

随着年龄的增长，赵佶迷恋声色犬马，游戏踢球更是他的拿手好戏。赵佶身边有一名叫春兰的侍女，花容月貌，又精通文墨，是向太后特意送给他的，后来逐渐变成了他的玩物。但赵佶并不满足，他以亲王之尊，经常微服游幸青楼歌馆，寻花问柳，凡是京城中有名的妓女，几乎都与他有染，有时他还将喜欢的妓女乔装打扮带入王府中，长期据为己有。与此同时，赵佶结交了一批与他臭味相投的朋友。他的挚友王诜，娶英宗之女魏国大长公主，封为驸马都尉。但王诜为人放荡，行为极不检点。虽然公主温柔贤淑，尽心侍奉公婆，而王诜却偏偏宠爱小妾，她们竟然多次顶撞公主。神宗为此曾两次将王诜贬官，但他却不思悔改，甚至在公主生病

时，当着公主的面与小妾寻欢作乐。品行如此恶劣之人，却是赵佶的坐上宾。他们经常一起光顾京城内有名的妓馆——撷芳楼。王诜藏有名画《蜀葵图》，但只有其中半幅，他时常在赵佶面前提及此事，遗憾之情，溢于言表。赵佶便记于心，派人四处寻访，终于找到另外半幅画，就把王诜手中的那半幅也要了过去。王诜以为酷爱书画的赵佶要收藏这幅画，哪知赵佶却将两半幅画裱成一幅完整的画送给了他，于此可知二人之间的关系之深。

赵佶对王诜如此大方，王诜自然投桃报李。有一次，赵佶在皇宫遇到王诜，恰巧因为忘带篦子，便向王诜借篦子梳头。王诜把篦子递给他。赵佶见王诜的篦子做得极为精美，爱不释手，直夸篦子新奇可爱。王诜不失时机地说："近日我做了两副篦子，有一副尚未用过，过会儿我派人给你送过去。"当晚，王诜便差府中小吏高俅去给赵佶送篦子。高俅到赵佶府中时，正逢赵佶在蹴鞠，就在旁边观看等候。赵佶善踢蹴鞠，而高俅早年便是街头踢蹴鞠的行家，精于此技。见到赵佶踢得好时，高俅大声喝彩。赵佶便招呼高俅对踢。高俅使出浑身解数，陪赵佶踢球。赵佶玩得非常尽兴，便吩咐仆人向王诜传话，说要将篦子和送篦子的小吏一同留下。高俅日益受到赵佶的宠幸。后来，有些仆人跟赵佶讨赏，他居然说："你们有他那样的脚吗？"赵佶之放浪形骸可见一斑。

当上皇帝以后，徽宗禀性难移，无心于政务，继续过着糜烂的生活。徽宗 17 岁成婚，娶德州刺史王藻之女，即位后，册王氏为皇后。王皇后相貌平平，生性俭约，不会取悦徽宗，虽为正宫，但并不得宠。此时，徽宗宠幸的是郑、王二贵妃，二人本是向太后宫中的押班（内侍官名），生得眉清目秀，又善言辞。徽宗为藩王时，每到慈德宫请安，向太后总是命郑、王二人陪侍。二人小心谨慎，又善于奉承，颇得徽宗好感，时间一长，向太后有所觉察，及徽宗即位，便把二人赐给他。徽宗如愿以偿，甚为欢喜。据记载，郑氏"自入宫，好观书，章奏能自制，帝爱其才"。显而易见，郑氏不仅姿色出众，而且还能帮助徽宗处理奏章。因此，徽宗更

偏爱郑氏。徽宗多次赐给郑氏情词艳曲，后来传出宫禁，广为流传。王皇后去世，徽宗于政和元年册封郑氏为皇后。除了郑、王二氏之外，受宠爱的还有二刘贵妃、乔贵妃、韦贵妃等人。刘贵妃，出身寒微，却花容月貌，入宫即得到赵佶宠幸，由才人连升七级而至贵妃。然而，好景不长，升贵妃后不久即去世。刘贵妃曾亲手在庭院中种植了几株芭蕉，当时她说："等这些芭蕉长大，恐怕我也看不着了。"在旁的侍从闻听此言，慌忙上奏徽宗，徽宗起初并不在意。谁知过了两天，刘贵妃病重，等徽宗前去探视时，刘贵妃已撒手而去。徽宗悲痛不已，特加四字谥号"明达懿文"，将其生平事迹编成诗文，令乐府谱曲奏唱。

正当徽宗为此伤感时，内侍杨戬在徽宗面前夸赞另一刘氏有倾国倾城之貌，不亚于王昭君，徽宗将其召入宫中。刘氏本是酒家之女，出身卑贱，但长得光艳风流。徽宗一见，魂不守舍，瞬间便将丧妃之痛遗忘殆尽。徽宗对刘氏大加宠爱，与她形影不离，若离了她，竟是食不甘味，夜不能寐。刘氏天资颖悟，善于逢迎徽宗，还极善涂饰，每制一衣，款式新颖，装扮起来胜似天仙。不但徽宗喜欢，就连京城内外也竞相仿效。在徽宗看来，刘氏回眸一笑，六宫粉黛尽无颜色。道士林灵素见刘氏如此得宠，便曲意奉承，称刘氏为"九华玉真安妃"，绘其像供奉于神霄帝君之左。然而，随着时间的流逝，刘氏渐渐风韵不再，生性轻佻浮浪的徽宗欲再觅新欢。

尽管后宫粉黛三千，佳丽如云，但徽宗对她们刻意造作之态感到索然无味，便微服出宫，寻找刺激。李师师，汴京人，本姓王，工匠之女，四岁丧父，遂入娼籍李家，后来成了名噪一时的京城名妓。她色艺双全，慷慨有侠名，号称"飞将军"。李师师既名冠汴京，徽宗自然不会放过她。自政和以后，徽宗经常乘坐小轿子，带领数名侍从，微服出宫，到李师师家过夜。为了寻欢作乐，徽宗特意设立行幸局专门负责出行事宜。荒唐的是，行幸局的官员还帮助徽宗撒谎，如当日不上朝，就说徽宗有排档（宫中宴饮）；次日未归，就传旨称有疮痍（染病）。天子不惜九五之尊，游幸

于青楼妓馆，并非光彩之事，所以徽宗总是小心翼翼，生怕被他人发现；其实多数朝臣对此都心知肚明，但却不敢过问，致使徽宗更加放荡。秘书省正字曹辅曾经挺身而出，上疏规谏徽宗应爱惜龙体，以免贻笑后人。徽宗听后，勃然大怒，立即命王黼等人处理此事。这些人自然领会徽宗的意思，以曹辅诬蔑天子之罪论处，徽宗当即将曹辅发配郴州。

## 端王轻佻，不可君天下

宋徽宗能当上皇帝，第一个原因就是他的皇兄哲宗死后无子。哲宗和徽宗就是北宋的第七、第八代皇帝，是兄弟俩。他们的父亲，是北宋的第六代皇帝宋神宗。神宗一共有十四个儿子，但是从老大到老五，及老七、老八、老十这八个儿子全都夭折了，只留下六个长成年的皇子，哲宗是第六子，徽宗是第十一子。

哲宗归天，又没有儿子，那么到底由五个弟弟里面的哪个来承继大统呢？当时的太后，也就是神宗的皇后向氏，就召集百官来商量这事。向氏在徽宗承继大统这件事上，起了非常关键的作用。向太后本人并没有亲生的儿子，哲宗也不是她生的，所以哲宗下面这五个弟弟谁来继统，在她眼里是无所谓的。向太后隔着帘子问大臣：“大行皇帝归天，没有子嗣，诸位爱卿，你们看谁来继统？”这个时候，给宋徽宗帮忙的人出现了，他就是宰相章惇。当然，这并不是章惇的本意，可是他的话却阴差阳错地帮了宋徽宗大忙。

章惇这个人，年轻的时候跟大文豪苏东坡关系很好。有一次，两个人出去游玩，到了一条水流很急的溪边，溪上有一座独木桥，对面是一道峭

壁。章惇就对苏轼说，老苏，咱俩过去在峭壁上题诗怎么样？苏东坡一看太危险了，说我不去。章惇却若无其事地沿着独木桥走到溪流对面，把长袍往腰带上一掖，拽着老藤就荡到峭壁跟前，提起笔来写上“苏轼章惇游此”，就是到此一游的意思。章惇回来后，苏轼看了他一眼说，你要是掌了权，肯定是个杀人不眨眼的家伙，会有千百万人头落地。章惇问为什么，苏轼说，你连自己的命都不当回事，能拿别人的命当回事吗？果然，章惇做了宰相之后，将党同伐异、驱逐异己的手段用到了极致，就连当年一起题诗的老朋友苏轼，都没逃过被流放的厄运。

向太后问众位大臣谁能继统，章惇作为宰相，当然应该第一个发言。他张嘴就说：“母以子贵，如果继统的话，应立先帝同母弟简王。”也就是说，应该立跟先帝同一个妈生的第十三子简王。他这句话一说完，太后的脸色马上就变了。虽然隔着帘子章惇可能看不到，但是他也马上明白这话说得太鲁莽了。果然，太后隔帘就发问：“宰相你说的这叫什么话，什么叫同母弟啊，这六个皇子难道不都是哀家的儿子吗？”这下宰相就傻了。因为哲宗皇帝本身就是庶出，不是向太后亲生，而是朱太妃所生。现在如果再立朱太妃所生的简王，那朱太妃就有两个儿子先后为帝。向太后虽然是正位中宫，有这个位分，但是倘若朱太妃的两个儿子都当皇帝了，那太后和朱太妃的关系就不好处了。因此，太后勃然变色，章惇的这个提议也就作废了。

既然立简王不行，于是章惇又提了一个人。他说：“按照长幼之序，当立九子申王。”因为皇子前十位里就剩老九了，所以应该立老九申王。他一说完，满朝文武，包括太后都乐了。为什么？因为申王有目疾，是个盲人。甭说中国历史，就是世界历史上，好像也没有盲人做皇帝的。太后心想，你说立申王，他连奏章都看不了，你这不是成心的吗？所以章惇一说，大家一乐就完了，根本就不再讨论了。

再往下数，就该十一子端王了。章惇心中暗说，不好不好，实在不好！因为他知道，这个端王整天就是踢球、赏花、写字、画画，跟名妓勾勾搭搭，这种人怎么可以君临天下？别看章惇是个奸臣，但是他确实有识

君之才。果然，太后在帘子后面说："那这样一来，下边就该端王了吧。"章惇一听，脑子就乱了，也不顾君臣礼仪，大喊一声："端王轻佻，不可以君天下。"这一句，可就为他后面的凄惨人生埋下了伏笔。我们想一下，他敢说端王轻佻，那一旦端王当了皇帝，他能有好下场吗？所以，章惇一代权奸，最后凄凄惨惨，被贬死在了外地。

太后听了章惇的这句话很生气，心想，你说立谁就立谁，我立的你就给否了，而且连君臣礼仪都不顾，这还得了？这个时候，同僚们也开始落井下石了。当时的枢密使曾布，觊觎宰相的位置已久，他想，先帝在位十年，章惇当了六年宰相，如果再让章惇看中的人做了皇帝，那还有我当宰相的时候吗？所以，曾布这个时候就跳出来指责章惇，说他"所发议论，令人惊骇，不知居心何在"。这样的大帽子一扣，给了章惇一个承受不了的罪名，他就没法再说话了。这时，太后发言："先帝尝言，端王有福寿，且仁孝，不同于诸王。"说这个孩子有福寿之相，而且非常孝顺，不同于其他的皇子。最后太后拍板，说就立端王。随即召端王入宫，在大行皇帝灵柩前即位，这就是宋徽宗。

在皇兄早亡，又无子嗣，宰相失言，太后力挺，且群臣相嫉的因缘际会之下，在章惇一句"端王轻佻，不可以君天下"的大喝声中，宋徽宗承继大统，当上了皇帝，拉开了北宋王朝最后一场戏的帷幕。

## 重用蔡京，朝政腐败

徽宗即位后，向太后"权同处分军国事"。太后在神宗时即是守旧派，当政后随即任命守旧派、韩琦长子韩忠彦为执政，不久又升任右相，左相

章惇、执政蔡卞等相继受攻击，蔡卞首先被贬任知府；同时恢复被贬逐的守旧派官员的名位，守旧派官员接着相继上台。当年七月，向太后还政后不久，反对立徽宗为帝的左相章惇被罢相，韩忠彦升任左相，曾布升任右相。当时守旧派与变法派的斗争日趋激化，也有官员认为元祐、绍圣均有失误，应该消除偏见，调和矛盾。于是改次年为建中靖国，以示“本中和而立政”，“昭示朕志，永绥斯民”。但是新旧党争不仅没有停止而是愈演愈烈。建中靖国元年（1101 年）十一月，邓洵武首创徽宗应绍述神宗之说，攻击左相韩忠彦并推荐蔡京为相，得到执政温益的支持，为徽宗所采纳，首先于同月末决定改明年为崇宁元年，明确宣示放弃调和政策，改为崇法熙宁变法。

蔡京是个政治投机者，王安石变法时拥护变法改革，元祐初又附和司马光积极推翻新法，绍圣初又积极附和新法，徽宗即位后不久受守旧派攻击而被夺职提举宫观闲居杭州（今属浙江），结交赴杭收集书画的宦官童贯，蔡京以擅长书法逐渐受到可以称之为画家、书法家的宋徽宗的赏识，邓洵武、温益知道徽宗必将重用蔡京，在进呈绍述新法意见时都力荐蔡京，认为徽宗“必欲继志述事，非用蔡京不可”。崇宁元年（1102 年）五月，左相韩忠彦首先被贬任知府，蔡京升任执政。随后右相曾布也被贬任知州，蔡京升任右相，不久又升为左相，独相达三年之久。其后虽曾二次罢相，但又复相或以太师控制朝政，位在首相（徽宗改左仆射为太宰作首相，右仆射改称少宰为次相）之上。徽宗末年，致仕已多年的蔡京还以太师领三省事掌握朝政。徽宗时期始终是蔡京及其党羽的天下，他们打着绍述神宗改革的旗号，作为排斥异己打击反对者的幌子。

蔡京等打着绍述新法的旗号，无恶不作，贿赂公行，卖官鬻爵，“三千索（“索”意与贯同），直秘阁；五百贯，擢通判”。巧立名目，增税加赋，搜刮民财。又如征收所谓经制钱，是“取量添酒钱及增一分税钱，头子、卖契等钱，敛之于细，而积之甚众”。苛捐杂税，积累了大量财富，“今泉币所积赢五千万”，“于是铸九鼎，建明堂，修方泽，立道观”，大兴

土木，不仅在宫城之北建筑稍小于宫城的延福宫和规模更大的艮岳，还乘机利用搜刮的民财大修各自的豪华宅第。为了阻止其他官员的议论，发布诏书也不依中书省草拟、门下省复核、上奏后颁行的正规途径，而是请徽宗亲书后即颁行，称为“御笔手诏”，甚至由宦官杨球代书，号称“书杨”，以达到他们任意胡作非为的目的。

徽宗初年，宦官杨戬先设“稻田务”，开始在汝州（今属河南）立法，可以种稻的田土，收索民户田契，辗转追寻，直至无契可证，将超出原始田契的土地称为公田，种植户即作为佃户，须交纳公田钱，继而推广至黄河中下游及淮河流域。弥漫数百里的梁山泺（泊），是济州（今山东巨野）、郓州（今东平）数县沿湖渔民赖以生存之所，也被按船只强行收取赋税，逃税者按盗匪处罪。在李彦及其党羽的摧残之下，北方也是民不聊生，小规模起义不断发生。

# 11. 明教教主：魔头方腊的折腾史

## 受花石纲困扰，方腊举旗

北宋末年，土地兼并十分严重。宋徽宗和“六贼”蔡京、王黼、童贯、梁师成、朱勔、李彦，对人民进行敲骨吸髓的盘剥，自己则过着纵情声色，荒淫无耻的生活。

他还崇信道教，宫观遍天下，广占土地。为在宫殿林苑中布置各种奇花异石供其玩赏，特派朱勔等在苏州设立一个“应奉局”，到江东各地专门搜集花石竹木和珍异物品，送到京都汴梁（今开封），每十船组成一纲，称“花石纲”。哪个民家有一块较别致的石头或一株少见的花木，“应奉局”的恶棍们就闯进去用黄纸一贴，就算是赵宋“皇家”的了。启运时如花木高大，就拆墙倒屋，趁机将其家抢掠一空，之后扬长而去。他们为了将笨重的“太湖石”运到东京，巨船装载，数千人护送，甚至拆桥凿城而过。“花石之忧”使运河两岸的大批农民倾家荡产，苛捐杂税多如牛毛，逼得百姓妻离子散。加上连年灾荒，饿死的百姓尸体遍地。

花石纲把东南一带闹得昏天黑地，出产花石多的地方，百姓遭殃也最重。睦州青溪（今浙江淳县）地方，出产各种花石竹木，朱勔的应奉局常常派差人到那里，搜刮花石。当地有个方腊，家里有个漆园。方腊平时靠这个园里的出产，日子勉强过得去。自从朱勔办了花石纲以后，方腊家也

遭到勒索。方腊恨透了那些官府差役，又看到当地农民兄弟受尽花石纲的苦，就决心把大家组织起来，造官府的反。

摩尼教是由波斯人摩尼创立的，在唐代传入中国，成为民间的一种秘密宗教。因为这个教宣传通过斗争，光明一定能战胜黑暗，所以在中国又叫“明教”。入教的人要吃素食，断荤酒，人们就称之为“食菜事魔教”。由于摩尼教主张“是法平等，无有高下”，同教的人都称“一家”，提倡大家聚财帮助贫穷教友，因此得到贫苦农民的信仰。

唐以后，摩尼教主要在江淮一带流传，方腊居住的浙西地区，在宋代是摩尼教的活动中心。方腊不仅信奉摩尼教，而且还是“魔头”，他发展和吸收了大批信徒，这些信徒后来都成为起义军的骨干力量。

那天，方腊就宰牛滤酒，召集一百多个亲信聚会宴饮。

依次斟了几遍酒后，方腊起身说：“普天下国家内部关系和家庭内部关系，本来同是一个道理。现在儿子、弟弟耕田织布，一年到头劳累辛苦，略微有点粮食布帛，父亲、哥哥全拿去挥霍浪费了；稍不如意，还要拿鞭子竹板抽打，残酷虐待，折磨到死也毫不怜悯，对于你们来说，能甘心忍受吗？”

大家都说：“不能！”

方腊说：“挥霍浪费剩下的，又全部把它拿去奉献给仇人。仇人依靠我们的物资变得越来越富足，反而侵夺欺侮我们，父兄就让子弟去对付他们。子弟的力量支持不了，那么谴责惩罚无所不至。然而每年奉献给仇人的东西从来不会因为受了仇人的侵侮而免去，对此你们能安心忍受吗？”

大家都说：“哪有这种道理！”

方腊流着眼泪说：“现在赋税和劳役这样繁重，官吏掠夺勒索，农业和养蚕业所得不够满足需要，我们这些人所赖以活命的只是漆楮竹木罢了，又被官府用各种名目的赋税科条全部征取去了，不留一点儿。上天生下百姓，给他们设置官吏，本是用来养育百姓的，官府竟凶恶残暴到这种地步！天意和人心，能不怨怒吗？而且歌舞女色、狗马游猎、营造宫囿、

祭祀鬼神、扩充军备，搜罗奇花异石等挥霍之外，每年贿赂西边北边两大仇敌的银绢要用百万数字来计算，这些都是我们东南百姓的脂膏和血汗啊。两大仇敌得到这些财宝，更加轻视我们，年年侵扰不止。朝廷给仇敌的奉献从不敢废除，执政者们还认为这是安定边疆的长远策略呢。唯独我们百姓一年到头辛苦劳累，妻子儿女受冻挨饿，想吃一天饱饭也不能够，大家看应该怎么办呢？”

大家都愤愤不平地说："听从您的吩咐！"

方腊说："三十年来，元老旧臣降职的降职，死的死，几乎没剩下的，现在当权的都是些卑劣龌龊、奸邪谄媚的家伙，只知道用歌舞女色、营造宫室花园来迷乱蛊惑皇上罢了，国家大事完全不关心。京城以外的地方官吏，也都贪污奢侈成风，不把地方上的政事当作重要问题来考虑。东南百姓被剥削所苦已经很久了！近年来花石纲的侵扰，特别不能令人忍受。各位如果能主持正义发动起义，全国各地必定闻风响应；十来天的工夫，就可聚众万人。地方官吏听到这一情况，一定会进行招抚，和我们商谈，不便于马上向朝廷申报上奏。我们用计策牵制他们，拖上一两个月，江南各郡可以一举攻下来。朝廷接到申奏后，也不能即刻决策发兵，预计拖拖拉拉，会集商议，也需要一个多月时间；调集训练军队和调拨粮饷，没有半年不可，这样我们起兵前后已经一年了。这时局势应已基本确定，不用担心了。况且每年向西边北边的外敌进贡的钱币有上百万，朝廷军政费用每年达十万，这些钱财大多出自东南地区；我们已经占有了江南地区，朝廷必将残酷地向中原地区榨取。中原百姓忍受不了，必定会起来反抗。西边北边的外敌知道了，也将会乘机进攻。朝廷受到内外夹击，即使有伊尹和吕尚这样的谋臣，也不能为他们想出什么办法来的。我们只要以长江为界，守住江南，减轻劳役，减免赋税，使百姓人力物力得到恢复和发展，天下四方哪个不会恭恭敬敬地来朝拜我们？十年之内，终将统一天下了。如果不这样，就只有白白地死在贪官的手里罢了。请诸位好好谋划这件事吧！”

大家都说："好！"

方腊受到大家的拥护，就打起杀朱勔的旗号，发动起义。青溪附近一带的百姓都被官府害苦了，纷纷响应方腊起义军。不到十天，起义军就聚集了几万人马。

## 决策失误，图王霸业转头空

有了自己的地盘和人马，方腊建立自己的政权，他自号"圣公"，建元"永乐"，置官吏将帅，级别分为六等，以各种颜色的巾饰为别。

起义爆发后，两浙路提点刑狱张苑急报朝廷，而宰相王黼不以为然，反而严厉斥责张苑"张皇生事"。义军声势越来越大，两浙路制置使张建派兵马都监蔡遵、颜坦统精兵五千进剿青溪。方腊据险坚守，诱敌深入，在青溪县息坑（今浙江淳安西）全歼官军并斩杀蔡遵、颜坦。随后，乘胜进取青溪县，知县陈光弃城而逃，俘获县尉翁开。起义军很快发展到上百万人，声势十分浩大，在短短三个月内，接连打下了歙州、杭州等六州五十二县，包括今浙江省全境和安徽、江苏南部、江西东北部的广大地区，震动了整个东南。

义军骤然兴起，切断了宋王朝的经济命脉，赵佶惊恐万状。他一面下诏"罪己"，令撤销苏、杭造作局和停运花石纲，罢黜朱勔父子兄弟的官职，妄图松懈义军的斗志；一面派童贯任江、淮、荆、浙等路宣抚使，谭稹任两浙路制置使，调集京畿的禁军和陕西六路蕃、汉精兵约二十万，南下镇压起义。

宣和三年正月，童贯到达江南后，依赵佶事先的布置，派兵进驻金陵

（今江苏南京）和镇江（今属江苏）两大重镇，扼守江防。而后兵分两路：东路由谭稹、王禀等统领，欲经苏州、秀州进攻杭州；一路由刘延庆、刘镇等分别率领，自宣州（治今安徽宣城）直进歙州。两路军约定会师于睦州。赵佶随后又派郭仲荀、姚仲平另统一军南下浙东，以为接应后援。

方腊占据杭州后，未采纳太学生吕将的建议，先进兵江宁（今江苏南京），抢占长江天险，阻止官军过江增援，而是将主力调集到南面，进攻婺州、衢州。这一战略上的失误，给官军的大举进剿提供了乘虚而入的有利时机，而起义军自起兵以来在战场上的主动权亦由此而丧失。

正当童贯统兵南下之时，方腊也正分兵南征北伐。北伐义军兵分两路：东路由方七佛领八万义军一举攻克崇德县，进围秀州，又派一支队伍进入湖州境内。秀州统领王子武据城顽抗，义军攻城不下。正在激战时，王禀所率东路军亦推进到秀州城下。方七佛腹背受敌，与数倍于己的官军拼命厮杀，方七佛身负重伤，所部九千余人阵亡，最后突围退守杭州城。

秀州之战失利，杭州失去屏障。二月，官军包围杭州，义军经过苦战，因粮尽援绝，被迫退出杭州。杭州失守，形势急转直下。三月初，义军再次进军杭州，不胜。官军杨可世、刘镇部攻陷歙州，王禀部攻陷睦州。四月初二，衢州失守，义军将领郑魔王被俘。后婺州失陷。两日后，王禀部攻陷青溪县。方腊带领义军被迫退守帮源峒。四月下旬，王禀、刘镇等各路官军会合，总兵力二十余万人层层包围帮源。

此时，方腊起义军也有二十多万人，他们凭借险要的地势，四下设置陷阱和埋伏，准备殊死抵抗。官军曾向门岭发起过攻击，但未能奏效。刘镇又领精锐自小路偷袭门岭。门岭失守，帮源峒被打开了一个门户。

官军以“纵火为号”，分别由刘镇、王禀率部从两个方向进攻帮源峒。起义军顽强抵抗。从清晨一直激战到深夜，有万余名义军战死，方腊退守到一个石洞中。

在原里正方有常之子方庚等人引领下，军校韩世忠率一支人马猛攻起义军据守的石洞。八大王指挥义军与官军殊死搏斗，七万多义军将士先后

壮烈牺牲，方腊及其妻邵氏、子方亳（二太子）、丞相方肥以及八大王等三十多名首领力竭被俘，被解往杭州，又押解到汴京，八月二十四日方腊父子遭杀害。

“方腊虽就擒，而友党散走浙东，‘贼’势尚炽”。童贯派郭仲荀、刘光世、姚平仲等领兵分路镇压。五月，台州仙居县义军由俞道安带领，从温州永嘉县楠溪攻占乐清县，义乌县义军据天仙峒，寿昌县义军据月溪峒，与官军激战，天仙峒、月溪峒相继陷落。兰溪县灵山峒义军胡姓、祝姓二将与官军刘光世部奋战，胡、祝等一千六百多人战死。越州剡县裘日新与官军姚平仲部作殊死战，裘日新在桃源（今浙江嵊县南）战败牺牲。

闰五月初，朝廷以方腊起义军已遭镇压，北方与辽战事正紧，下令将大部分官军调往北方，仅留两万军队继续围剿剩余的起义军。官军在姚平仲的统领下攻陷台州仙居境义军据点招贤（今浙江临海西）等四十余峒。方五相公、方七佛部义军接连失利。六月，仙居义军吕师囊转移至黄岩，宋军折可存部自三界镇追击。义军扼守断头山。官军以轻兵从山后偷袭，义军战败，吕师囊等三十多名首领牺牲。七月，俞道安部义军号十万人，自永嘉（今属浙江）转战乐清（今属浙江）等地，并于乐清重创官军，随即又攻打温州（今属浙江），攻城三十多天未破，遂转入处州境内永康山谷中。十月，官军进山围剿，俞道安战败牺牲。

此后，义军余众在各地继续坚持战斗，杀官吏，捕官军，直到宣和四年三月，才基本被镇压下去。

在起义前夕，方腊对当时的社会形势做过一番分析判断，他的分析判断有一部分是正确的，有一部分则完全错误。他认为当时朝廷在江南设造作局，大搞“花石纲”，使东南之民不堪忍受，人心思乱，只要揭竿而起，民众必然闻风响应，“旬日之间，万众可集。”这个分析非常正确，后来也得到了事实的验证。另外，他还指出，“守臣闻之，固将招徕商议，未便申奏，我以计縻之，延滞一两月，江南列郡可一鼓下也。”这个判断也很准确，方腊发动起义后，各地官员忙于应付，无暇将详情上奏朝廷。直至

宣和二年十二月，警奏才上报朝廷，当时北宋朝廷正调集兵力以图北伐，大臣王黼“匿不以闻”。朝廷的无动于衷，使起义军争取到宝贵的时间，攻占了一个又一个州县，达到了“一鼓而下江南列郡”的目标。

然而，方腊认为朝廷从决策到调集兵马粮草“非半年不可”，完全是错误的判断。自陈遘上奏后，朝廷在一个月内就已调集近二十万大军开赴前线，打了起义军一个措手不及。北宋的禁军非地方军可比，是宋军的精锐，起义军虽然号称百万，但都没有受过正规的训练，而且各部队分散在各地，各自为战，缺乏统一的指挥，最终被宋军各个击破。

# 12. 引虎驱狼：海上之盟灭了大辽也毁了北宋

## 一拍脑袋的糊涂决定

自北宋立国于中原以后，强大的辽国一直位于宋的北方，且时有南侵攻宋的野心，形成宋辽南北敌意对峙的局面。公元 1004 年，宋真宗与辽签署了澶渊之盟后，宋辽之间维持一段达约一百年的和平，双方之间都没有完全消灭对方的能力。宋徽宗政和五年（1115 年），位于辽国东北势力范围内的女真族在完颜阿骨打的领导下反抗辽国的统治，屡败辽军，并建立金国，辽国国势迅速下滑。此时北宋君主宋徽宗与大臣蔡京、童贯认为辽国亡国在即，金国会取而代之，决定联金攻辽，不但可向金以示友好，而且意图收复失去已达二百年的燕云十六州之地。

古代冷兵器时代，长城几乎是北方民族进入中原不可逾越的障碍。受辽国控制的燕云十六州恰恰在长城以南，这就使坐镇中原的宋朝的北方大门无险可守，辽军随时都有可能从燕云十六州出兵侵扰中原，所以收回此地对宋朝非常重要。

燕云十六州是五代时划割给辽国的。早在后唐清泰三年（936 年），河东（今山西）节度使石敬瑭造反，被后唐末帝李从珂围困，石敬瑭向辽国求援，辽出兵大败后唐，并立石敬瑭为帝，史称后晋。石敬瑭为了报答辽

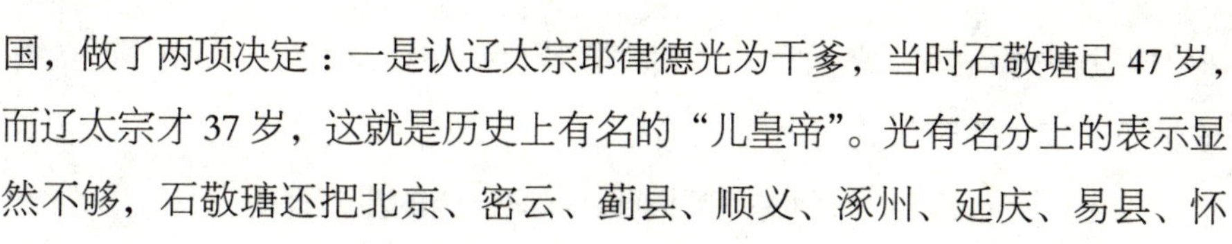

国，做了两项决定：一是认辽太宗耶律德光为干爹，当时石敬瑭已 47 岁，而辽太宗才 37 岁，这就是历史上有名的“儿皇帝”。光有名分上的表示显然不够，石敬瑭还把北京、密云、蓟县、顺义、涿州、延庆、易县、怀来、大同、朔县等长城以南十六个州县拱手送给了辽太宗，从此这些地方成为大辽国土。

宋朝建立后，曾三次北进伐辽，企图收回燕云十六州，但都遭到惨败。人们熟悉的“杨家将”的故事就是在这个背景下发生的。到了宋真宗的时候，宋朝倒是打了一个胜仗，但仍没能收回燕云十六州，却匪夷所思地与辽签订了一个不平等条约，这就是历史上的“澶渊之盟”。双方虽然讲和了，但条件是辽国仍然占据燕云十六州，并且每年宋要向辽国进贡银绢。这种局面一直持续到北宋末年。

于是重和元年（1118 年），徽宗派武义大夫马政自山东登州（今山东蓬莱）乘船渡海，以买马为幌子，与金谈判攻辽。此后宋金使者频繁接触。宣和二年（1120 年），双方商定以下的内容：

宋金各自进军攻辽，其中金军攻取辽上京（今内蒙古自治区巴林左旗林东镇南）与中京大定府（今辽宁昭乌达盟宁城县天义镇大明乡），宋军攻取辽的西京大同府（今山西大同）和南京析津府（今北京）。宋答应灭辽后，将原来于澶渊之盟输给辽的岁币转输给金。金则答应将燕云十六州还给宋。结果宋攻辽失败，而金军顺利攻下辽上京、辽中京及辽南京。金方事后指责宋未能兑现承诺“攻陷辽南京”，而拒绝还燕云。金宋双方经交涉后，北宋允以二十万两银、三十万匹绢给金，并纳燕京代租钱一百万贯，金才交还燕云六州（景、檀、易、涿、蓟、顺）及燕京。金军撤出城前还将燕京城内财物和人口搜刮一空，宋接收的只是一座“城市丘墟，狐狸穴处”的空城。宋改燕京为燕山府。

海上之盟签订后，金宋果然合力灭了辽国。但是辽国灭亡以后，宋朝便变相失去辽国作为它的屏障，以阻挡金兵南下。而此后金宋边境正式接壤，而金兵又果然于辽亡后南侵宋土。1126 年北宋便在朝政败坏，国力和

军力不振的情况下，遭强大的金兵攻陷其首都汴京及中原一带的领土，酿成靖康之变，北宋灭亡。

这个谈判行动，一开始就遭到朝中有识之士的激烈反对。

太宰郑居中态度尤为坚定，他说：“澶渊之盟至今百余年，兵不识刃，农不加役，虽汉唐的和亲之策，也不如我朝的安边之策。如今四方无虞，却要贸然毁约，恐招致天怒人怨。且用兵之道，胜负难料。若胜，国库必乏，人民必困；若败，遗害不知凡几。以太宗之神勇，收复燕云，两战皆败，今日岂可轻开战端！”

枢密院执政邓洵武认为这简直是胡扯，上奏反驳说：“什么‘兼弱攻昧’，我看正应该扶弱抑强。如今国家兵势不振，财力匮乏，民力凋敝，这局面人人皆知，但无人敢言。我不明白：与强金为邻，难道好于与弱辽为邻？”

高丽国王也看得清楚，特地捎了话来：“辽为兄弟之国，存之可以安边；金为虎狼之国，不可交也！”

## 大宋：惨不忍睹的胜利

盟约签订后，阿骨打率领金军很快攻下了辽中京，同时派粘罕出兵占领了西京大同。这时，阿骨打在关外把军队安顿下来，等待宋朝出兵攻燕京的消息。宋朝却迟迟没有出兵。原来宋朝“后院起火”，方腊在南方的起义让宋徽宗焦头烂额，宋朝廷只好先派兵镇压方腊起义。方腊平了之后，童贯才率大军挥师北上攻打燕京，虽然晚了很长时间（三年零八个月，如果从金建国算已经晚八年了），可毕竟是出兵了。

童贯大军到达高阳关（今河北高阳东），即命都统制种师道率东路军攻白沟，辛兴宗率西路军攻范村（河北涿县西南）。种师道是西北名将，以为伐辽是乘人之危的不义之战，完全是消极参战。他得知前军统制杨可世被辽军先败于兰甸沟，再败于白沟，辛兴宗也在范村溃败，就撤军雄州（今河北雄县），被辽军所乘，鏖战城下，损失惨重。徽宗闻之，对辽的态度立即由藐视转为畏惧，急召大军还师。童贯把指挥不力的责任全推给了种师道等，将他们或贬官或致仕。

七月，耶律淳病死，其妻萧氏以太后主政。宋朝正是王黼为相，他便鼓动徽宗让童贯、蔡攸再次发兵，以刘延庆替代种师道。金人唯恐宋军靠一己之力先取了燕京，得不到宋朝的岁赐，便遣使来约战期，宋派赵良嗣再使金朝，讨论双方履约事宜。

刘延庆因有前车之鉴，十万大军畏缩不前。辽涿州守将郭药师见辽朝朝不保夕，率劲旅常胜军八千人以涿（今河北涿县）、易（今河北易县）二州来降，隶属刘延庆麾下。不费一兵一卒得两座城池，宋徽宗有点忘乎所以，赏赐郭药师的同时，御笔改燕京为燕山府，其他八州也一一赐名，似乎一府八州都已入囊中。

童贯派刘延庆、郭药师率大军十万渡白沟攻燕京，行至良乡（今属北京），被辽将萧幹邀击，就屯兵卢沟以南，闭垒不出。郭药师自告奋勇率奇兵六千，乘敌后空虚，夜袭燕京，但要求刘延庆派其子刘光世率师接应。

郭药师攻入了燕京，辽军殊死血战，刘光世违约不至，郭药师军死伤过半，仅数百骑逃回。辽将萧幹断了宋军的粮道，扬言辽军三倍于敌，将举火为号，一鼓聚歼宋军。刘延庆闻风丧胆，一见敌军火光，就自焚大营，仓皇南逃，士兵自相践踏百余里，粮草辎重尽弃于道路。次日，宋军在白沟被追兵再次大败，退保雄州。

这一仗使熙丰变法以来积蓄的军用储备丧失殆尽。至此，童贯主持的两次攻燕均告失败，而覆亡在即的辽朝居然大获全胜，金朝也在一旁冷眼看清了宋朝在军事上不过是银样镴枪头。

宋无奈，只好求助完颜阿骨打。阿骨打非常气愤，同时也对宋军产生了一种蔑视。于是挥师南下直指居庸关，守关的辽兵听说阿骨打率领金军要攻关，放下武器打开关门让金军通过。就这样，金军一路顺利进入燕京城。燕京城的文武百官都集合在鞠球场上受降，连炮衣都没有掀开，说明面对金军辽军根本就没想反抗。金军兵不血刃地占领了燕京城。

其后，赵良嗣奉命与金朝谈判履约交割的相关事宜，完颜阿骨打的态度十分倨傲，赵良嗣明知金人得寸进尺意在毁约，但宋朝在军事上硬不起来，他在谈判桌上也就没了底气。

经过几次使节往来和讨价还价，金人下最后通牒：金朝只将燕京及六州二十四县交割给宋朝；宋朝每年除了向金朝转输原来给辽朝的五十万岁币，还须补交一百万贯作为燕京的代税钱；倘半月内不予答复，金朝将采取强硬行动。

宣和五年正月，赵良嗣回朝复命，徽宗全部答应，只让他再次使金，要求归还西京。金朝乘机再向宋朝敲诈了二十万两的犒军费，宋朝也一口应承，但金人最后照单收了银两，仍拒绝交出西京。

四月，双方交割燕京。金军入城近半年，知道城池将归宋朝，便大肆剽掠洗劫，居民逃匿，十室九空，整座城池几如废墟。金军临走时，又将富民、金帛、子女捆载而去。童贯、蔡攸接收的只是一座残破不堪的燕京空城和蓟（今河北蓟县）、景（今河北遵化）、檀（今北京密云）、顺（今北京顺义）、涿、易六州，其中涿易二州还是主动降宋的。

尽管如此，徽宗君臣还是自我陶醉，王黼、童贯、蔡攸、赵良嗣等都作为功臣一一加官晋爵，徽宗还命人撰写《复燕云碑》来歌功颂德，似乎太祖、太宗未竟的伟业，真的由他来完成了。但金太祖在撤离燕京时就公开宣称二三年里必再夺回来。

宋金海上之盟至此已算交割清楚，但宋朝所得并不是全部的燕云故地，总有点心犹未甘。而三国在这一地区的利害关系也并未最后定局，稍有风吹草动，就牵一发而动全身。当时守平州（今河北卢龙）的是张瑴

（亦作张觉），他原是平州所在的辽兴军节度副使，在辽末动乱中控制了平州，扩张实力，窥测方向，在辽、宋、金三国之间待价而沽。金军攻下燕京，改平州为南京，为了稳住他，加其为同平章门下事，判留守事，一方面则打算找寻机会翦除他。

宣和五年八月，阿骨打病死，金太宗即位，下令将辽朝降臣和燕京居民远徙东北。燕民不愿背井离乡，过平州时私下鼓动张瑴叛金投宋。张瑴与翰林学士李石计议后，与金公开决裂，派人迎奉天祚帝之子，企图复辽。同时，他还派李石向宋朝表示归降之意，徽宗心动，以为可以藉此收回平州。赵良嗣认为宋朝不应背盟失信自找麻烦，建议斩李石以谢天下，徽宗不听。张瑴便以平、营（今河北昌黎）、滦（今河北滦县）三州降宋。

正当张瑴出城迎接诏书、诰命时，金帅完颜宗望（斡离不）率军来讨，张瑴仓皇逃入燕山郭药师的军中，其母、妻被金军俘去。张瑴之弟见老母被捕，转而降金，交出了宋徽宗赐给其兄的御笔金花笺手诏。金朝掌握了宋朝招降纳叛的证据，移牒宋朝索要张瑴。

宋徽宗指示燕山府安抚使王安中不要交人，在金人催逼下，王安中杀了一个貌似张瑴的人顶替，被金人识破，声称要举兵自取。徽宗怕金人兴师问罪，密诏杀死张瑴及其二子函送金人。郭药师对宋朝出尔反尔、薄情寡恩的做法十分寒心，愤愤说：“若金人索要我郭药师，难道也交出去吗？”从此，常胜军人心瓦解，不愿再为宋朝效力卖命了。

尽管如此，宋徽宗对尚未收回的新、妫、儒、武、云、寰、朔、应、蔚等九州仍心心念念。他让宦官谭稹为两河燕山府宣抚使，前往负责收回。朔（今山西朔县）、应（今山西应县）、蔚州（今河北蔚县）守将向宋纳款请降。金朝因太宗新立，辽天祚帝在逃，无暇顾及山后九州，十一月同意割武（今陕西神池）、朔二州归宋朝。至此，宋朝实际控制的仅山后四州，因金帅完颜宗翰根本反对交出山后诸州，宋朝也不敢再作交涉。宣和六年三月，金朝缓过气来，就派人向谭稹索要二十万石军粮，说是上一年赵良嗣答应给的。谭稹以为口说无凭，金军恼羞成怒，又怨恨宋朝收留

张瑴，八月间攻下宋军控制的蔚州。宋金战争一触即发。

海上之盟落到这一步，是徽宗君臣始料不及的。后人因而指责徽宗联金灭辽的方针与收复燕云的决策，以为倘不如此，或许北宋还不至于覆亡。实际上，收复燕云故地，巩固北线边防，是后周世宗以来有为君主的一贯追求，徽宗有此打算，也完全可以理解。

当时辽朝日衰，女真崛起，不失为攻取燕云的最佳时机。至于联金攻辽的决策，也不是绝对不行的。关键还是宋朝自身军事实力是否过得硬，正是在这点上，徽宗君臣缺乏起码的自我估价，于是即便是最佳时机与可行策略，一切也都无从谈起，适足以漏出自己的马脚，让金朝感到有机可乘。

但能否说不联金攻辽，宋朝就不会有靖康之难呢？这是缺乏政治地缘学常识的肤浅之见。既然金朝灭辽必不可免，其与宋直接接壤后，新兴奴隶主也必然会继续向外掳掠奴隶和财富，宋金交恶必不可免，宋朝在军事上孱弱的马脚迟早会在冲突中表现出来，其后的历史走向也决不会因为宋朝在辽金冲突中的中立旁观而有重大改变。

# 13. 靖康之难：做了俘虏亡了国

## 兵临城下，卑躬屈膝求苟安

1125年8月，完颜宗望、完颜宗翰以“张瑴事变”为由奏请攻宋。

当金兵侵入中山府，距东京只有十日路程时，徽宗想要弃国南逃。给事中吴敏去见徽宗，竭力反对逃跑，主张任用有威望的官员，坚持固守。吴敏荐用太常少卿李纲。李纲奏上“御戎”五策。又说，“非传位太子，不足以招徕天下豪杰”，要徽宗宣布退位，“收将士心”。徽宗任吴敏为门下侍郎，辅佐太子。

金兵越来越逼近。徽宗惊慌懊恼，拉着蔡攸的手说：“没想到金人会这样！”说着气塞昏迷，跌倒在床前。群臣赶忙灌药急救。徽宗苏醒后，索要纸笔，写道：“皇太子可即皇帝位，予以教主道君退处龙德宫。”

1126年12月，太子赵桓（钦宗）即位，改年号为靖康。徽宗退位，号教主道君皇帝，称“太上皇”。次年正月初三日，徽宗、蔡京、童贯等人听说金兵已经渡过黄河，决定连夜向南逃窜。徽宗仅带蔡攸及内侍数人，以“烧香”为名，匆匆逃出东京，跑到亳州，又从亳州逃到镇江去避祸。童贯和殿前都指挥使高俅率领胜捷军和禁卫，在泗州境追上徽宗。蔡京也以“扈从”为名带领家人逃到拱州。

长久压抑在人们心中的愤怒和仇恨，一起迸发了。朝野官民纷纷揭露蔡京、童贯集团的罪恶。太学生陈东等上书，指蔡京、王黼、童贯、梁师成、李彦、朱勔为六贼，说“六贼异名同罪”，请把他们处死，“传首四方，以谢天下”。钦宗被迫罢免王黼。吴敏、李纲请斩王黼，开封府尹聂昌（聂山）派武士斩王黼首级献上。李彦、梁师成赐死。蔡京、童贯在亳州被贬官流放。蔡京在流放途中死于潭州。朝中继续揭发童贯罪恶，钦宗又只好派监察御史斩童贯。除灭民贼，使人心振奋，濒于灭亡的北宋，又显出了一线转机。

1126年1月27日，完颜宗望军渡过黄河。第二天攻下滑州（今河南滑县），随即包围北宋首都汴京（今河南开封）。因汴京守御使李纲抵抗得力而未能破城。金军兵临城下，派使臣来宋，要亲王、宰相去军前议和。李纲请求前去，钦宗不许，说“卿性刚，不可以往”，另派李棁为使臣，郑望之为副。李纲退朝，钦宗密告李棁、郑望之，可许增岁币三五百万两，犒军银三五百万两议和，又命带去黄金一万两和酒果等，送给宗望。宗望见宋使，提出：索要金五百万两、银五千万两、牛马等各万匹、绢帛百万匹；宋朝割让太原、中山、河间三镇，并以亲王、宰相做人质，才许议和。李棁、郑望之等回奏。李邦彦、张邦昌等宰臣，主张全部接受。李纲力争，说：“金币太多，虽竭尽天下之财还不足，何况都城？太原、河间、中山三镇是国家的屏障，割去如何立国？至于遣使，宰相当往，亲王不当往。”他建议，拖延时日，等待大兵四集，然后再议。宰臣等不许。钦宗弟康王赵构在京师，请求使金，对钦宗说：“敌人必定要亲王出质，臣为宗社计，岂能辞避！”钦宗派康王赵构为军前计议使，宰相张邦昌为副，出使金营。

来到金军营中后，金人扣留他们十多天。面对金人的斥责与无礼，赵构不为所动，但张邦昌十分惊恐，有时甚至痛哭流涕，金人看透了张邦昌的胆小与懦弱。后宋廷答应割让太原、中山、河间三镇给金国，以求媾和。金留张邦昌在金军营中继续做人质，遂于这年二月撤兵。

完颜宗望退军之时，种师道之弟种师中率领的西军精锐秦凤军三万人开到东京开封，种师道即命他率部尾随金军之后，俟其半渡而击之，完全消灭其尚在南岸的一半，将金国最精锐的东路军打残以消后患。李纲也建议用澶渊故事“护送”金军出境，密告诸将有机会就纵兵追杀。宋钦宗也同意李纲的建议，派军十万，紧紧“护送”。但吴敏、唐恪、耿南仲等投降派又最终压倒了主战派，派人在黄河边上竖立大旗，严令军队不得绕过大旗赶金军，否则一概处死。

以后种师道又提出亡羊补牢的办法，建议集合大军驻屯黄河两岸，防止金军再次渡河，预为下次“防秋”之计。宋钦宗准奏施行，不久又被吴敏、唐恪、耿南仲等投降派大臣压倒，认为万一金军不来这笔巨大的军事费用会被浪费，拒绝采用种师道之言。以后种师道气愤致疾，以至病死。李纲则被外调任河北河东宣抚使，无所作为，最后被逐到江西。

## 开封城破，帝国之耻莫如是

不久，金国以萧仲恭使宋，耶律余睹监军。宋钦宗认为此二人都是原辽国贵族，可诱而用之，以蜡丸封了一封书信让萧仲恭送耶律余睹，使为内应。萧仲恭忙跑回金国见完颜宗望，以蜡丸书信献之。八月，宗望以此为由集结军队重新伐宋。

1127 年 1 月 9 日，因为郭京作祟，完颜宗望、完颜宗翰与诸将破城。

郭京原本只是禁军中的一个老兵油子，吹嘘自己精通道佛两门法术，懂得使人刀枪不入的“六甲法”，只需给其七千七百七十七人，召唤“六甲神兵”降世，就可以横扫金兵，并能生擒金兵的主帅粘罕，确保开封城万无一失。

兵部尚书孙傅听后，十分惊喜，觉得退兵的希望到了，急忙进宫向宋钦宗推荐。宋钦宗顿时喜出望外，立刻就下旨封郭京为大将，并赐予数不尽的金银珠宝，令其速速组建“六甲神兵”保圣驾。

很快其就招募完成编制，然后，郭京到皇宫向宋钦宗吹嘘说，只要他的“六甲神兵”一出开封城，金兵就会望风而逃。

金兵的攻城力度越来越强，汴京局势一天比一天糟糕，宋钦宗不断催逼郭京出兵。

但是郭京却装腔作势，借口“天兵不到危急时刻是不会附身显灵的”，一直不停地推托。

后来，局势不断恶化，郭京见实在没有办法再推托了，就只能硬着头皮在坐在城楼上，假装作法，派手下的“六甲神兵”出城作战，事前被蒙蔽的士兵还以为自己真的刀枪不入了，拼了命地涌出去，但是哪知和金兵一交锋，由于是一群临时拼凑的人，很快就被金兵砍得人仰马翻，后面的士兵见自身并不是刀枪不入，很快就一哄而散各自跑路去了，宋军赶紧关闭城门，才把金兵挡在城外。

郭京见状不妙，知道再不跑就难逃一死，转身就对身边的宋将说：“金兵这样猖狂，我要亲自出城作法。”

郭京跑下城楼，带领一批自己的忠实信徒，打开城门，逃得无影无踪了，而宋兵还没来得及关闭城门，金兵就乘势攻入开封。

在攻下开封外城后，金军将帅并未立即攻城，只是占领外城四壁，并假惺惺地宣布议和退兵。宋钦宗居然信以为真，命何栗和齐王赵栩到金营求和。宗翰说：“自古就有南北之分，今之所议，在割地而已。”又“请求”太上皇到金营谈判。宋徽宗不敢去，宋钦宗不得已，以太上皇受惊过度、痼疾缠身为由，由自己代为前往。

这恰恰中了金人的圈套。宋钦宗到金营后，金军统帅却不与他相见，只是派人索要降表。宋钦宗不敢违背，慌忙令人写降表献上。而金人却不满意，并命令须用四六对偶句写降表。宋钦宗迫于无奈，说事已至此，其他就不必计较了。大臣孙觌反复斟酌，改易四遍，方才令金人满意。降表大意不过就是向金俯首称臣，乞求宽恕，极尽奴颜卑膝之态。呈上降表后，金人又提出要太上皇前来，宋钦宗苦苦恳求，金人方才不再坚持。接着，金人在斋宫里向北设香案，令宋朝君臣面北而拜，以尽臣礼，宣读降表。当时风雪交加，宋钦宗君臣受此凌辱，皆暗自垂泪。投降仪式进行完毕，金人心满意足，便放宋钦宗返回。

宋钦宗自入金营，备感屈辱，于无奈之下做了金人臣子，回想起来，悲痛难抑，不知不觉间泪已湿巾，至南熏门，宋钦宗见到前来迎接的大臣和民众，便号啕大哭。毕竟还有众多臣民惦记自己的安危。行至宫前，他仍然哭泣不止，宫廷内外更是哭声震天。宋钦宗初赴金营，历尽劫波，三日后归来，恍如隔世。宋钦宗刚回朝廷，金人就来索要金一千万锭，银二千万锭，帛一千万匹。然而，宋钦宗一意屈辱退让，下令大刮金银。金人索要骡马，开封府用重典奖励揭发，方才搜得七千余匹，京城马匹为之一空，而官僚竟有徒步上朝者。金人又索要少女一千五百人，宋钦宗不敢怠慢，甚至让自己的妃嫔抵数，少女不甘受辱，死者甚众。关于金银布帛，宋钦宗深感府库不足，遂令权贵、富室、商民出资犒军。所谓出资，其实就是抢夺。对于反抗者，动辄枷项，连郑皇后娘家也未能幸免。即便如此，金银仍不足数，负责搜刮金银的梅执礼等四位大臣也因此被处死，其他被杖责的官员比比皆是，百姓被逼自尽者甚众，开封城内一片狼藉萧条景象。

尽管以宋钦宗为首的北宋朝廷如此奉迎金人，但金人的要求仍没有得到满足，金人扬言要纵兵入城抢掠，并要求宋钦宗再次到金营商谈。宋钦宗吓得出了一身冷汗，上次身陷金营的阴影尚未散去，新的恐惧又袭上心头，这次恐怕是凶多吉少。此时，李若水等人也怂恿宋钦宗前往，宋钦宗终究不敢违背金人的旨意，不得不再赴金营。

宋钦宗到达金营后，受到无比的冷遇，宗望、宗翰根本不与他见面，还把他安置到军营斋宫西厢房的三间小屋内。屋内陈设极其简陋，除桌椅

外，只有可供睡觉的土炕一个，毛毡两席。屋外有金兵严密把守，黄昏时屋门也被金兵用铁链锁住，宋钦宗君臣完全失去了活动自由。此时正值寒冬腊月，开封一带雨雪连绵，天气冷得出奇。宋钦宗除了白天要忍受饥饿的折磨外，晚上还得忍受刺骨的寒风，辗转反侧，不能入睡。

囚禁中的宋钦宗度日如年，思归之情溢于言表。宋朝官员多次请求金人放回宋钦宗，金人却不予理睬。靖康二年二月五日，宋钦宗不得不强颜欢笑地接受金人的邀请去看球赛。球赛结束后，宋钦宗哀求金帅放自己回去，结果遭到宗翰厉声斥责，宋钦宗吓得不敢再提此事。

金人扣留宋钦宗后，声言金银布帛数一日不齐，便一日不放还宋钦宗。宋廷闻讯，加紧搜刮。开封府派官吏直接闯入居民家中搜刮，横行无忌，如捕叛逆。百姓五家为保，互相监督，如有隐匿，即可告发。就连福田院的贫民、僧道、工伎、倡优等各种人，也在搜刮之列。到正月下旬，开封府才搜集到金十六万两、银二百万两、帛缎一百万匹，但距离金人索要的数目还相差甚远。宋朝官吏到金营交割金银时，金人傲慢无礼，百般羞辱。自宋钦宗赴金营后，风雪不止，汴京百姓无以为食，将城中树叶、猫犬吃尽后，就割饿殍为食，再加上疫病流行，饿死、病死者不计其数。

然而，金人仍不罢休，改掠他物以抵金银。凡祭天礼器、天子法驾、各种图书典籍、大成乐器以至百戏所用服装道具，均在搜求之列。诸科医生、教坊乐工、各种工匠也被劫掠。又疯狂掠夺妇女，只要稍有姿色，即被开封府捕捉，以供金人玩乐。当时吏部尚书王时雍掠夺妇女最卖力，号称“金人外公”。开封府尹徐秉哲也不甘落后，为讨好金人，他将本已蓬头垢面、已显羸病之状的女子涂脂抹粉，乔装打扮，整车整车地送入金营，弄得开封城内怨声载道，民不聊生。

靖康二年二月六日（公元 1127 年 3 月 20 日），金太宗下诏宋钦宗被废为庶人七日，宋徽宗等人被迫前往金营。当金人逼迫徽、钦二帝脱去龙袍时，随行的李若水抱着宋钦宗，不让他脱去帝服，还骂不绝口地斥责金人为狗辈。完颜宗翰初时想招降李若水，过了几天看看无望，就随便让手下处理他。李若水骂不绝口，被宗翰的手下割裂咽喉而死节。

金人随后册封一向主和的张邦昌为帝，国号“大楚”，建立了傀儡政权，金人在扶植张邦昌的同时，再次搜刮金银，就连妇女的钗钏之物也在掠取之列。开封府担心金银不够，金人无端挑衅，便在开封城四周设立市场，用粮食兑换金银。由于京城久被围困，粮食匮乏，百姓手中的金银也无所用，便纷纷拿出来换米。这样，开封府又得金银几万两。然而，开封城已被搜刮数次，金银已尽，根本无法凑齐金人索要的数目。金人只好作罢。

此时，金军统帅得知康王赵构在河北积极部署军队，欲断金人退路，又担心兵力不足，不能对中原广大地区实行有效统治，因而，在扶立了傀儡政权之后，准备撤军。在撤退时，金人还烧毁开封城郊的房屋无数。“东至柳子，西至西京，南至汉上，北至河朔”，在这样一个广大的地区，金兵“杀人如刈麻，臭闻数百里”。这给广大人民带来了深重的灾难，罪行滔天，令人发指。

金军在掳掠了大量金银财宝后开始分两路撤退。一路由宗望监押，包括宋徽宗、郑皇后及亲王、皇孙、驸马、公主、妃嫔等，已于前三日沿滑州北去；另一路由宗翰监押，包括宋钦宗、朱皇后、太子、宗室及孙傅、张叔夜、秦桧等几个不肯屈服的官员，沿郑州北行。被金人掳掠去的还有朝廷各种礼器、古董文物、图籍、宫人、内侍、倡优、工匠等，被驱掳的百姓男女不下十万人，北宋王朝府库蓄积为之一空。金兵所到之处，生灵涂炭。如此惨烈的灾难，给宋人留下了难以治愈的伤痛。又因靖康元年为丙午年，亦称这次劫难为“丙午之耻”。

所谓“帝姬”，即公主；所谓“王妃”，即皇帝的妻妾或儿媳；“宗姬”指诸王子之女（郡主）；“族姬”指诸皇族女子（县主）……可怜都是金枝玉叶，竟被她们鲜廉寡耻的父、祖，亲手送给敌人蹂躏，其惨痛又何如哉！

# 女人何辜？要为昏君还债务

押解途中，妇女的命运更加悲惨。据金人的《宋俘记》记载，临行前的俘虏总数为一万四千多名，分七批押至北方。其中第一批 3 月 27 日从青城国相寨出发，有“宗室贵戚男丁两千两百余人，妇女三千四百余人”，女性数量明显多于男性。由于“长途鞍马，风雨饥寒，死亡枕藉，妇稚不能骑者，沿途委弃”，到 4 月 27 日抵燕山时，活着的妇女仅一千九百余人，而且“十人九病”，到达上京时，死亡人数则超过一半了。

《青宫译语》等书完整地记载了被押解女性从东京出发到金国上京的全过程。

靖康二年 3 月 28 日，韦妃（高宗赵构之母）、邢妃（高宗赵构之妻）、朱妃（郓王之妻），福金、嬛嬛两位帝姬和两位皇子等一行男女，在真珠大王、千户国禄和五千名金兵的押解下开始北迁。

29 日，邢、朱二妃和二帝姬因“坠马损胎”。

四月初一，她们与宝山大王押解的第三批女性即宋钦宗的朱皇后和朱慎妃等人会合。

四月初二途中，千户国禄先后猥亵朱妃、朱皇后，随后与嬛嬛帝姬同骑一马。同行的盖天大王争风吃醋，杀国禄，弃尸于河，妄图霸占嬛嬛帝姬，但被真珠大王阻止。他又把凌辱的矛头指向邢妃，“邢妃以盖天相逼，欲自尽”。

5 日，徽宗见到韦贤妃（赵构母）等人乘马先行而去，不觉五脏俱裂，潸然泪下。

7日，徽宗妃嫔曹才人如厕时，被金兵乘机奸污。

8日，抵达相州时，适逢大雨不断，车帐渗漏，宫女到金兵帐中避雨时又被奸淫，死者甚多，徽宗长吁短叹，无可奈何。

钦宗出发时，被迫头戴毡笠，身穿青布衣，骑着黑马，由金人随押，一副失魂落魄的样子，不但受尽旅途风霜之苦，还备受金军的侮辱。钦宗时时仰天号泣，辄被呵止。日暮宿营时，金兵"絷帝及祁王、太子、内人手足并卧"，以防逃跑。当时正是农历四月，北方还很寒冷，徽、钦二帝和郑氏、朱氏二皇后衣服都很单薄，晚上经常冻得睡不着觉，只得找些柴火、茅草燃烧取暖。钦宗的朱皇后当时26岁，艳丽多姿，还经常受到金兵的调戏。

11日到达真定府，金兵摆设酒筵，威逼朱皇后、朱慎妃为他们填词演唱。朱皇后无奈，曾填词哀叹自己生不如死的悲惨处境，其中一首为：

昔居天上兮，珠宫玉阙；今居草莽兮，青衫泪湿。屈身辱志兮，恨难雪；归泉下兮，愁绝。

19日，真珠大王强娶富金帝姬为妾，大摆宴席，强请北宋后妃参加。

至于民间贡女，其处境更是惨不忍睹。金人押解贡女3180人、诸色目人（各种类的人）3412人从青城寨出发，四月八日她们在相州（今河南安阳）因避雨遭金兵轮奸，以致"多毙"。被掠者每日以泪洗面，而金军将领皆"拥妇女，恣酒肉，弄管弦，喜乐无极"。

金天会六年（1128年）八月二十四日，徽、钦二宗及其后妃、宗室、诸王、驸马、公主都穿上金人百姓穿的服装，头缠帕头，身披羊裘，袒露上体，拜祭完颜阿骨打庙，举行所谓的"牵羊礼"，亦即献俘仪式。

礼毕，金国士兵簇拥着宋徽宗、宋钦宗等宋朝俘虏到金国皇帝大帐，跪拜在地，等候发落。金太宗完颜晟宣布诏赦，给两位皇帝派了个侮辱性的封号，封徽宗为"昏德公"，封钦宗为"重昏侯"。

随后，对皇室女眷进行了处置。史载："后妃等入宫，赐沐有顷，宣郑、朱二后归第。已，易胡服出，妇女近千人赐禁近，犹肉袒。韦（宋高宗的母亲）、邢（宋高宗的妻子）二后以下三百人留浣衣院。"发送前，金国统治者再次命令二十名医官对暂不发送的94名宫眷"孕者下胎，病者调治，以备选进"。

所谓"浣衣院"，并非通常的洗衣场所，而是金国特设的佳丽储备所，一则供金国帝王贵族们随时玩乐，二则"以备选进"。史载，与韦氏一同被送到浣衣院的朱风英、赵嬛嬛两位帝姬，第二天就"并蒙幸御"，其他沦入浣衣院女性的悲惨命运可想而知。

在金人统治者的众目睽睽下，宫廷、宗室妇女遭受的集体侮辱使钦宗的朱皇后感到绝望，为了捍卫自己和所代表民族的女性尊严，履行母仪天下的职责，她选择了以死抗争。受降仪式结束后，朱皇后即"归第自缢"，被人发现救活，但她"仍投水薨"。她的刚烈赢得了金人的尊重。金世宗下诏赞朱皇后"怀清履洁，得一以贞，众醉独醒，不屈其节"，追封她为"靖康郡贞节夫人"。对徽、钦二帝和大多数苟活者来说，这无疑是最大的嘲讽。

据统计，"靖康之难"时宋徽宗有成年女儿21名，除保福帝姬、仁福帝姬和贤福帝姬三人死于刘家寺，富金帝姬被真珠大王强纳为妾，惠福帝姬被宝山大王强聘为妾外，剩下的16人中，发送浣衣院的九人，遣送到各大营寨的六人，云中御寨的一人。

宋徽宗的皇后皇妃五人，其中韦氏发送浣衣院。其余有嫔位的31名，其他封号的108人，另有国夫人、郡夫人、夫人封号者67人，皇孙女29名，均被像牲畜一样地分配。

宋钦宗一后一妃，朱皇后投水自尽，朱慎妃随至五国城。其他有封号的姬妾十名，奴婢27名，皇子妃34名，以及赵氏宗室，徽宗之兄、弟的22个女儿，也被像牲畜一样地分配。

这些宗室女子，除了沿途被糟蹋或饥寒病痛而死之外，其归宿大略有四：一是被金人的王子贵胄纳为姬妾，相对来说，这是最佳去处，倘能生得一男半女，或能提高身价，再次过起养尊处优的生活；二是被安置浣衣院，供金人的王公贵族及高级军职人员淫乐；三是分配给各军寨将领或下级军官；四是出卖给民间妓院。

由于徽宗第九子康王赵构逃脱了靖康之难，并且被拥戴为南宋皇帝，与金国对立，因此，金人对他恨入骨髓，对他的直系亲属惩罚也最为严厉。赵构的母亲韦贵妃，被俘时已经 48 岁（一说 38 岁），竟成了金国猛士重点发泄的对象。为了狠狠折磨她，金人特地把她发送到浣衣院，据传，曾创一天接客一百零五人之最高纪录。

赵构元配妻子邢秉懿，被俘时已经怀孕，金人强迫其骑马，结果“以堕马损胎”。被押解到汤阴县时，金军万夫长盖天大王完颜塞里（宗贤）逼淫之，邢秉懿自杀未遂。后被送至浣衣院，也是金人泄愤的重点对象，十二年后死时才三十四岁。

赵构妾田春罗、姜醉媚，也在浣衣院被折磨致死。他的五个女儿也被编入浣衣院，下落不明。

《呻吟语》引《燕人麈》之语，说那些被分赏给金兵将帅的妇女，如“不顾名节，犹有生理，分给谋克（管二十五人的低级军官）以下，十人九娼，名节既丧，身命亦亡”。由于一些低级将领自身的原因，如有的要结婚，有的结婚不久，有的没有自己的营盘住处等，都不能长期占有分赏的北宋女子，就将她们低价卖掉。“甫出乐户，即登鬼录”，结果将更为悲惨！

书中还专门记载了一位铁匠，“以八金买倡妇，实为亲王女孙、相国侄妇、进士夫人”。从这令人咋舌的记载中，可见她们沦落到了何等境地！

## 惨死他乡，自作孽者不可活

徽、钦二帝在金上京祭完太祖庙后，金国留他们在上京住了近两个月，于十月二十六日将二帝、诸王、驸马、内侍、宫眷等迁往韩州（辽宁省昌图县八面城）。金国为了安置徽、钦二帝等九百余人的住宿，将韩州城内的女真人全部迁出，只供宋俘居住。金人给田 45 顷，令他们“种莳自给”。

建炎元年（1127 年）十月，徽、钦二帝决定把在金国的情况告诉赵构，让他设法营救。为此，他们选中了忠于大宋且身份不显眼的曹勋潜回南宋。临行前，宋徽宗将一件亲笔写有“可便即真，速来救我”的背心交给曹勋，让他转告赵构早早解救父母兄弟。邢皇后不久前得知宋徽宗有意派人南下后，也将赵构当年送她的定情之物——金环交给宋钦宗，让他设法转交给赵构，以勾起赵构的相思之情。环，即还，邢皇后逃出苦海的期望不言而喻。

对邢皇后来说，这根本就是一个无望的期待。一旦迎回徽、钦二帝，赵构的皇位也就随之泡汤。在私利面前，贪恋帝位的赵构选择了另一种方式，即多次派人到金国打探，企图用重金赎回邢氏。但是，金人知道邢皇后的尊贵地位，更将她居为奇货。南宋草创之初，百业凋零，无力满足金人的要求；再说，不管徽、钦二帝，先赎发妻邢氏，于理不通，赵构只好作罢。绍兴九年（1139 年），邢皇后在日思夜盼的煎熬中客死他乡，享年三十四岁。

金太宗为使徽、钦二帝受皮肉之苦，每过一段时间就将其迁移，从灵

州到热河，再从热河到涞水（今河北涞水）。1131 年，徽、钦二帝被发往寒冷荒凉的五国城（今黑龙江省依兰县）。期间，虽然条件差了些，空间小了些，但宋徽宗周围的女人却不少。据《靖康稗史笺证·开封府状》记载，宋徽宗被俘时，有封号的妃嫔和女官有一百四十三人，无名号的宫女多达五百零四人。这些妃嫔，分几个批次被押解到了金国，除去中途死亡和被金人霸占的之外，仍有相当一部分留在了宋徽宗的身边。

《靖康稗史笺证·宋俘记》称，宋徽宗"入国后，又生六子八女"，"别有子女五人，具六年春生，非昏德胤"。也就是说，宋徽宗被俘后，他的女人们共生了十九个孩子，其中"六子八女"是宋徽宗的骨血，而"别有子女五人（大都被殇）"则是金人的种。

《宋俘记》是金人所著，在涉及宋徽宗颜面方面，未免毫无顾忌，但这更提升了它的可信度。如此算来，宋徽宗被俘前后，生三十八子，四十二女，共计八十个孩子。

那么，这八十个孩子的命运如何呢？先说皇子，北宋灭亡前，三十二个皇子中有七人夭逝，剩下的二十三个皇子（不含赵构），连同后来出生的赵极、赵柱、赵檀等六个皇子，与宋徽宗、宋钦宗一起做了亡国奴；至于四十二位公主，除"恭福帝姬生才周，金人不知，故不行"（《宋史·公主传》）得以幸免外，其余的要么夭折，要么死于颠沛，要么成为金人的战利品，供人奴役或淫乐，最后均不知所终。破巢之下，焉有完卵？

1135 年四月甲子日，徽宗终因不堪精神折磨而死于五国城，享年 54 岁。金熙宗将他葬于河南广宁（今河南洛阳附近）。1142 年 8 月乙酉日，宋金根据绍兴和议，将宋徽宗遗骸运回都城绍兴（今浙江省绍兴市），由宋高宗葬之于永佑陵，立庙号为徽宗。

北宋灭亡以后，宋徽宗的儿子赵构在南方建立了南宋。后来，南宋与金和议时，其中有一条，就是归还徽宗太上皇的棺椁。宋徽宗的棺材被运回南宋后，在绍兴下葬。一百多年后，南宋被元朝所灭，元世祖忽必烈派了一个恶僧总管江南佛教，这个恶僧最大的一项"政绩"，就是把宋朝皇帝陵全都刨了。因为宋朝皇帝的尸体都是用水银涂抹过的，以防尸体腐烂，而水银在当时是很珍贵的。这个恶僧就命人把宋朝皇帝的尸体刨出来，倒挂在树上控水银。他们刨到宋徽宗的坟时，掀开棺材一看，发现里面并没有尸体，只有一堆黑漆漆的像枯树根一样的东西。这个恶僧很惊讶，说南朝皇帝根基浅，竟然化了。事实上，人是不可能化掉的，合理的解释是宋徽宗根本就是死无葬身之地。史书上有一种说法，说宋徽宗死后，金人挖了一个坑火化他的尸体，当尸体烧到半焦的时候，金人就往尸体里注水，这样一来，尸体里的油就漂起来了，金人用这个油点灯。宋钦宗在旁边看到这一幕，痛哭流涕，想跳到坑里跟父亲一起死。金人拉住钦宗，说你不能跳下去，你跳下去这油就点不了灯了，等你死了还得拿你熬油呢。

宋钦宗这次没死成，他在金国又熬了 31 年。1156 年，金海陵王完颜亮决定再次伐南宋，在大阅兵时，金兵举行马球赛，为羞辱两位末代皇帝，令辽末帝耶律延禧和宋钦宗各领一支球队比赛。这时突然一支金骑闯入，一箭射中耶律延禧。宋钦宗惊而下马，马踏其身，金兵又一箭射中其头部，宋钦宗就这样悲惨地死去了。

# 下篇
# 南宋——你刚强一点好不好

# 14. 南宋开国：不争气的新朝廷

## 在奔逃与乞降中立国的高宗皇帝

赵构，宋徽宗第九子，宋钦宗之弟，曾被封为“康王”。金兵第一次包围开封时，他曾以亲王身份在金营中短期为人质。当年冬，金兵再次南侵，他奉命出使金营求和，在河北磁州（今属河北）被守臣宗泽劝阻留下，得以免遭金兵俘虏。金兵再次包围开封时，受命为河北兵马大元帅，宋廷令其率河北宋兵救援京师，但他移屯大名府（今属河北），继又转移到东平府（今属山东），以避敌锋。宋徽宗和钦宗为金兵俘虏北去，他于次年五月初一在南京应天府（今河南商丘）即位，改元建炎，成为南宋第一代皇帝。

在靖康之变中，宋高宗赵构的妻子和两个幼小的女儿以及亲生母亲和兄弟姐妹也都被金军掳掠而去，并曾多次遭到金人的凌辱蹂躏。

但是，宋高宗赵构并没有感到很耻辱，也没有因此而对金人恨之入骨，后来甚至一再奴颜婢膝地屈辱求和，祈求仇敌金人让他当“太平皇帝”。

赵构当时才二十一岁，他长期在深宫养尊处优，所擅长的只有享受和淫乐，统治经验还不丰富。称帝伊始，迫于严酷的形势，他不得不起用众望所归的爱国名臣李纲担任宰相。然而，赵构当时真正言听计从的，却是权奸汪伯彦、黄潜善，外加一些宦官。黄潜善和汪伯彦等人无意恢复故疆，坚持迁都东南，以图苟安一隅，这正中宋高宗的下怀。

建炎三年（1129 年），向来畏惧金兵的宋将刘光世不战而逃，致使金兵顺利渡过淮河，接着，金国骑兵奔袭南宋小朝廷所在的扬州。前方军情极端吃紧，赵构却还在扬州行宫里面过着花天酒地的生活。宦官得知消息以后赶忙去向宋高宗赵构告急，赵构此时正在大白天淫乐，金国骑兵快要杀到扬州这一消息有如晴天霹雳，正在行淫的宋高宗赵构顿时被吓得丧失了性功能，再不能生育。

赵构惊惶失措，来不及再召集大臣会商，便立即穿上戎装，骑马出城，抢先逃命。跟随在赵构身边的，只有那个贪赃枉法的御营都统制王渊、宦官康履等五六人，侍卫兵也只有几个，大家打着马拼命奔跑。

宋高宗赵构丢下几万将士和扬州百姓，然后自己逃命，架轻舟横渡长江，去了江南。

不久，金国铁骑杀来，十几万扬州百姓和将士家属望着滔滔长江哭天喊地，要么溺水而死，要么被金兵屠杀，剩下的都成了金国人的奴隶。

赵构逃离扬州，经镇江府到杭州，设杭州为临安府。迫于舆论压力，他不得不罢免汪伯彦、黄潜善等人。苗傅和刘正彦利用军士对朝政的不满，发动政变，杀宋高宗信任的同签书枢密院事王渊和一批宦官，逼迫宋高宗退位。文臣吕颐浩、张浚和武将韩世忠、刘光世、张俊起兵“勤王”，宋高宗得以“复辟”。

金军以完颜宗弼（兀术）为统帅，分四路大举南侵，兀术亲率主力追击高宗小朝廷。高宗遣使向金帅乞和，国书极尽奴颜卑膝之能事：“天网恢恢，将安之耶？是以守则无人，以奔则无地，一并彷徨，跼天踏地，而无所容厝，此所以朝夕然，惟冀阁下之见哀而赦己也。”但兀术必得高宗而后已，完全不理睬高宗的摇尾乞怜，一举突破了长江防线，占领建康，直扑临安。

高宗又从临安逃到越州（今浙江绍兴），再逃到明州（今浙江宁波），

随后决定入海避敌。他坐楼船逃往定海（今浙江镇海），进而渡海到昌国（今浙江定海）。岁末，高宗得知兀术将至明州，便让御舟漂泊在台州与温州间的海上。建炎四年正月初三，高宗船队落碇台州章安镇（今浙江黄岩东北），在这里停留了半个月后移向温州沿海，二月二日起驻泊温州江心寺。

兀术在正月十六日攻陷明州，也乘船入海准备追获高宗。途中遇上大风暴，被宋军水师击败，退回明州。这时南下金军已是强弩之末，后方空虚，战线漫长，屡遭宋朝武装的袭击。二月，兀术声称已完成“搜山检海”的预定目标，开始北撤。一路上纵火焚城，掳掠奸淫，明州、临安、平江府都是数日烟焰不绝。

三月，兀术军队从平江府撤军，准备在镇江渡江北上。宋将韩世忠率水师从长江口兼程西上，埋伏在镇江焦山寺附近的江面上，截断了金军的归路。双方展开激烈的水战，韩世忠妻梁氏（宋代史料中只记其姓梁，红玉之名后出，或是传说附会）亲自击鼓助战。金军无心恋战，损失严重。韩世忠拒绝兀术以财货名马借道的要求，将金军水师逼入建康东北七十里处的黄天荡。这是一条死港，宋军堵住其出口，使金军屡次突围均告失败。金军最后掘开老鹳河故道通秦淮河，让战船驶入长江，以火器击退前来堵截的韩世忠水师，才得以安然撤退。与此同时，岳飞打败了从陆上撤退的兀术部队，收复了建康。在黄天荡之战中，韩世忠以八千水师包围十万金军，两军相持达四十余日，虽未最后取胜，却使金军从此不敢渡江。

高宗获悉金军北撤，才从温州泛海北上，回到越州，结束了长达四个月的海上亡命生活。次年，高宗改元为绍兴元年（1131 年），寓有“绍祚中兴”的意思。虽然这年十月升越州为绍兴府，但这里作为行在，在漕运上有诸多不便。次年正月，高宗把小朝廷迁回临安。

临安有作为都城的经济优势与地理条件：既有长江的天然之险，又不像建康那样濒临长江，易于受到攻击；地处太湖流域与宁绍平原两大鱼米之乡的交汇处，物产丰富；大运河与浙东运河在这里交汇，明州作为外贸港也近在咫尺，漕运、海运都很方便；经唐、五代与北宋的长期建设，杭州已跃升为东南最繁华的都会。

大体以绍兴二年高宗驻跸杭州为标志，南宋小朝廷基本在江南站稳了脚跟，宋室南渡也宣告完成。其后，高宗虽然也短暂驻跸过建康，但那不过是做抗金的姿态而已。当然，也为了做姿态表示自己不忘恢复中原，临安始终称为行在。

## 心怀壮志，独木难支的宗泽

宗泽出生前，他的母亲刘氏曾梦见天空出现猛烈雷电，光照其身。

宗家虽贫穷，但有“耕读传家”的传统，父亲宗舜卿就是一个乡村知识分子。宗泽自幼随长兄宗沃参加劳动，农闲则在父、祖的教导下，读书识字。天资聪慧的宗泽，勤奋好学，从小就打下了良好的文化基础。

大约宗泽十几岁时，宗家举家迁居交通比较便利，商贸、文化较为发达的廿三里镇。在那里，宗泽视野扩大了，耳闻目睹宋王朝吏治腐败和外敌频仍，萌发了救国救民的思想抱负。不到20岁的宗泽毅然辞家外出游学，历时十余年，就学之地多达数十处。他不仅悉心求学，研读“古人典要”，而且学以致用，考察社会，了解民情，孜孜不倦地追求治国之道，逐步看清了整顿吏治是解决政治腐败的关键所在；同时眼看辽国、西夏屡屡入侵，也产生了靖边安境、为国效力的思想。于是他认真研读兵书，苦练武艺。这样，宗泽迅速成长为一个博学广识、文武兼备、富有理想和抱负的青年。

靖康元年（1126年）初，在御史大夫陈过庭的推荐下，宗泽被借以

宗正少卿身份，充任和议使。宗泽说：“此行不打算生回了。”有人问他原因，宗泽说：“敌人能够悔过撤兵当然好，否则怎么能向金人屈节以辱君命呢。”有人认为宗泽刚直不阿，恐怕有害于和议，钦宗把宗泽派往战争前沿的磁州任知府。当时太原失守，出任两河地区的官员都借故不到任。宗泽说：“受朝廷俸禄却逃避困难，是不行的。”宗泽受命，当日就独自骑马上路，随从的只有十几名老弱士卒。

赵构在南京即皇帝位，宗泽入朝觐见，涕泪交流，提出复兴国家大计。当时他与李纲一同入朝对答，两人相见谈论国事，慷慨流涕，李纲认为宗泽是一个奇人。赵构想留住宗泽，黄潜善等人进行阻挠。宗泽被任为龙图阁学士、知襄阳府。

当时金人提出割地的要求，宗泽上书说：“天下，是太祖、太宗的天下，陛下应当兢兢业业，思虑着将它传之万世，为何急忙同意割让河东、河西，还答应割弃陕州的蒲县和解县呢？自从金人再次入侵，朝廷未曾任命一将，派出一兵，只听到奸邪之臣，早进一言主张讲和，晚进一说请求盟好，终于导致徽、钦二帝北去，宗社蒙受耻辱。臣以为陛下会赫然震怒，明令赏罚罢黜，以再造王室。现在陛下即位四十天了，没有听到有大号令，只见刑部指挥说：‘不得发布赦文到河东、河西、陕州的蒲县和解县。’这是压制天下忠义之气，而自绝于民。臣虽然愚钝怯弱，愿意亲冒矢石，为诸将之先，能够捐躯报国也就满足了。”赵构看完宗泽的奏疏觉得很悲壮。宗泽被改任为知青州，当时他已经六十九岁了。

秉义郎岳飞犯法将被处刑，宗泽见到岳飞感到惊奇，说：“这是一个将才。”正碰上金人攻打汜水，宗泽将五百骑兵交给岳飞，让他立功赎罪。岳飞大败金人而回，宗泽于是升岳飞为统制，岳飞由此知名。

金将兀术将渡过黄河，谋划攻打汴京。诸将请先断掉河桥，严兵固守，宗泽嘲笑说：“去年冬天，敌人直扑而来，正是由于断掉河桥。”于是命令部将刘衍奔赴滑州，刘达赶赴郑州，以分散敌人兵力，并告诫诸将极力保护河桥，以等待大兵聚集。金人得知，乘夜断掉河桥逃去。

建炎二年（1128 年），金人从郑州抵达白沙，离汴京很近，都城之人感到惊恐。僚属进来问计策，宗泽正在与客人一起围坐交谈，他笑着回答说：“什么事这么慌张，刘衍等在外肯定能够抵御敌人。”于是挑选几千精锐兵士，让他们绕到敌后，埋伏在其退路上。当金人正与刘衍战斗时，伏兵突起，两面夹击，金人果然被打败。

金将粘罕占据西京，与宗泽对峙。宗泽派遣部将李景良、阎中立、郭俊民领兵前往郑州，和金兵相遇，双方大战，阎中立战死，郭俊民投降，李景良逃跑。宗泽抓回李景良，对他说：“战而不胜，罪可以饶恕；私自逃跑，这是无视主将。”将他斩首以警戒将士。不久郭俊民与姓史的金将及燕人何仲祖等持书来招降宗泽，宗泽训斥郭俊民说：“你因失利而战死，尚且是忠义鬼，现在反而替金人持书诱降，你有什么面目见我呢？”后将他斩首。宗泽又对史姓金将说：“我受命守这块疆土，宁死不让。你为人将，不能以死打败我，却想用儿女之情话招降我吗？”遂也将他斩首。何仲祖被认为是从者，免除一死。刘衍返回汴京，金人再次入侵滑州，部将张捴请求前去救援，宗泽挑选兵士五千人交给他，并告诫他不要轻易作战以等待支援。张捴到达滑州与敌人接战，金人兵马十倍于张捴，诸将请求稍稍避一下敌人的锋芒，张捴说：“避而偷生，有什么面目见宗公。”于是力战而死。宗泽得知张捴告急，派遣王宣领骑兵五千人救援。张捴死后两天，王宣才到达，与金人大战，将金人打败。宗泽迎回张捴尸骨安葬，抚恤他的家属，并以王宣知滑州，从此金人不再进犯东京。

王策本来是契丹族的一个酋长，被金任命为将，往来于黄河边上。宗泽将他擒获，松开绳子让他坐在堂上，对他说：“契丹本是宋的兄弟之国，现在金人欺辱我们的皇上，又灭了你们的国家，从情义上讲我们应该协力合谋，报仇雪耻。”王策感动流泪，愿为宗泽效命。宗泽因势问金国的虚实，详细了解了金人的情况，于是决定大举进行讨伐，他召诸将对他们说：“你们有忠义之心，应当协力合谋，剿灭敌人，期望迎回徽、钦二帝，建立大功。”说罢落泪，诸将也都流下了泪，表示听从命令。金人因与宗

泽战而不利，将军队全部撤去。

在此之前，宗泽去磁州，将州事交给兵马钤辖李侃，统制官赵世隆将他杀害。到这时，赵世隆及他的弟弟赵世兴领兵三万来投附，大家都担心他们发动变乱，宗泽说："世隆本是我的一个军校，不会变乱。"赵世隆到达，宗泽斥责他说："河北陷落，我大宋的法令和上下之分也陷落了吗？"命令将赵世隆斩首。当时赵世兴佩剑站立在旁边，其手下众士兵在庭下露出兵刃，宗泽慢慢对赵世兴说："你的兄弟被杀，你能够发愤立功，也足以雪耻。"赵世兴感动落泪。金人攻打滑州，宗泽派赵世兴前去救援，赵世兴到达，乘对方不备，将金人打败。宗泽声望日著，金人听到他的名字，常常既尊敬又害怕，他们与宋人谈到宗泽，必定称他为宗爷爷。

宗泽先后上了二十多道奏章，请求赵构回京，每每被黄潜善等人所阻碍，忧愤成疾，背上长毒疮。诸将入室问候病情，宗泽看着诸将说："我因为徽、钦二帝遭受不幸，积愤成这样。你们如果能够消灭敌人，则我死而无恨了。"诸将都流着泪说："怎敢不效力！"诸将出去后，宗泽叹息道："出师未捷身先死，长使英雄泪满襟。"

建炎二年七月十二日（1128 年 7 月 29 日），刮风下雨，天色阴暗，宗泽在弥留之际，没一句话谈及家事，念念不忘北伐，最后连呼三声："渡河！渡河！渡河！"之后怀着悲愤的心情溘然与世长辞了，时年 70 岁。后由儿子宗颖和爱将岳飞一起扶柩至镇江，与夫人陈氏合葬于镇江京岘山上。

都城之人闻知痛哭。宗泽所留下的遗书仍然主张赵构返回京城。朝廷追赠宗泽观文殿学士、通议大夫，谥他为忠简。

# 小丑刘豫与他短暂的伪政权

金人在攻破汴京、掳走徽、钦二帝之后，最初立的傀儡皇帝是张邦昌，僭号“大楚”。金军去后，他自己没有军队，害怕民众起来杀他，便听部下吕好问之劝，将“帝号”取消，迎奉当时还是天下兵马大元帅的康王赵构回京，仍奉赵氏为主。赵构于建炎元年（1127 年）五月在应天府（今江苏南京）即位，即宋高宗，南宋建立。不久，赵构就背弃了自己对张邦昌既往不咎的诺言，将其贬官赐死。

张邦昌死后，金廷觉得此时没有做好统治华北的准备，决定继续将这片土地作为缓冲区，并物色一个傀儡进行统治。建炎四年（1130 年）三月，金兀术完成了对南宋小朝廷的追击，但回军时遭到韩世忠和岳飞的痛击，大败于黄天荡，损失惨重。金兀术回军后，金朝廷开始商议立傀儡的事宜。当时比较合适的人选是折可求和刘豫二人。由于刘豫本是宋的高级将领，降金之后，手里掌握着一部分伪军，有一定的政治资本，更有其时金国的当权者粘罕（完颜宗翰）在金太宗完颜晟面前力陈刘豫可用，金将挞懒为刘豫保奏，九月，刘豫被册封为皇帝，国号大齐，定都大名府（今河北大名），先用金天会年号，不久即改元阜昌。

刘豫出身务农世家，自幼缺乏教养和德行，曾偷同学的白金盂、纱衣。他曾是 1100 年北宋的进士，靖康之变后被任命为济南知府，但当时山东一片混乱，刘豫本想让朝廷安排一个南方安全之地未果，结果带着忿忿情绪而去。金军攻济南，济南城中有猛将关胜，善用大刀（据说就是《水浒传》中大刀关胜的原型），多次出战击退金军。金军遂遣人以利诱

豫，刘豫杀害抗金将领关胜，率众降金。

刘豫的大齐政权建立后，宋金之间倒没怎么打仗，倒是大齐和宋朝打了不少场。刘豫自知，大齐作为宋金之间缓冲的屏障，只有不断找宋朝的麻烦才有存在的意义。因此，他一称帝就公开与宋为敌，大肆搜捕宋宗室，收编了许多流寇和宋廷叛将，不断引诱金军南侵。绍兴三年（1133年）正月，宋襄阳镇抚使李横率军北攻大齐，攻占颍昌府，直逼汴京。刘豫向金求救，金兀术亲自率军支援，金齐联军开始反击。宋朝廷对义军出身的李横并不信任，刘光世和韩世忠也只是扬言要支援，却按兵不动。李横孤立无援，一路败退到洪州（今江西南昌）。齐军乘势收复旧地，还顺手占领了襄阳府等六郡之地。大齐此时达到了自己势力的顶峰，既可以西向攻巴蜀，又可以顺流而下取吴越。刘豫又配合金军向华北各地迁移屯田军，在各地征乡兵十余万作为“皇子府十三军”，对南宋构成了巨大的威胁。

绍兴四年（1134年）五月，宋高宗赵构命岳飞出师收复襄汉，还在行前恬不知耻地命令岳飞只许收复李横的旧地，如果越界到大齐领地就“虽立奇功，必加尔罚”。岳飞不到三个月就连败金齐联军，收复六郡。不久岳飞就被封为清远军节度使，年仅32岁就成为了南宋第五个建节的武将。九月，刘豫再次南侵，金将讹里朵和挞懒率五万金军支援。宋高宗赵构已经做好了逃跑的准备，张俊和刘光世也畏敌不前。这次刘豫避开岳飞，选择安徽进行攻打，但又被移师扬州的韩世忠在大仪镇打了个埋伏，惨败而归。十二月，金军转向淮西，又被赶来支援的岳飞大败。年底，金太宗完颜晟病危，金军北归，刘豫没了金军的支撑，孤掌难鸣，只得退兵。绍兴六年（1136年）十月，刘豫又征发大军三十万三路攻宋，刘麟统领中路军，刘豫之侄刘猊统领东路军，孔彦舟统领西路军进攻两淮，结果又被韩世忠、杨沂中击败。齐兵厌战，兵败后更加意沮气夺。

刘豫在对宋作战中一再失利，引起金国的不满。金朝廷认为大齐政权不仅没有起到最初预计的对金的缓冲屏障作用，反而成为了金国的一个包袱，而且大齐的存在还对金朝廷的集权统治形成了障碍，于是金朝廷起了废豫之心。绍兴八年（1138 年），岳飞探得以上消息，正想设法除掉刘豫，恰好宋军捉到一个金兀术派来的间谍，岳飞便巧使反间计，故意将他认作刘豫的使者，责问他说："刘豫曾送信给我，答应到冬天把金兀术引诱到清河（江苏淮阴东大清河口）和我共同夹击，诱杀金邦四太子，为什么到现在还没有动静？"间谍怕岳飞杀他，也就顺水推舟，将错认错。岳飞要他再给刘豫送信，信中叙述诱杀金兀术的事，封成蜡丸。然后嘱咐间谍说："我饶恕了你，这回你一定要守秘密，把信送到。"这个间谍以为既保住了性命，又窃得重要情报，好生喜欢。回到金国，马上把信献给兀术。兀术一看，勃然大怒。十一月，刘豫遣使至金，请立刘麟为太子，并乞师南侵。兀术于是与金熙宗定谋，伪称济师，轻骑突入汴京，擒了刘豫。次日兀术召集大齐文武百官宣诏废豫，改封蜀王，徙居临潢府（今内蒙古巴林左旗）。在汴京设立行台尚书省，命张孝纯权行台左丞相，直接对华北进行统治，胡沙虎为汴京留守，李俦为副，诸军悉令归农，听宫人出嫁，且纵铁骑数千，围住皇宫，抄掠一空。大齐前后延续八年，就这样被消灭了。绍兴十一年（1141 年），金国赐刘豫钱一万贯、田五十顷、牛五十头。绍兴十二年（1142 年），又改封曹王。绍兴十六年（1146 年），刘豫死于流放地。

# 15. 血战川陕：战功不输岳飞的吴玠

## 川陕儿郎，少年成名

吴玠和岳飞是同时代人，他出身卑微，父亲吴扆少年从军，为水洛城寨卒，寨卒相当于乡兵的一种。由于作战勇敢，吴扆从一名普通士兵逐渐升至指挥使。吴扆为人宽容大度，但有时未免宽厚过头，对部下的管教就失之严厉，因此军纪不整。在一次对敌作战时，吴扆手下的士兵竟然怯战逃跑，致使宋军吃了败仗。吴扆的上司——水洛城的寨主非常生气，但念在吴扆平时的功劳，只是对他处以杖刑。吴扆觉得这是一种羞辱，从此做事常常心不在焉。就是这心不在焉，使他在一次作战时，猝不及防被一箭射死。吴扆死后葬在水洛城，因而吴玠全家就徙居水洛城。

都说环境造就人，这话一点不假，从吴玠身上就可以清楚地看出环境对人的影响。据《宋史·地理》记载，陕西“被边之地，以鞍马、射猎为事。其人劲悍而质木。”由于地理位置的特殊，秦陇自古便是匈奴、突厥等游牧民族与汉族对垒的战场。长期的战争使这里的氛围完全不同于中原，而吴玠居住的水洛城，更是一个以军人为职业的地区，这里除了士兵就是士兵的家属。吴玠就生长在这种环境下，这使得他为人“深毅有志节，知兵善射骑，读书能通大义”，而且为人慷慨豪爽，具有典型的军人气质。

大约在政和元年（1111 年），吴玠“以良家子”入伍从军，隶属于泾原军（方镇名，治所在今甘肃省平凉）。不久，他便在抗击西夏的战争中，立下战功，升为进义副尉，权（代理）队将。后参与镇压方腊起义军及河北起义军，屡立战功，逐渐升为忠训郎，任权泾原第十一正将。

靖康元年（1126 年），西夏犯边，侵扰怀德军（今宁夏固原北），吴玠率百余人打败西夏军，斩获颇多，因其武勇晋升为泾原路第二副将，在军中初露锋芒。

建炎二年（1128 年）四月，金兵进犯陕西，直趋泾原。吴玠受陕西制置使曲端之命，率军迎击，至青溪岭（今甘肃泾川西南），一鼓击退金兵。因此次战功，他升任权泾原路兵马都监兼知怀德军。十一月，吴玠又奉命东进，收复华州（今陕西省华县），随后又在鸣犊镇（今西安东南）镇压了史斌叛乱，因功升任右武大夫，这时的吴玠已经开始成为中级军官了。

建炎三年（1129 年）初，吴玠升迁为忠州刺史。十一月，川陕宣抚处置使张浚巡视川陕，由于刘子羽的推荐，张浚会见了吴玠兄弟，见吴玠兄弟颇具才勇，十分器重，遂任命吴玠为泾原路统制。

建炎四年（1130 年）初，吴玠又升任泾原路马步军副总管，成为一路的副统兵官。不久，金军西路副帅完颜杲率军进犯麻亭镇（今陕西彬县南），吴玠与张中孚、李彦琪等奉都统制曲端之命在彭原店阻击，而曲端则拥大军屯驻于后方的宜禄（今长武）。吴玠等与金军恶战，初战告捷，但在金军的再次攻击下，吴玠所部前军稍有退却，而曲端不但不进兵支援，反而立即退往泾州（今甘肃泾川），吴玠遂战败。金军乘胜进占邠州（今陕西彬县），在进行烧杀后又退走。此战，曲端身为主帅应对战事负主要责任，但他却反以吴玠违背他的节制而将吴玠降为怀德军知军。但不久，张浚即升吴玠为秦凤路副总管兼知凤翔府。

# 和尚原大败金兀术

建炎四年（1130 年）秋，金军大举进攻南宋，江淮局势顿时吃紧，为了牵制金军东路主力金兀术所部，以避免金军再次渡江南下危及南宋政权，张浚决定主动出击，在西北发动攻势。但张浚是个文臣，并不懂军事，在没有经过认真准备的情况下就贸然让刘锡、刘锜、赵哲、吴玠等五路大军屯于陕西富平，令刘锡为统帅，欲与入陕金军决战。当时，吴玠和刘锜均不同意如此草率行事。为此，吴玠入谏说："兵以利动，此间一带平原，敌人多为骑兵，容易为其所乘，恐有害无利，应先据高阜，凭险为营，方保万全。"但是，张浚完全没有把吴玠的准确分析放在眼里，因为人多势众，他自大地认为："我众彼寡，又有苇泽相阻，纵有敌骑前来，也无从驰骋，何必转陟高阜呢！"作为统帅的刘锡因为众人意见不一也拿不定主意，就在他犹豫之际，金兵已经蜂拥而至，他们皆担柴兜土，填投苇泽中，霎时间泥淖俱满，跟平地一样。于是，金军骑兵轻易就越过障碍，进逼宋军各营。随后，金兀术也奉令自六合率部赶到，与金将娄恃分左右翼，列阵挑战。吴玠、刘锜在左翼与金兀术军大战，吴、刘身先士卒，奋勇驰杀，金军渐渐后退。但没想到的是右翼的赵哲临阵溃逃，使吴、刘陷入了金军的左右夹攻之中，最终，宋军大败。不久，陕西几乎全境失守。

富平之战，是宋金战争中规模最大的一次战役，也是宋朝损失最大的一次战役。这次战役的失败，揭开了吴玠独自领兵抗金生涯的序幕，也终于给了吴玠不再受节制而得以一展身手的机会。

富平战役之后，吴玠受命为陕西都统制，他集拢散兵屯粮退保大散关（今宝鸡西南）以东的和尚原，积粟列栅，训练士卒，以死扼守入蜀通道。吴玠还和他的士兵们歃血为盟，从此吴玠部队军心稳定，战斗力渐强。经过精心策划，绍兴元年（1131年）五月，金军东路从凤翔西上，西路自阶州（今甘肃武都）、成州（今成县）东出大散关，合攻和尚原。有人劝吴玠退入汉中，以避其锋。吴玠愤然予以驳斥，慨然说："我在此，敌不敢越我而进，保此地就是保蜀。"吴玠对和尚原的战略地位十分了解，和尚原位于大散关以东，四面陡峭，顶上平宽，进可攻，退可守，金兵想要攻蜀就得先攻和尚原。不久，西路金军先到和尚原北山，分两路从正面和侧后面进攻，吴玠率士卒坚守阵地，以逸待劳，他激励将士轮番作战、休息，依托地形以弓弩杀伤金兵。四战四捷，士气大振。金兵都是骑兵，吴玠就命令将士专挑山高沟深的地方伏击。和尚原都是山谷，路狭多石，战马发挥不了作用，金军被迫舍马步战，而山地战金军远远不是宋军的对手。连战三天，金军战败后退往西南的黄牛堡，又遇大风雨雹，无奈只得退回凤州。东路金军攻打箭筈关（今陕西千阳南），也被吴玠事先派出的部队顽强击退。同时吴玠又派出一小部绕小路迂回到金兵后面，奇袭金兵，金军大败。

金军第一次攻打和尚原以失败告终，吴玠以功升陕西诸路都统制。

金军统帅金兀术闻败，十分震怒，当年十月，他亲率金兵十万，"造浮梁跨渭水，自宝鸡连三十里（结连珠营），垒石为城"，与吴玠相拒。为了引诱金兀术到和尚原，宋军主动放弃神岔关。十日中午时分，到达和尚原的金兵马上发起进攻。此时的宋军早就做足了准备，个个胸有成竹，他们依托有利地形予以阻击，使用床子弩轮番射杀，顿时箭射如雨。金军的两次冲锋都被打退。黄昏时分，金兵开始撤退，吴玠又趁他们慌乱的时候派兵绕到后面进行掩杀。晚上，吴玠又命令优秀射手拿着强弓，看到金营哪里有火光就射向哪里，吓得金兵不敢点火，饭都吃不成。二更时分，吴玠干脆袭击金兵大营，又累又饿的金兵被杀得鬼哭狼嚎。四更时分，劫寨

获胜归来的宋军意犹未尽，士气正旺，在与来接应他们的宋军会合后又向大散关的金兵发动进攻，金军又被杀得大败。此时的金兀术就像泄了气的皮球，而金兵早已人疲马乏。次日凌晨，金兵后撤。吴玠早已做了准备，听到金兵后撤的消息，马上下令全线反攻。从和尚原到神岔关，金兵死伤累累，尸横遍地。连金兀术也身中两箭，为了逃命，他竟然剃掉胡须换了衣服才逃走，为的是防止被宋军认出。至此，和尚原大战以金兵的惨败告终。史称，金兀术“自入中原，其败衄未尝如此也”。

捷报传开，举国欢呼。这是宋军自“靖康之变”以来同金军作战的第一次大捷，意义之重大可想而知。宋高宗赵构自然也很高兴，派遣使者授予吴玠镇西军节度使之职，当时，吴玠年仅 39 岁。

## 血战饶凤关，死守仙人关

和尚原惨败，金军非常不甘心，他们一心想着复仇。为此，绍兴二年（1132 年）底，金陕西经略使完颜杲率军十余万，继续在川陕向南宋大举进攻，为了进展顺利，金军绕开和尚原，企图从宋军防守薄弱的饶凤关（今陕西石泉西北）入川。饶凤关是连接秦楚蜀的道路，东南有一百多里，人烟稀少，但它是入陕的重要关口之一，地理位置十分重要。

十二月，金军攻破商州（今陕西商县）。次年正月初九，金兵为了迷惑金州守兵，声称要攻取汉阴，守将王彦果然中计，分兵据守汉阴周围要塞，金兵因此乘隙攻陷金州（今陕西安康）。宋知兴元府（今陕西汉中）刘子羽闻金州失陷，估计金兵要攻击饶凤关，急派统制官田晟率兵扼守饶凤关，以阻金军来路，并向吴玠紧急求援。此时的吴玠已经兼任川陕宣抚处置使司都统制，接到消息后，吴玠当即率两千精骑自河池（今甘肃徽县）日夜兼程300里赶在金兵之前到达饶凤关。

到了饶凤关，吴玠顾不上休息，一面紧急筹划城防，一面派人给金军主帅完颜杲送去一颗黄柑，附语："大军远来，聊逢止渴。今日决战，各忠所事。"本来已经准备进攻饶凤关的完颜杲大惊，叫道："吴玠，你怎么来得这么快啊（尔来何速耶）！"完颜杲以为吴玠做了准备，迟迟不敢进攻，吴玠乘机抽调人马，增援饶凤关。

绍兴三年（1133年）二月初五，完颜杲终于下定决心进攻饶凤关，金军人披重甲，开始登山攻关。此时，宋军早已做好了充分准备。吴玠令所部及前来增援的洋州（今陕西洋县）义士与王彦所率领的八字军三万余人，凭借险要地势，以强弓劲弩，轮番发射，顽强坚守六昼夜，金军伤亡惨重，被迫停止攻击。到了十一日，吴玠的部下居然出了个叛徒，有个因为怯战险些被吴玠杀了的小军校溜出饶凤关投降了金兵，并乘夜引导部分金军自蝉溪岭绕到饶凤关后偷袭宋军郭仲荀部，攻破了郭仲荀的大营，然后居高临下进攻饶凤关，同时完颜杲率金军从正面进攻。宋军腹背受敌，纷纷溃逃，吴玠用刀砍了几个最先逃跑的士兵，想组织宋军反击，但宋军溃逃太多，吴玠无奈，只得撤退，收余部退守西县（今陕西勉县西），而王彦则率军奔达州（今四川达县市）。十三日，兴元府被金军攻破。刘子羽在撤退时放火焚城，率余部退至三泉（今陕西宁强西北）。兴元府只剩下一片废墟，金军什么便宜也没占到。

金军虽然取得了一定的胜利，但由于所带粮草不多，而当地人民也积极配合宋军坚壁清野，使得金军粮食供应非常紧张，时间一长，他们不得不开始杀马充饥。不久，军中又爆发瘟疫，大量士兵相继死去，金主帅完颜杲终于待不下去了，决定撤退。这一切都在吴玠预料之中，于是他回师河池，准备断金军的归路。果然，四月初，在金军北撤的时候，吴玠乘机派兵于武休关（今陕西留坝东南）袭击金军后队，金军不备，被斩及坠涧死者数千人，残余部队丢弃所获辎重而去。金军撤退到和尚原后，当地守

将吴璘和增援的杨从义率军又重挫金军，并不断掩杀金兵。这下，完颜杲再也没有攻打和尚原的心思了。随后宋军一路强杀夺回了汉中和金州。此时吴玠因功进检校少保。

饶凤关之战后，吴玠认为和尚原距离四川太远，为保守仙人关（今甘肃省徽县东南），收缩兵力全力防守，遂主动放弃和尚原等营寨，移师驻守仙人关，在关右侧筑垒，称“杀金坪”，并在地势险要处筑隘，设置第二道防线，严阵以待；而其弟吴璘则领军驻守于不远处的七方关（今康县东北），随时待援。仙人关西临嘉陵江，南接略阳北界，北有虞关紧接铁山栈道，是关中、天水进入汉中的要地，也是由陕入川的重要咽喉。

绍兴四年（1134年）二月，经过短暂的准备，金军大举入侵南宋，由金军主帅金兀术率领金和伪齐十万人马，分三路进犯，攻破和尚原，转趋仙人关。金军意在一举攻占仙人关，打开进入蜀川的大门，占领蜀川，进而沿长江东下消灭南宋王朝，入主中原。金军从铁山（今徽县南，亦名青泥岭）开始凿山开道，循岭东下，向仙人关而来，吴玠兄弟率军据险死守。

三月，金兵开始进犯仙人关，吴玠首先率万余人迎击金兵。与此同时，其弟吴璘也由七方关昼夜兼程来援，在路上遇到金兵，转战七昼夜后才与吴玠会合。金兵进攻越加猛烈，但都被吴玠兄弟一一击退。金兵改用云梯攻垒，吴玠派杨政指挥刀枪手阻击，并撞碎金兵的云梯，以阻击金军攻垒，又令士兵持长矛刺杀敌人。吴璘见战斗愈来愈激烈，形势非常紧张，为鼓舞士气，他用刀在地上画了一道线，对将士们说：“我与你们一道坚守此地，决不后退，若谁后退，定斩不饶！”于是他身先士卒，全力击杀敌人，大大激发了将士们的勇气，个个奋勇当先。金兵见正面攻不下宋军堡垒，就将大军分为两队从东西两面夹击宋军。吴玠指挥宋军左挡右阻，与金兵苦战，由于连连激战，加上人数对比处于劣势，宋军将士显露疲态，于是吴玠主动放弃第一道防线，退守第二道防线。金兵步步紧逼，连续急攻，金兀术还令士兵披重铠两层，用铁钩相连，鱼贯而上。吴玠与其弟督军死战，以劲弓强弩大量杀伤金军，金兵尸骸枕藉，仍然冒死进攻。

坚持到第三天，金兵筋疲力尽，吴玠乘机反击，反击奏效后，他又乘势扩大战果，派张彦等将劫横山寨，杀敌千余人，又命王俊于河池设伏兵，再败金军。金军被迫退回凤翔府。

当晚，吴玠在四面山上燃起熊熊烈火，将整个山岭、沟谷照得灯火通明，并令士兵将战鼓敲得惊天动地；同时派王喜、王武诸将率精兵锐卒，持长刀、大斧，分紫、白二色旗帜，猝然杀入金兵大营。一时间，金军阵脚大乱，溃不成军，金将韩常被乱箭射伤左眼，侥幸逃脱。金兀术看招架不住，领残兵连夜逃走。此前，吴玠已遣统制张彦在横山截击金兵，又令统制王俊领一支人马埋伏于河池，扼住金兵退路。金兵败退的时候又遇张彦、王俊截击，惨败，死伤无数。金兀术率残部退回凤翔分兵屯田，作长久打算，数年间不敢轻易攻打入蜀门户仙人关。至此，金军南下的企图彻底破灭。

吴氏兄弟因屡败金军，声威大震，名扬陇蜀，朝廷下诏拜吴玠为检校少师，任命他为川陕宣抚使，领二镇（奉宁、保静）节度使。

绍兴五年（1135年）十二月，南宋进行军制改革，设行营护军以统主力部队，吴玠所部由地方军“四川宣抚司军”首次被编为朝廷直属的主力部队，编为行营右护军，右护军成为南宋的西北长城。此后，川陕边境宋金双方大体都以守为主，相对平静。

吴玠与敌对垒数年，为减轻民众负担，几次淘汰冗员，紧缩开支，实行屯田，开发水利，发展当地的农业生产。因此，他深得陇蜀人民的敬佩和拥戴。

绍兴九年（1139年），宋高宗以吴玠功高，授开府仪同三司，晋升为四川宣抚使。不久吴玠病重，卒于仙人关，年仅47岁。宋高宗赠吴玠少师，钱三十万，后谥武安。宋孝宗淳熙三年（1176年），追封吴玠为涪王。

# 16. 风波惨案：十二金牌与不败而败的北伐

## 一心报国，三次投戎

北宋崇宁二年（1103年），岳飞出生于河北西路相州汤阴县（今河南安阳汤阴县）的一个普通农家。传说岳飞出生时，有大禽若鹄，飞鸣室上，故父母给他取名飞，字鹏举。

宣和四年（1122年），童贯、蔡攸兵败于契丹，河北官员刘韐于真定府（今河北正定县）招募“敢战士”以御辽（一说是为征辽）。岳飞应募，经过选拔，被任命为“敢战士”中的一名分队长。20岁的岳飞自此开始了他的军戎生活。贼寇陶俊、贾进在相州作乱，岳飞请命前去除害。岳飞表现突出，带领百骑骑兵，用伏兵之计，生擒二贼以归。

这年岳飞的父亲岳和病故，岳飞辞别刘韐，离开军队，赶回汤阴为父亲守孝。宣和六年，河北等路发生水灾，岳家生计艰难，岳飞为了谋生，又到河东路平定军（今山西平定县）投戎，被擢为偏校。

金灭辽之后，大举南侵攻宋。岳飞目睹了金人入侵后人民惨遭杀戮、奴役的情形，心中愤慨，意欲投军，又担忧老母年迈，妻儿力弱，在兵乱中难保安全。岳母姚氏是位深明大义的妇女，积极勉励岳飞“从戎报国”，还为岳飞后背刺上“尽忠报国（后世演义为‘精忠报国’）”四字为训。岳飞牢记母亲教诲，忍痛别过亲人，投身抗金前线。

北宋靖康元年冬，康王赵构到相州，于腊月初一日开河北兵马大元帅府，岳飞随同刘浩所部一起划归大元帅府统辖。刘浩为元帅府前军统制，赵构命他南趋濬州（今河南浚县西北）、滑州方向以作驰援开封的疑兵，自己则率领元帅府主力北上大名府。

岳飞奉刘浩的命令，带一支三百人的骑兵小队往李固渡进行侦察，在侍御林与金兵遭遇，岳飞杀死敌将，击退金军。在滑州南的遭遇战中，岳飞奋勇当先，又以百骑杀败金军。两次小战，岳飞的勇敢和武艺便得到显露。

刘浩军至濬州渡黄河受阻，只得追随元帅府人马北上。这时副元帅宗泽也赶到大名，赵构不纳宗泽全力援救开封之言，与汪伯彦等又继续向东平转移，只与宗泽一万人马往援开封。岳飞随刘浩部隶属宗泽，这是他初次成为宗泽的部将。宗泽率部众进军开德府（今河南濮阳），与金军十三战，每战皆捷。岳飞英勇奋战，以军功迁为修武郎。

靖康二年（1127 年）二月，岳飞随军转战曹州，他身先士卒，直贯敌阵。宋军以白刃近战打败金军，追奔数十里。岳飞因功迁武翼郎。刘浩的两千兵马进驻广济军定陶县的柏林镇后，元帅府又命他改隶黄潜善，不再让宗泽指挥此军。这时黄潜善掌握着三万六千人马，却只知保存实力，按兵不动，使只有二万五千人的宗泽陷入孤军奋战的境地。宗泽虽取得了一些胜利，队伍却也有不少损耗，难以伤及金军元气。

是年四月，金军从已被洗劫一空的汴京城撤出，满载着金帛、珍宝北上，徽宗、钦宗二帝和皇室成员、机要大臣、百工等三千余人都做了俘虏。北宋就此灭亡，史称“靖康之耻”。

五月初一，康王赵构在应天府（今河南商丘）即位，是为南宋高宗，改元建炎。赵构虽起用了抗战派名臣李纲为左相，但仍旧对投降派黄潜善、汪伯彦等人颇为器重。赵构采取黄潜善等避战南迁的政策，预备南行“巡幸”，欲退避到长安、襄阳、扬州等地。时年 25 岁的岳飞得知这个

消息，不顾自己官卑职低，披肝沥胆，向宋高宗赵构“上书数千言”，其略云：

陛下已登大宝，社稷有主，已足伐敌之谋。而勤王之师日集，彼方谓吾素弱，宜乘其怠击之。黄潜善、汪伯彦辈不能承圣意恢复，奉车驾日益南，恐不足系中原之望。臣愿陛下乘敌穴未固，亲率六军北渡，则将士作气，中原可复。

然而，他的耿耿丹心只换得“小臣越职，非所宜言”八字批语，并且被革除军职、军籍，逐出军营。

## 再归宗泽，抱负难施

虽被逐出军营，但岳飞的抗金决心并未因此动摇。南宋建炎元年（1127年）八月，岳飞渡河北上，奔赴抗金前线——北京大名府，经过河北西路招抚使干办公事赵九龄推荐，会见了当时“声满河朔”，正多方收揽英才抗金的招抚使张所。这是他第四次从军。张所知悉岳飞的遭遇后，十分同情，便留他在“帐前使唤”。由于岳飞的非凡见识、高超武艺，张所终于决定破格提拔他。先是“以白身借补修武郎”，继而又升为统领，后又升为统制，分隶于名将王彦部下。

然而高宗、黄、汪等为了向金人乞和，有意打压朝中的抗金力量：先是坚决主张抗金的李纲被罢相，继而张所也因此前曾弹劾黄潜善而遭贬谪发配岭南，最终死于贬途。被张所派去收复卫州等地的王彦、岳飞一军，也因河北西路招抚司的撤销而成为孤军。

李纲罢相后，东京开封府的留守宗泽就事实上成为抗金的中心人物。宗泽和北方的民间自发抗金武装建立了广泛的联系，收编了号称百万人的大军，积储了足供半年食用的粮草。宗泽委任王彦为“制置两河军事”，王彦便派人命岳飞所部“赴荣河把隘”。岳飞和王彦难以共事，便决定率领部伍南下东京开封府，再次接受宗泽的领导。宗泽爱惜岳飞的才干，体谅他的爱国之心，原谅了岳飞的违反军纪（指率队离王彦之事），留在营中听候差遣。

腊月（1128 年 1 月），金军大举南侵，进犯孟州汜水关。宗泽即派岳飞为踏白使，让他率领五百骑兵前往侦察。岳飞在汜水关一带击败金军，凯旋后，即被宗泽任命为统领，不久又提升为统制。

宗泽死后，杜充继任东京留守。其人“性残忍好杀，而短于谋略”，置宗泽生前的计划于不顾，北伐终告夭折。

建炎三年（1129 年）正月，岳飞奉东京留守司的命令从守卫北宋皇陵的驻地西京河南府返回开封。杜充出于排斥异己的动机，命岳飞向守城将领张用、王善袭击。时王善驻扎城东，张用驻扎城南，岳飞、桑仲、李宝诸人驻扎城西，均负有守卫京师重任。岳飞不愿自相残杀，婉言推辞，但杜充以军法问斩相威胁，勒令岳飞出兵。岳飞有以往擅自脱离王彦的教训，无法抗命，只能出战，南薰门之战，以八百人击退张、王部数万人，以功升武经大夫。杜充又派马皋等继续追击张、王部，却被打败。王善攻打淮宁，张用不从，引军离去，自此成为游寇，后终被岳飞收降。自春至夏，岳飞随陈淬多次与王善作战，王善率部东流西窜，最后降金。岳飞因多次战功先后转武略、武德大夫，授英州刺史。

上年八月开始南侵的金军，于是年正月又先后攻下徐州、淮阳、泗州，进袭扬州。二月初三日，南迁扬州的宋高宗得到金军攻陷天长军（安徽天长）的消息，惊惶失措，落荒逃至杭州。五月，苗刘兵变被镇压后，高宗移驾建康。就在高宗移驾建康时，杜充借“勤王”之名，行脱离危险

之实，准备离开开封，前往建康。

岳飞于六月下旬刚回军开封，就接到杜充南撤的命令。岳飞向杜充苦谏："中原地尺寸不可弃，今一举足，此地非我有，他日欲复取之，非捐数十万众不可得也。"杜充不听。岳飞无奈，只得率军随之南下。开封随后于次年二月陷落。

## 收复建康，军中扬名

高宗对杜充放弃开封的举动不加责罚，反而还命他负责长江防务，升任右相。高宗在建康稍事逗留，就又返回杭州，并派使臣杜时亮向金营呈送《致元帅书》。

如此屈辱的书信，并未取得金人的怜悯。1129 年秋，金军又兵分多路向南进犯。完颜挞懒（汉名昌）领军进攻淮南，完颜兀术（汉名宗弼）则领军直接进攻江南，直捣赵构所在的临安（杭州），企图一举灭亡南宋，占领整个宋朝领土。

十一月初，兀术占领长江北岸和县。金军沿长江北岸东进，与李成合攻乌江，离建康不到百里。杜充向朝廷上报"督师诣采石防守"，却深居简出不做准备。岳飞入杜充寝阁，苦劝再三至于流涕，但也无济于事。

听到金军渡江的消息后，杜充才派都统制陈淬率岳飞、戚方等将官统兵两万奔赴马家渡，又派王燮的一万三千人策应。陈淬率军力战，岳飞率右军和金国汉军万夫长对阵，王燮却不战而逃，陈淬战死，诸将皆溃，岳飞苦战无援，整军退屯建康东北的钟山。杜充又弃建康，逃往真州，不久降金。建康失陷。

马家渡之战后，岳飞决定脱离杜充，独自转战金军后方。时岳飞的部下有叛逃者，岳飞向他们慷慨陈词，士卒皆被感动，愿随岳飞作战。杜充投敌，宋军纷纷溃散。溃军中一些北方将领不愿再战，欲推举岳飞为主帅，一同投金。岳飞假意应允，乘其不备，带亲信数人与之相斗，一连击败数十人；岳飞又对众军严肃训诫了一番，众皆心悦诚服，军心遂定。

兀术占领建康府后，亲率主力追赶宋高宗。高宗由越州逃向明州，随后又从明州乘船，逃到海上避难。

完颜兀术由建康进军，接连攻下溧水、广德、安吉、湖州，直取杭州，岳飞则领军在其后方，伺机给予痛击。岳飞遣刘经率兵千人夜袭溧阳，顺利攻克了被金军占领的溧阳县城。岳飞亲自领军转战广德境中，六战皆捷。驻军广德军的钟村，军粮用尽，将士忍饥，却不敢扰民。

建炎四年（1130 年）初春，宜兴正被溃军骚扰，县令请岳飞来宜兴，说："县中存粮，可供一万军士吃十年！"二月，岳飞进驻宜兴，屯于张渚镇。在广德和宜兴，岳飞收降了因政局混乱而在当地为匪的多支部队以及金军强征来的河北、河东等地签军。岳飞不歧视、苛待他们，伪军们都传话说："此岳爷爷军。"争来降附。岳飞抗金英勇，爱民如亲，宜兴人民感恩戴德。他们说："父母生我也易，公之保我也难。"

二月，金军以舟师浮海，穷追高宗三百里未获。兀术借口"搜山检海已毕"，纵兵烧掠明州、临安等城，携带所掠全部金银财宝，从大运河水陆并进，经秀州（浙江嘉兴）、平江（江苏苏州）等地向北撤退。经过常州时，岳飞率军从宜兴赶来截击。岳飞四战皆捷，擒万户少主孛堇等十一人。常州截击战之后，岳飞首次得到朝廷诏令，命他配合镇江韩世忠，从左翼进击金军，伺机收复建康。

金军在水路与韩世忠相持达四十日，被困于黄天荡，因奸细献策才得以入江。陆路上，岳飞在四月二十五日于建康城南三十里的清水亭首战大捷，金兵横尸十五里。

五月初，岳飞在建康南面的牛头山扎营，在夜间以百人敢死队骚扰金

军，金军伤亡甚大。兀术准备放弃建康，先在城中大肆杀掠和破坏，然后从建康西北的靖安镇（亦称龙湾）向北岸的宣化镇渡江。岳飞领骑三百、步兵二千冲下牛头山，大破金军，进据新城。又追至靖安，消灭了未及渡江的金军。建康得以收复。

建康战役历时半月，岳家军仅斩女真兵就“无虑三千”，擒获二十多名军官。这是岳家军的首次辉煌胜利。

## 六郡归宋，两次北伐

岳飞于绍兴元年至三年（1131–1133 年）先后平定了游寇李成、张用、曹成和吉、虔州的叛乱，升任神武后军统制。宋高宗赐御书“精忠岳飞”锦旗给岳飞，后又将牛皋、董先、李道等所部拨归岳家军，岳家军兵力得到扩充。

绍兴四年（1134 年）春，岳飞上《乞复襄阳札子》，提出收复陷于伪齐政权的襄阳六郡（襄阳府、郢、随、唐、邓等州、信阳军）的主张，并说：“恢复中原，此为基本。”奏议得到朝廷许可，但高宗又特别规定岳家军不得称“提兵北伐或言收复汴京”，只以收复六郡为限。

四月十九日，岳家军又重返民族战场，由江州向鄂州（今湖北武汉武昌）挺进。在从武昌乘船渡江北上时，岳飞情绪昂扬地对幕僚说：“飞不擒贼帅，复旧境，不涉此江！”

五月五日，岳家军直抵郢州城下。六日黎明时，岳家军向郢州发起总攻。战斗异常酷烈，岳飞坐在大纛下指挥，忽然有一大块炮石飞坠在他面前，左右都为之惊避，岳飞的脚却纹丝不动。士卒攀登云梯，奋勇攻上城墙。此战杀敌七千余人。

郢州收复后，分两路进军。张宪、徐庆分兵东向攻随州（湖北随州）；岳飞领军直趋襄阳，与伪齐主将李成（原为游寇）决战。李成见郢州一日便被攻破，再无勇气据守，仓皇逃遁。十七日，岳飞兵不血刃，凯歌入襄阳。五月十八日，牛皋便与张宪、徐庆合力攻下随州城，俘虏了五千伪齐军。16岁的岳云勇冠三军，手持两柄数十斤重的铁锤，第一个冲上城头。

岳飞出师大捷，震动了伪齐政权。刘豫急忙调集兵力，还请来金朝的“番贼”，与河北、河东的“签军”增援。李成得到增援，欲夺回襄阳府，率领号称三十万大军反扑，又遭大败。金将刘合孛堇领军与李成会合，集结于邓州附近，筑寨掘壕，意图遏制岳军北上。岳飞遣王贵等由光化路，张宪等由横林路，前去掩杀。七月十五日，王贵、张宪在离邓州三十余里的地方，与敌军数万接战。岳飞又分遣王万、董先军兵，出奇突击，敌军大溃。俘金将领杨德胜等二百余人，夺马二百余匹，衣甲不计其数。只有高仲带领残部逃入邓州，闭门坚守。七月十七日，岳飞军攻取邓城，将士不顾矢石，蚁附而上。一场血战，邓城终被攻克。斩杀金、伪军无算。岳云又是第一个登城的勇士。岳家军攻拔邓州，活捉了高仲。岳飞随即派遣李道前往唐州，于二十三日收复了唐州州城。王贵和张宪同时在唐州以北三十里处，再次击败金与伪齐联军，以掩护李道收复州城。同一天，信阳军也被攻克。

岳飞收复襄阳六郡的胜利，震动了宋廷。高宗接到岳飞的捷报后，对胡松年说：“朕虽素闻岳飞行军极有纪律，未知能破敌如此。”胡松年说：“惟其有纪律，所以能破贼。”岳飞因功除清远军节度使、湖北路荆、襄、潭州制置使，成为有宋一代最年轻的建节者。

岳飞克复襄汉是南宋头一次收复大片失地，且又攻取了原先由伪齐控制的唐州和信阳军，是南宋进行局部反攻的一次大胜利。

收复襄阳六郡后，岳飞奉诏移屯鄂州，临行以两千人守襄阳府和唐、

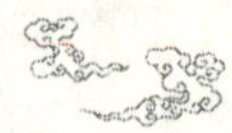

邓二州，一百五十人守郢州，二百人守随州。由于岳飞努力整顿防务，重视发展生产，襄汉地区终于治愈伪齐蹂躏和战争的创伤，成为南宋连结川陕，北图中原的战略要地。

绍兴六年（1136年）初，宰相兼都督诸路军马张浚于镇江府（今江苏镇江）召开军事会议，研究北伐中原。张浚命令岳飞进军襄阳，做好直捣中原的准备。

二月，岳飞到临安朝见，随后返回鄂州，积极做好进军襄阳的军事部署。不料在三月，年已古稀的岳母姚氏病逝。岳飞悲痛不已，目疾复发，他一面奏报朝廷，一面自行解职，扶母灵柩至庐山安葬。并接连上表，乞守三年终丧之制。

在朝廷再三催促下，岳飞忠孝难以两全，赶回军中，七月正式誓师北伐。岳家军兵分两路：一路往东北，由熟悉京西地理的牛皋统领，直奔镇汝军，牛皋早年在汝州鲁山县同金军作战，此时重返故地，精神抖擞，一战即攻克汝城，生擒伪齐守将薛亨，紧接着又乘胜攻克颍昌府，为这次北伐建立首功。另一路王贵、郝晸、董先等，向西北方向进军，在攻克卢氏县后，又西取虢略（河南灵宝），东下伊阳（河南嵩县），一路缴获粮食十五万石，降众数万。王贵在收复虢州后，又率军向西，力拔上洛、商洛、洛南、丰阳、上津五县，席卷了商州全境；杨再兴大败伪齐张宣赞人马，收复长水县（今河南洛宁县西南），直至洛阳西南的福昌（今河南洛宁县东北）。

岳家军北伐大捷，宋廷为此下诏嘉奖说："遂复商於之地，尽收虢略之城"，"长驱将入于三川，震响傍惊于五路"。收复商、虢等城后，岳飞向朝廷请示：如形势有利，将命王贵、牛皋两路合兵，自伊洛直渡黄河，与太行忠义民兵配合作战，收复河北失地。但他的进军计划没有取得朝廷支持，终因"孤军无援"和"以粮不济"，不得不退师鄂州。岳飞夺回商、虢等地，伪齐刘豫大为震惊。是年九月，刘豫调集三十万人马，号称七十万，向淮西发动进攻。高宗得报后，认为刘光世、张俊不足以守江淮防线，要调岳飞军沿江东下。诏书到达鄂州时，岳飞正苦于目疾。但他并未犹豫，立即向九江进发。赶到九江时，淮西战事已告结束。

完颜兀术看到岳飞移军东下，中线空虚，有可乘之机，便于十月底、十一月初与伪齐合兵，向襄汉地区发动猛烈进攻。岳飞接到多地的告急军情后，当机立断，调集精锐第三次出师北伐。

岳飞出师到达各地之前，部将寇成、王贵、秦祐等已多次打退敌军进攻。岳飞大军开到前线，给守城将士以极大鼓舞，军威更振。商州转危为安。襄汉战线也因岳飞大军的到来，敌军不战而退。岳飞又准备收复蔡州，因见州城防守严密，“势不可攻”，乃作罢。

按照朝廷“规模素定，必不徒行”的意旨，岳飞此时已顺利完成任务，加之所带军粮有限，便决定还师鄂州。岳飞军撤退的消息传到敌营后，李成果然立即布置追击。王贵率军退到白塔地方，李成亲率刘复、孔彦舟等十员大将，合力追来。王贵、董先率军迎击，经过激战，擒获伪齐将领数十人，俘数千人，马三千匹，衣甲器仗无计其数。敌兵尸体填满溪谷，拥坠入水而死者无算。

## 挥师北上，大败兀术

金太宗死后，完颜亶继承帝位，而军事首脑完颜粘罕（汉名宗翰）逐渐失势，于是年七月死去，完颜挞懒一派开始掌权。金趁刘豫借郦琼叛降出兵攻宋之机，将刘豫抓获，正式废除存在了八年的伪齐政权，并向宋廷呼吁和谈，条件是归还黄河以南故宋地，并放还高宗生母韦氏，归还已死的徽宗的梓宫。

高宗为“屈己求和”，进一步重用秦桧，并令其与金接通关系。韩世忠、岳飞对和议一事都表示坚决反对。岳飞在临安朝见时对高宗说：“夷狄不可信，和好不可恃，相臣谋国不臧，恐贻后世讥议。”高宗不听。

秦桧以宰相身份代表宋高宗跪在金使脚下，答应取消宋国号，作金的藩属，并每年纳贡，南宋与金的第一次和议达成。

绍兴十年（1140年）五月，发动政变掌权的完颜兀术废除对宋和议，亲统大军，以山东聂儿孛堇和河南李成为左右翼，取道汴京向两淮进军；右副元帅完颜撒离喝统率西路军，从同州（陕西大荔县）攻陕西。五月下旬，金军兵临顺昌（今安徽阜阳）城下，顺昌告急。宋高宗原不同意岳飞出兵，后恐顺昌有失，便命岳飞发兵救援。

岳家军在鄂州已整训三年，岳飞接诏后，立即派张宪、姚政率军东进，援救顺昌。未至顺昌时，刘锜已于顺昌之战中大败金军。六月下旬，当西线金军受阻，东线顺昌解围，局势稍有稳定，高宗便又命司农少卿李若虚向岳飞传达诏命，谕岳飞“兵不可轻动，宜且班师”。此时岳飞已率军开至德安（湖北安陆）。岳飞向李若虚陈述他恢复中原的谋略，李若虚素主抗金，他不顾矫诏之罪，主动支持岳飞北伐。

岳飞随即挥师北上，在六月、闰六月间，张宪的前军攻下蔡州，牛皋的左军在京西路连克鲁山等县城，统领官孙显也在蔡州和淮宁府之间打败金兵。张宪、傅选又大败金将韩常，顺利收复颍昌（今河南许昌）。牛皋、徐庆随后和张宪会师，继而收复了陈州。中军统制王贵所部也在闰六月底和七月初接连攻下了郑州和西京河南府（洛阳）。

与此同时，韩世忠部将王胜收复海州（江苏东海县东），张俊部将王德收复亳州。

岳飞联络北方民间抗金武装，实施“连结河朔”的策略已有十年，此次派往河北的李宝、孙彦、梁兴、董荣等义军首领负责在太行山区和河北、河东等路组织当地忠义民兵，在后方配合岳家军作战，北方许多州县的民间抗金力量也纷纷揭竿响应，截至七月初，曹、怀、卫、孟等州都被攻克。至此，岳飞所部和由他联络的各地忠义民兵，对兀术盘踞的东京已形成南、西南、西、西北、北、东北六面包围。

不意正值此时，朝廷诏命张俊撤出亳州移屯寿春，又下诏驻屯顺昌的刘锜向江南调移。岳飞接连上奏，请求友军支援，“伏望速降指挥，火速并进”，没有得到朝廷批准。

完颜兀术得知驻扎在郾城的岳飞兵马不多，用骑兵一万五千人直扑郾城，企图一举消灭岳家军的指挥中枢。七月初八，兀术与龙虎大王完颜突合速、盖天大王完颜赛里等，率领金军在郾城北与岳家军对阵。兀术用“铁浮图”为主力，正面进攻，左右翼又辅之以“拐子马”，都是金军的精锐部队。岳飞令其子岳云率背嵬军和游奕军骑兵迎战，往来冲杀，并派步兵用麻扎刀、大斧等，上砍敌军，下砍马腿，使“拐子马”失去威力，杀伤了大量金兵。

初十，金兵再犯郾城，岳飞在城北的五里店再一次大败金军。这时，兀术又调集了十二万大军屯于临颍县。十三日，杨再兴率兵出巡，在小商桥与金兵遭遇，竟以三百骑兵杀死了金兵两千多人，其中包括一百多名军官，杨再兴与所部全部英勇战死。第二天，张宪率兵再战，金兵只好退出临颍。

郾城之战后，金人不甘失败，七月十四日，兀术率十万步兵和三万骑兵攻颍昌。王贵、岳云分率精骑与金军战于颍昌城西。岳云以八百背嵬骑兵作正面攻击，步兵分左、右两翼，以抗金军骑兵。颍昌之战，岳家军“无一人肯回顾”，杀得“人为血人，马为血马”，大败金军，斩金军五千余人，俘士卒两千余人、将官七十八人，获马三千余匹。

兀术退还开封，接连的失利使他哀叹：“我起兵北方以来，未有如今日屡见挫衄！”金军大将韩常也不愿再战，派密使向岳飞请降。岳飞为大河南北频传的捷报所鼓舞，他对部属说：“今次杀金人，直捣黄龙府（今吉林农安），当与诸君痛饮！”

岳家军全线进击，包围开封。七月十八日，张宪与徐庆、李山等诸统

制从临颍县率主力往东北方向进发，又击败五千金军，追击十五里。同时，王贵自颍昌府发兵，牛皋也率领左军进军。

兀术以十万大军驻扎于开封西南四十五里的朱仙镇，希图再次负隅顽抗。岳家军北上距离朱仙镇四十五里的尉氏县驻营，作为“制胜之地”。岳家军前哨的五百背嵬铁骑抵达朱仙镇，双方一次交锋，金军即全军奔溃。兀术最后只剩下一条路，放弃开封府，准备渡河北遁。

## 十年之力，废于一旦

兀术正准备渡过黄河的时候，有个北宋时的太学生却要求进见，对兀术说：“太子毋走！京城可守也！岳少保且退矣！”兀术忙问：“岳少保以五百骑破吾精兵十万，京师中外日夜望其来，何谓可守？”太学生说：“不然，自古未有权臣在内，而大将能立功于外者！以愚观之，岳少保祸且不免，况欲成功乎？”

兀术经此人提醒后，决定暂不过河。而秦桧也早在暗中策划迫使岳飞撤军的事了。他们谋划的重要步骤是，让张俊从亳州退还寿春，命令韩世忠稳守淮东，不得继续前进，驻屯顺昌的刘锜远调江南太平州等。所有这些，都是为了置岳飞于侧面受敌、孤军无援的境地。就在郾城大捷捷报报上朝廷的时刻，秦桧串通张俊、杨沂中，策动并唆使谏官罗汝楫向高宗上疏，说：“兵微将少，民困国乏，岳某若深入，岂不危也。愿陛下降诏，且令班师。”

高宗遂降诏，令岳飞班师。

七月十八日，即张宪从临颍杀向开封之时，宋廷传来班师诏。岳飞鉴于当时完胜的战局，上书争辩，大略为："契勘金虏重兵尽聚东京，屡经败衄，锐气沮丧，内外震骇。闻之谍者，虏欲弃其辎重，疾走渡河。况今豪杰向风，士卒用命，天时人事，强弱已见，功及垂成，时不再来，机难轻失。臣日夜料之熟矣，惟陛下图之。"

隔了两三日，大军先锋已进抵朱仙镇，完颜兀术已逃出开封之时，岳飞却在一天之内接连收到十二道用金字牌递发的班师诏，诏旨措辞严峻：命大军即刻班师，岳飞本人去临安朝见。据学者王曾瑜考证，高宗发十二道金牌的时间，大约是在七月初十左右，即他得到七月初二克复西京河南府捷报不久。

岳飞接到如此荒唐的诏令，愤惋泣下："十年之力，废于一旦！"然而在朝廷高压钳制之下，岳飞不得不下令班师。百姓闻讯拦阻在岳飞的马前，哭诉说担心金兵反攻倒算："我等戴香盆、运粮草以迎官军，金人悉知之。相公去，我辈无噍类矣。"岳飞无奈，含泪取诏书出示众人，说："吾不得擅留。"于是哭声震野。大军撤至蔡州时，当地人民要求与部队一起行动，岳飞最终决定留军五日，以掩护当地百姓迁移襄汉。大军班师鄂州，岳飞则往临安朝见。北方忠义军孤掌难鸣，兀术回到开封，整军弹压，又攻取了被宋军收复的河南地区。岳飞在班师途中得知噩耗，不由得仰天悲叹："所得诸郡，一旦都休！社稷江山，难以中兴！乾坤世界，无由再复！"

岳飞回到行朝，不再像以往慷慨陈词，只是再三恳请朝廷解除其军职，归田而居。高宗以"未有息戈之期"为由不许。

绍兴十一年（1141年）正月，完颜兀术再度领军南下。二月，岳飞领兵第三次驰援淮西。这也是他最后一次参与抗金战斗。

# 天日昭昭，千古奇冤

绍兴十一年（1141年），金国在无力攻灭南宋的情况下，准备重新与宋议和。宋廷乘机开始打压手握重兵的将领，尤其是坚决主张抗金的岳飞、韩世忠二人。完颜兀术在给秦桧的书信中说“必杀岳飞，而后和可成”。

四月，张俊、韩世忠、岳飞三大将被调离军队，到临安枢密院供职。

五月，张俊在和岳飞巡视楚州韩世忠的军队时，暗中挑唆岳飞，欲一同分解此军，却遭岳飞严辞回绝。秦桧又欲陷害韩世忠，岳飞再次保全了韩。岳飞回朝后，即遭秦桧党羽万俟卨、罗汝楫的弹劾，诬蔑飞援淮西“逗留不进”、主张“弃守楚州”，要求免除岳飞枢密副使之职。八月九日，岳飞被罢枢密副使，充“万寿观使”的闲职，岳飞自请回到江州庐山旧居赋闲。

岳飞此时已无兵无权，但对他的迫害却仍在步步紧逼。在秦桧授意下，张俊利用岳家军内部矛盾，威逼利诱都统制王贵、副统制王俊先出面首告张宪“谋反”，继而牵连岳飞。

张俊私设公堂，对张宪严刑逼供，毫无结果之下，竟捏造张宪口供“为收岳飞处文字谋反”。岳飞在江州居留，为时甚短，就接到宋廷命令，召他回“行在”临安府。十月十三日，岳飞被投入大理寺（原址在今杭州小车桥附近）狱中，此前其长子岳云也已下狱。

岳飞义正词严地面对审讯，并袒露出背上旧刺“尽忠报国”四大字，主审官何铸见此，亦为之动容。何铸查得岳案冤情，如实禀告秦桧。秦桧却说："此上（高宗）意也！"另派万俟卨接审此案，万由于并无可以定案判刑的证据，"不知所问"，只好"哗言"讹诈岳飞有"异谋"，有致张宪的"书信"，但又快一月，仍然"无可证者"。在这种情况下，有人出主意可另加两条罪状：一条是说岳飞当年奉命增援淮西，可是"逗留不进"。尽管不符真实，但胡说一通是可以骗人的。第二条是说岳飞"指斥乘舆"，曾私下对部将们说："我三十二岁时建节，自古少有。"就是自比太祖三十岁做节度使，还说："国家了不得也，官家又不修德。"就是辱骂皇帝。因为皆属口说，可以无凭，随便找个人证明一下就行了。万俟卨大喜，命大理评事元龟年将这些并不确实可靠的材料"杂定之，以傅会其狱"，上报大理寺。

十二月十八日，大理寺接到审判的材料，开始研究如何量刑断案，由于证据不足，意见存在分歧。大理少卿薛仁辅认为岳飞无罪，寺丞李若朴和何彦猷认为最多判徒刑两年。他们反映给大理卿周三畏。周再报告给万俟卨，卨默不作声。周说："判刑应当依法，我岂能吝惜这顶大理卿帽子呢？"可是，万俟卨根本不听这些反对的意见，仍然以"岳飞私罪斩，张宪私罪绞，岳云私罪徒"定案，上报高宗，请"圣旨裁断"。

当时朝廷内外对岳飞一案十分震惊，许多具有正义感的官员，纷纷出面进行营救。宗室首领齐安郡王赵士褭上书说："中原未靖，祸及忠义，是忘二圣不欲复中原也。臣以百口保飞无他。"南剑州（今福建南平）布衣范澄之上书说："胡虏未灭，飞之力尚能戡定，岂可令将帅相屠，自为逆贼报仇哉！"还有进士智浃、布衣刘允升也上书为岳飞鸣冤。这时已罢官闲居的韩世忠，本已杜门谢客，绝口不谈政事，但实在无法平息愤懑的心情，还是去质问秦桧，有什么根据说岳飞谋反？秦桧回答说："飞子云与张宪书虽不明，其事体莫须有？"他蛮不讲理地认为，尽管岳云给张宪的书信找不到了，难道这个事就没有吗？我看是或许有的，可能有的。韩世忠见他硬把无理说成有理，只好怫然说道："相公，莫须有三字，何以服天下乎？"

高宗和秦桧既然决心与金人讲和，就必须满足金人的条件杀掉岳飞。这既除掉了妨碍自己的绊脚石，又杀鸡给猴看，警告拥有军权的武将们必须顺从，使自己的统治基础得到加强和巩固，又何乐而不为呢！于是不顾众人的反对，一意孤行，在这年的除夕，下达了“岳飞特赐死，张宪、岳云并依军法施行”的圣旨。

当天，大理寺的执法官遵旨来到狱中，逼岳飞在供状上画押。岳飞知道最后的时刻到了，他想到自己一生尽忠报国，光明磊落，问心无愧；现在无辜被害，老天有眼，终有昭雪的一天。便镇定自若地提起笔来，在供状上写下了八个大字：“天日昭昭！天日昭昭！”

岳飞的死讯传出，百姓们都为之哭泣；消息传到金国，金国大臣们为此酌酒庆贺，并说：“和议自此坚矣！”

岳飞被害后，狱卒隗顺冒险将岳飞遗体背出杭州城，埋在钱塘门外九曲丛祠旁。隗顺临终前，始将此事告知其子。绍兴三十二年（1162 年）宋孝宗即位，岳飞冤狱终于平反。隗顺之子告以前情，乃将岳飞依礼改葬在西湖栖霞岭。1178 年，宋廷为岳飞追赠谥号“武穆”，宋宁宗时追封为鄂王，理宗时改谥忠武。

# 17. 隆兴北伐：空有壮志却难酬的孝宗赵昚

## 爱“管闲事”的太上皇

金主完颜亮南侵渡江前后，宋高宗一面下诏表示要亲征，一面早早准备好南逃的舟船，打算故伎重演。其时，南宋朝野的抗金斗志前所未有的高涨。而金朝南有中原民众的反抗起义，北有契丹族移剌窝斡的反叛起事，金世宗登基后政权尚未稳固。虞允文向宋高宗指出，当前正是我朝恢复中原的天赐良机，他只冷冷地回答：“朕知道了，你且去罢。”

在确知金主完颜亮被杀以后，绍兴三十一年（1161 年）岁末，高宗才命皇子赵玮随他一起北上建康（今江苏南京），象征性地完成“御驾亲征”的壮举。在随驾过程中，赵玮协助处理朝章奏疏，恪尽臣子之道，赢得了随驾群臣的普遍赞誉。

高宗看到了这种微妙的人心转向，金主完颜亮毁约南侵早使他的求和政策丢尽了脸面，绍兴三十二年二月返回临安，五月，他就下诏宣布决定禅位，正式立赵玮为皇太子，改名赵昚。他对宰执声称：“今老且病，久欲退闲。”而实际上，他退位后还活了二十五年，禅让这年仅五十六岁，身体十分健康。

赵构退位后，声称不再问朝政，其实也干预些政事。有一天，他去

灵隐寺冷泉亭喝茶，有个行者对他照料得很殷勤，他打量了一番行者说：“我看你的样子不像个行者。”行者哭着诉说道：“我本是一个郡守，因为得罪了监司，被诬陷降罪，罚为庶人。为了糊口，只得来此处投亲，干此贱活。”赵构当即说：“我明天替你去向皇帝说明。”回宫后他果真对孝宗讲了，要复他的职。几天后他再去冷泉亭，见行者还在，他回宫后在宴饮时便怒容满面。孝宗小心翼翼地问赵构为何生气，赵构说：“我老了，没人听话了，那行者的事，我几天前就同你讲了，为何不办理？”孝宗回答说：“我昨日已向宰相讲起，宰相一查，说此人贪赃枉法，免他一死已是宽大，再要复职实在不行。”赵构却不顾这些，说：“那叫我今后怎么再见人，我已经答应他向你求情。”孝宗无奈，只得去对宰相说：“太上皇大发脾气了，那人即使犯了谋杀罪，你也得给他复职。”宰相只得照办。

比较而言，赵昚在南宋的九个皇帝之中还算是个拔尖人物，他不仅比较能干，而且比较正直，所作所为，并不令人失望。只可惜他的人生道路坎坷不平，虽然在改革内政、发动北伐两个方面都尽心尽力，做出了不少成绩，最后还是壮志难酬，未偿宿愿。因为他做皇帝一共 27 年，却有 25 年生活在赵构的阴影之下。赵构虽然把帝位传给了他，但是还以太上皇的身份在各方面控制着他，老而不死、退而不休。他始终没有真正抓到实权。等到赵构去世，他也到了老年，要想有所作为，可惜时日无多，来不及了。

南宋初年那一段时间，正合民间谚语所说的两句话“好人不在世，祸害一千年”。凡是对国家中兴能够起到重要作用的文官武将寿命都不长久，使人无限遗憾；但是一直阻碍国家中兴的卖国贼赵构却肥头大耳地活到八十多岁，这是什么原因？其实道理也很简单，凡是忠于国家的文官大都殚精竭虑，宵旰为劳，可以说是累死的。例如宗泽，他如果能够多活一两年，王师一旦渡河，两河百万民兵纷纷响应，失地可以收回，国家复兴有望，可惜他却出师未捷身先死，常使英雄泪满襟，他也可以说是被赵构气死的。凡是忠于国事的武将大都冲锋陷阵，勇往直前，正在青壮年时期就战死在战场上。至于39岁即一身系天下安危的岳飞，却是由赵构直接害死的。他如果能够多活几年，还我河山，洗雪国耻，是很快就可以实现的事。所以他在东京城下被逼班师的时候，会愤激地高呼："十年之力，废于一旦！"只有赵构这种极端自私的人，时时牺牲别人，专保自己的命，才能活到八十多岁。

赵构和赵昚名义上是父子关系，实际上是养父子关系。从表面上看，两人关系不错。赵构从许多赵氏子孙中选择赵昚当了接班人，以后又把他养在宫中二十多年，延请名师加以培养，一直到禅位给他。无论从哪一方面来说，赵构都是赵昚的大恩人。赵昚对于这个养父，也能恪尽孝道，没有一丝一毫失礼的地方。所以后来人把他谥为孝宗，却也名副其实。不过他们二人之间，既是亲人，又是敌人。因为在一个重大问题上，他们之间的立场、态度都不一样。赵构是坚定的投降派，赵昚是坚定的抗战派。在他们父子相处的几十年中，凡是谈到国家大事，涉及抗金问题，那就难免发生矛盾。虽然表面上总是赵昚认错，无亏于孝道；实际上是矛盾越积越深，互相之间总在打肚皮官司。就在这父子两人大打肚皮官司的过程中，一次又一次地错失了复兴祖国的大好时机，最后一事无成。

## 来之不易的皇位

赵昚是宋太祖赵匡胤的七世孙，寿王赵德芳的六世孙，生于秀州（今嘉兴）。因为赵匡胤传位给弟弟赵光义，从此以后，当皇帝的从宋真宗赵恒直到南宋的高宗赵构，全都是太宗的子孙，太祖的子孙完全没有机会。

赵昚被赵构养在宫中二十多年，一直没有确立太子的身份。这有两个

原因：一是赵构一直在尽力医治自己那个不育症，总希望有朝一日能够有个亲生儿子来继承帝位；二是秦桧和他手下的那批投降派始终从中作梗。秦桧自己的儿子秦熺是个无能之辈，他看赵昚聪明能干，唯恐将来秦熺对付不了赵昚，保持不住相位，就一再出坏主意，建议赵构对接班人一选再选，总想挤掉赵昚。君臣二人在选太子的问题上勾心斗角，各有各的打算。赵构希望选个聪明能干的，秦桧希望选个庸碌无能的。从幼童到成人，赵昚通过二十多年的多次挑选，终于突破重重难关，坐上了帝位。

在幼童时代的竞争中，赵昚以他的沉静而不浮躁而引人注目，打败了那些逗猫惹狗的顽童，进入了皇宫。在少年时代的竞争中，赵昚以他读书的过目不忘与应对进退的彬彬有礼压倒了他的对手赵琢。虽然赵构自己荒淫无度，但是他却不愿自己的接班人也荒淫无度，所以才为已经成年的两个候选人出了一道很厉害的考题，那就是对赵昚、赵琢两人各赐十名美人作为侍女。赵昚的师傅史浩对赵昚敲响了警钟，他说："这是对你的一次重要考验，你要经得起考验才行。这些美人都是伺候过皇上的，你也不用管她们和皇上有什么关系，对她们尽量尊重，以对庶母之礼对待，绝对不会有错。"果然，不久之后，赵构把这二十名美人召回，一一询问和检查，发现赵琢和那十名美人全都有了说不清的关系，而赵昚对这十名美人则是彬彬有礼，秋毫无犯。赵构十分高兴，随即拍板，决定立赵昚为太子。

赵构把赵昚一直养在宫中，养到三十多岁还不肯立为太子。这时候为什么一下子就想通了，这中间还有个不可告人的目的。那就是当时的金兵一再南侵，虽然依靠许多忠勇将士抵挡了一阵，他总担心一旦抵挡不住，金兵打过江来，他就会像父兄一样，再当俘虏。他已造好了几百艘大船，准备在情况紧急时可以下海逃命。但是这个皇帝的名义是个包袱，有了这个名义他就不能先走。如果他丢下臣民不管自己先去逃命，别人就可能乘机推翻他。倒不如学一学他父亲赵佶的办法，早日禅位给太子，到时候自己可以逃命；以后形势好转，他还可以回来当太上皇，依然掌握实权，决定国家大事；如果形势恶化，他就可以驾着大船一直逃到海外去，而由新皇帝来为自己当替死鬼。他于1162年5月底册立了太子，6月就进行禅位，自己当了太上皇。他在退位之前，已经做好了屈膝和谈的一切准备，起用秦桧余党汤思退任宰相，并且下诏撤销专为抗金而设立的招讨司，从各方面捆住赵昚的手脚，不许他放手抗金。

赵昚即位后，当时著名史学家李焘在《续资治通鉴长编》一书中有意记录了赵光义谋杀太祖父子三人的蛛丝马迹，让其流传后世。赵昚知道自己是太祖后代，也理解民间一直有同情太祖子孙仇视赵光义的心理，亲自审阅书稿时就对李焘的记载抱支持与认可的态度，让赵光义的劣迹永远流传后世。赵构对此当然有所察觉，但是不便说明，因为他是赵光义的子孙，一旦明说，引起争论，会把赵光义的丑事揭得更多，反为不美。这样的事，只好打肚皮官司。又如赵昚对岳飞非常推崇，在他未成年时，岳飞曾经来见过他，和他有过一次长谈，还引起过赵构的怀疑。岳飞被害时，他才十四五岁，心中非常不满。对于赵构，因为是义父，不便正面指责，对于秦桧，就少了一层顾虑，每每在议事时不客气地加以贬斥。秦桧也把他当作眼中钉，曾经多方活动，想把这个接班人拉下马来，只因为有很多正直的官员在力保他，赵构自己也以立了太祖之后能够顺应民情，有讨好臣民的作用，不能轻动，才没听秦桧的话。在给岳飞平反这件事情上，虽然是赵构所同意，但是赵构只是在金兵重新南侵的时候，迫于舆论的压力，不能不同意做有限度的平反，好给前线将士一个交代。但是赵昚在自己即位后，就大张旗鼓地给岳飞平反，完全超出了赵构所划定的范围，对岳飞评价之高，前所未有，对因受岳案所牵连的人员一一官复原职，慰勉有加。他的这些做法赢得了老百姓一片喝彩之声，给自己带来很高的威望。对岳飞评价很高，也就相对地贬低了谋害岳飞的赵构与秦桧，当然为赵构所不满，这是父子两人大打肚皮官司的又一项重要内容。

## 隆兴北伐和隆兴和议

孝宗是南宋最想有所作为的君主，也是南宋唯一志在复国的君主。他一即位，就召主战派代表张浚（非陷害岳飞之张俊）入京，共商复国大计，任命他为江淮宣抚使。高宗很不以为然，对孝宗说："毋信张浚虚名，将来必误大计，他专把国家名器财物做人情！"对孝宗的恢复大计也大泼冷水道："等我百年以后，你再筹划这事吧！"但孝宗起用张浚、准备抗金的决心已定，向朝臣公开说："朕倚魏公如长城，不容浮言摇夺！"隆兴元年（1163 年）正月，他任命张浚为枢密使，都督江淮军马，史浩升为右相，当时左相是陈康伯。

史浩是孝宗潜邸老师，他在孝宗走向皇位的途中起过不小的作用，号称智囊，因而颇受尊重。但在对金问题上，他却是个安于现状的主和派，对孝宗锐意北伐始终持反对态度。当时，西线吴璘在金主完颜亮南侵时不仅成功抵挡了金军的攻势，还攻占了原所属北宋的十六个州，收复失地之广前所未有。但史浩却以孤军深入为理由，让孝宗下诏命令吴璘退兵保蜀，不仅使十六州得而复失，而且使撤退的宋军在金军的反攻下伤亡两万余人。孝宗知道真相后大呼"史浩误我"，再授权吴璘得以自行决定进退，但已机会难再了。在东线，史浩也主张放弃两淮，固守江南，因张浚抵制，才未实行。

大约到金大定二年（1162 年）岁末，金世宗立足已稳，他做过与宋讲和的努力，但遭到了拒绝，便派仆散忠义为都元帅坐镇开封，统一指挥黄河以南的各路金军，对南宋实行以战迫和的政策。冬去春来，金军更加紧了南攻的准备，大将纥石烈志宁进兵灵壁（今属安徽），同时致书张浚，以战争相威胁。

在这种态势下，南宋朝廷中和战两派也不得不摊牌。张浚主张孝宗北上建康督战，下诏出师北伐。他指出：中原久陷，今不规复，其他豪杰必起而取之。史浩则针锋相对地反驳：若中原真有豪杰却不能亡金，正证明金人统治的稳固，未可贸然出兵。和战双方辩论多日，孝宗最终决定北伐。

隆兴元年四月，为了防止主和派的反对，孝宗绕过三省与枢密院，直接向张浚和诸将下达北伐的诏令。高宗闻讯，急召孝宗企图迫使他收回成命，孝宗沉默不语表示拒绝。史浩因宰相不得与闻出兵大事愤而辞相，孝宗同意他出知绍兴府。史浩主张放弃陕西与两淮确是馊主意，但反对草率北伐仍有可取之处。

张浚接到北伐诏令后，星夜赶回建康，调兵八万，号称二十万，一路由李显忠率领取灵壁，一路由邵宏渊指挥攻虹县（今安徽泗县）。李显忠原是陕西骁将，一家二百余口遭金军杀害，后辗转至临安，因力主抗金而被秦桧贬官削职，金主完颜亮南侵时才被起用，被张浚视为干将。五月，李显忠顺利攻克灵壁，而邵宏渊久攻虹县不下，还是李显忠派灵壁降卒前去劝降，虹县守将才放弃抵抗。

邵宏渊争强好胜，对虹县战功不出于己深以为耻，恰巧他的士兵抢了金朝降卒的佩刀，被李显忠斩首示众以儆效尤，因而对李显忠憋了一肚子气。李显忠建议邵宏渊乘胜进攻宿州（今安徽宿县），邵宏渊酸溜溜地说：“你可真是关西将军啊！”见对方不予呼应，李显忠只得独率己部发起进攻，城破，双方展开激烈的巷战。这时，邵宏渊才投入战斗。攻下军事重镇宿州的消息，令孝宗与张浚大受鼓舞，指示他们扩大战果。

但前线两将的矛盾却趋于激化。孝宗升李显忠为淮南、京东、河北招讨使，邵宏渊为副使，他耻居李下，向张浚表示拒绝接受李显忠的节制。张浚迁就了他的无理要求，使他更有恃无恐。他提议将宿州府库中的钱帛

全部拿来赏赐给士兵，李显忠只同意每三个士兵赏一千钱，却放纵自己亲信部曲恣意搬取。其时南宋军队都是吃饱拿足的骄兵悍将，一经挑唆，拒绝受赏，人心立时浮动。

金将纥石烈志宁率先头部队万余人来攻宿州，被李显忠击败。但金军十万主力随即赶到，李显忠奋力苦战，邵宏渊不仅按兵不动，还对部众大讲风凉话："这大热天的，摇着扇子还不凉快，何况在大日头下披甲苦战呢！"于是，军心溃散，无复斗志。

入夜，邵宏渊部中军统制周宏自为鼓噪，扬言金军来攻，宋军不战自溃。金军乘虚攻城，李显忠杀敌两千余，终于独力难支，浩叹道："老天未欲平中原耶？何苦阻挠如此！"遂率师而退，行未多远，宋军就全线崩溃，军资器械丧失殆尽。所幸金军不知底细，不敢贸然追击，宋军才在淮河一线稳住了阵脚。宿州旧郡名符离，故史称这场溃败为"符离之溃"。

符离之败使宋金交涉向不利于南宋一方的倾斜，也使南宋主和派有了发难的把柄。张浚不得不提出辞呈，好在孝宗还不想立即放弃北伐计划，他给张浚回信说："今日边事，倚卿为重，卿不可畏人言而怀犹豫，前日举事之初，朕与倾任之，今日亦须与卿终之。"张浚降为江淮宣抚使，部署两淮防线，抵挡金军南下。

符离之败对孝宗北伐雄心的打击是沉重的，他也发现恢复大业不可能在短期内实现，开始在和战之间摇摆不定。六月，孝宗让主和派代表汤思退复出，不到一月，就让他担任右相。与此同时，主战的张焘、辛次膺和王十朋等相继出朝。八月，孝宗恢复张浚都督江淮军马的职务，同时采纳汤思退的建议，派淮西安抚使干办公事卢仲贤前往金军大营议和。

十一月，卢仲贤带来了金军统帅仆散忠义致南宋三省与枢密院的函件，议和条件为：宋帝与金帝改为叔侄关系，宋朝归还被占的海、泗、唐、邓四州，归还降宋的金人，补纳绍兴末年以来的岁币。

南宋朝廷的和战双方再次展开激烈辩论，最后太上皇高宗出面为主和派撑腰，孝宗才决定继续遣使议和。十二月，陈康伯因病辞去相位，向

孝宗推荐张浚自代。但太上皇指令让汤思退升为左相，地位在右相张浚之上，以为牵制。尽管如此，主战派仍自觉实力大增。

隆兴二年正月，金帅仆散忠义再次来函，要价太高，口气忒硬。孝宗在主战派的鼓励下，将卢仲贤以擅许四州的罪名除职，编管郴州，改派胡昉出使金营，表明宋朝拒绝归还四州，否则将中止和议。和议陷入僵局。孝宗命张浚视师两淮，全力备战，准备与金军一决雌雄。

张浚招徕山东淮北的忠义之士万余人，补充建康、镇江的正规军，增修两淮城堡工事，添置江淮战舰，随时奉命待发。汤思退及其同党百般攻击张浚，污蔑他“名曰备守，守未必备，名曰治兵，兵未必精”。孝宗最终屈从了主和派的压力，四月，召张浚还朝，罢去了他的相位。四个月后，张浚死在离京途中，遗嘱说：“我曾任宰相，不能恢复中原，雪祖宗之耻，死后不配葬在祖宗墓侧，葬在衡山下足矣。”

张浚是南宋前期主战派重要代表，但从富平之战与隆兴北伐来看，他在军事上的全局决策是并不成功的，其中固然有当时宋军素质与双方力量对比等客观原因，但其志大才疏而急于求成的个人因素，也是无可讳言的。王夫之批评他“志大而量不弘，气盛而用不密”，可谓知人之论。他的遗言倒是真情实话，道出了自己的终生遗憾。总之，他一生坚持抗金，虽受秦桧迫害而不改初衷，终究是值得肯定的历史人物。

张浚罢相，汤思退独相达半年之久，孝宗已倒向了主和派。六月，孝宗命湖北京西制置使虞允文放弃唐、邓二州，虞允文拒绝执行，被撤职降知平江府。七月，海、泗二州宋军撤戍。九月，孝宗命汤思退都督江淮军马，杨存中以副都督协助对军事一窍不通的汤思退。

汤思退与金人暗通声气，要求金军重兵迫和。十月，仆散忠义挥师南下，由于主和派主动撤防，金军轻而易举地突破宋军的两淮防线。十一月，楚州、濠州和滁州相继失守，长江防线再度告急。汤思退主张干脆放弃两淮，退守长江，尽快与金议和。

这时，孝宗听到使金回朝的魏杞报告说金人议和要价贪得无厌，便激

愤地表示：有以国毙，也不屈从。抗金呼声再度高涨，太学生甚至准备伏阙进谏。十一月，孝宗罢免汤思退，将其流贬至永州居住。太学生张观等七十二人上疏请斩汤思退及其同党王之望等，汤思退在流贬途中闻讯，忧悸而死。

在罢免汤思退的同时，孝宗重新召回因病出朝的陈康伯，任命他为左相，以主持大局。但宋朝在军事较量上一再处于劣势，孝宗不得不再派王抃为使者赴仆散忠义的大营，表示愿意议和以换取金人的退兵。金朝见以战迫和的目的基本达到，便停止进攻，重开和议。

经过使节尊俎折冲，岁末终于达成和议条款：宋金世为叔侄之国；“岁贡”改为“岁币”，银绢各为二十；南宋放弃所占的海、泗、唐、邓、商、秦六州，双方疆界恢复绍兴和议时原状；双方交换战俘，但叛逃者不在其内。

与绍兴和议相比，南宋在隆兴和议中的地位有所改善。南宋皇帝不再向金朝称臣，岁贡改为岁币，数量也比绍兴和议减少五万，这是金朝最大的让步；而南宋在采石之战以后收复的海、泗等六州悉数还金，则是宋朝最大的让步。

双方的让步都是基于一种新的政治地缘的实力平衡，金朝的让步是出于内部的不够稳定，宋朝的让步是出于兵戎相见时太不争气。离开这点，空谈和议是否平等或屈辱是意义不大的。

隆兴和议以后，宋金关系再度恢复正常，直到开禧北伐才试图再次打破这种地缘政治的均衡状态。而隆兴和议到开禧北伐的四十年间，对宋金双方来说，都是社会经济发展的最好时期。

# 18. 混乱时代：庆元党禁与开禧北伐

## 宋朝出了个疯皇帝

淳熙十四年，赵构病死于临安行在的德寿宫，时年八十一岁，谥号圣神武文宪孝皇帝，庙号高宗。

对高宗的死，孝宗表现出深切的悲痛。他一反君主守丧以日代月的旧规，坚持要为太上皇守三年之丧。其中虽有尽孝报恩的因素，但最关键的还是他对朝政已深感倦劳，不再是隆兴初政时那个雄心勃勃的宋孝宗。

淳熙十六年初，孝宗正式禅位给皇太子，此即宋光宗。据推测，孝宗之所以决意退位，另一原因是这年正月，金世宗的皇太孙完颜璟即位，此即金章宗，而按隆兴和议，年过花甲的孝宗得尊年仅二十来岁的金章宗为叔叔，这是其强烈自尊心所无法接受的。禅位以后，孝宗改高宗原先退居的德寿宫为重华宫，移住其中也当起了太上皇。他期望光宗也像自己对待高宗那样，让他颐养天年。

光宗即位次年，改元绍熙。光宗皇后李凤娘，是庆远军节度使李道的次女，由术士皇甫坦推荐给高宗，聘为恭王妃。她生性嫉妒，容不得太子身边宫女的增多，一再到高宗与孝宗夫妇面前告状，孝宗让她学点后妃之德，同时警告她："如果只管与太子争吵，宁可废掉你！"

光宗即位，李氏成为皇后，越发肆无忌惮。面对强悍的妻子，懦弱的

光宗既惧怕又无可奈何。一次，光宗洗手时见端着盥盆的宫女双手细白，不禁喜形于色，不料被皇后看在眼里。几天后，李后派人送来一具食盒，光宗打开一看，里面装的竟是上次那个端盆宫女的双手。一个宫女因为手白而得到光宗的好感，李氏尚且不能容忍，对于光宗宠爱的妃嫔，她更是必欲除之而后快。

光宗还在东宫时，高宗曾赐给他一名侍姬黄氏，光宗即位后晋为贵妃，备受光宗宠爱，李后自然妒火中烧，她趁光宗出宫祭祀之机，虐杀黄贵妃，然后派人告诉光宗说黄贵妃“暴死”。光宗明知是皇后下的毒手，但惊骇伤心之余，除了哭泣，连质问皇后的勇气都没有。事也凑巧，次晨祭天时猝不及防发生了火灾，转瞬间大雨冰雹劈头而下，虽没把光宗烧死，但突如其来的打击与祭祀时发生的一连串怪事，直接导致光宗的精神彻底崩溃。

光宗即位后病情时好时坏，无法正常处理朝政，这正中皇后李氏下怀。从绍熙三年开始，“政事多决于后”，大权旁落李氏之手。然而，她既无兴趣也无能力参决朝廷大政，权力对她而言，最大的作用就是可以为娘家大捞好处。她封娘家三代为王，侄子孝友、孝纯官拜节度使，一次归谒家庙就推恩亲属 26 人，172 人授为使臣，下至李家门客，都奏补得官。李氏外戚恩荫之滥，是南宋建立以来所没有的。李氏家庙也明目张胆地僭越规制，守护的卫兵居然比太庙还多。李后一门获得的显赫权势、巨额财富，无疑都是其患病的丈夫光宗所赐。

李氏只生有嘉王赵扩一人，立为太子，本是顺理成章之事，但却受到孝宗的阻挠。可能是因为嘉王天性懦弱，孝宗认为其不适宜继承皇位，相比之下，魏王赵恺的儿子嘉国公赵抦生性聪慧，深得孝宗喜爱。当初光宗取代了二哥赵恺，成为太子，如今孝宗却宠爱赵恺之子，不同意将嘉王立为储君，无形中加深了光宗心中对孝宗本就存在的猜忌，让光宗时时感到恐惧和不安。在他看来，父亲似乎不仅对嘉王的太子地位，甚至对自己的皇位，都是潜在的巨大威胁。在别有用心的李后和宦官们不断离间挑拨下，这种恐惧感逐渐成为光宗心中挥之不去的阴影，其心理和精神压力越来越大，终于导致

了无端猜疑和极度偏执的症状。他视重华宫为畏途，不再定期前去问安，尽可能躲避着孝宗。天子孝行有亏，臣子劝谏责无旁贷，而臣僚们的这些言行更激起光宗的固执与疑惧，终于引发历时数年的过宫风波。

光宗病情不断加重，皇后李氏负有不可推卸的责任。她生性妒悍，又有着强烈的权力欲。一方面，她独霸后宫，不允许任何女人与她争宠，光宗对此只能忍气吞声，抑郁不乐；另一方面，她视孝宗夫妇为她皇后地位的最大威胁，想方设法离间孝宗、光宗父子，在很大程度上加剧了光宗的病态心理。

绍熙五年初，太上皇逐渐病重，起居舍人彭龟年叩首苦谏光宗过宫探病，额血渍红了龙墀，也没能感动他。从太上皇犯病到去世，他竟一次都没有去过北内。个别得睹“天颜”的大臣不敢说出病相，无缘得睹“天颜”的士庶军民却被光宗的所作所为所激怒。叶适建议宰相留正将光宗病状遍告群臣，免得不明真相的老百姓“轻议君父”，留正却以为人臣决没有对皇帝说“你有病”的道理，听任人心浮动，政局动荡。

六月，孝宗去世，光宗拒绝出面主丧。大丧无主，是前所未有的人伦大变，社会变乱随时可能发生。宰相留正与知枢密院事赵汝愚率群臣拉住光宗泣谏，衣裾为裂也无济于事，朝臣们都手足无措。

高宗皇后吴氏自高宗死后一直与太上皇孝宗同住重华宫，她年已八十岁，却能处变不惊，命宰执赴重华宫发丧。留正、赵汝愚请她以太皇太后之尊垂帘听政，她不愿背上女主干政的恶名，只同意代行祭奠礼，并向外宣布“皇帝有疾，可在南内服丧”，以保住朝廷体面，平息朝野义愤。

这种局面不能长久继续，留正便奏请立储，岂料光宗在这一问题上也出尔反尔，先是斥责留正“储位一建就会取代我”；继而御批“历事岁久，念欲退闲”，却又不明确指示究竟立储还是禅位，让宰执无所适从。留正迷信自己流年不利，在一次上殿时扭伤了脚脖子，误以为不祥之兆，光宗给他的御批中又有语意含混的责备语，他便撇下了棘手的政局，乘上肩舆逃遁出城了。

这一消息更令朝臣都民惊骇惶恐。工部尚书赵彦逾以山陵使来向赵汝

愚辞行，建议他当机立断，根据“念欲退闲”的御笔，出来主持大计，成就上天赋予的一段事业。赵汝愚被说得忘情，脱口道：“是啊，几天前梦见孝宗授我汤鼎，背负白龙升天。”二赵计议已定，赵彦逾去做殿帅郭杲的工作，以取得宫禁卫队的支持，这是专制君主制下宫廷政变的关键。赵汝愚让知阁门事韩侂胄去打通太皇太后吴氏这一关，没有她的首肯就名不正言不顺，韩侂胄是名臣韩琦的曾孙，其母与吴氏是亲姊妹，其妻是吴氏的侄女。不过，韩侂胄平时也不能随便见吴氏，他托人传语，吴氏传语赵汝愚“要耐烦”。但局面不容一拖再拖，赵汝愚让他再去提议内禅。韩侂胄进退无路，走了原重华宫领班内侍关礼的路子。关礼声泪俱下地向吴氏哭诉局势的严重，吴氏终于传谕赵汝愚，决策内禅。

次日，是孝宗大丧除服的日子。嘉王赵扩由王府直讲彭龟年陪同，在军队护卫下来到北内。赵汝愚则先命殿帅郭杲率卫士赴大内请来传国玉玺，自己与其他执政率群臣也来到北内孝宗灵柩前，向垂帘听政的太皇太后吴氏建议立储传位。

吴氏命赵汝愚宣布皇子嘉王即皇帝位，尊光宗为太上皇帝。嘉王听了，绕着殿柱逃避不止，连说“做不得”，吴氏大声喝令他站定，亲自取过黄袍给他穿上。

嘉王在韩侂胄、关礼的挟扶下侧坐在御座上，仍自言自语道：“我无罪。恐负不孝之名。”赵汝愚早率群臣跪拜了新君，他就是宋宁宗。次日，吴氏撤帘还政。在她的主持下，南宋王朝度过了一次皇位传承的危机。

宋光宗此时对政权交接尚蒙在鼓里。当他知道后，长期拒绝接受宁宗的朝见，依然住在皇宫之中，不肯搬到为太上皇预备的寝宫里。他对于失去皇位的担心终于应验，病情因此又加重了。与他一同失势的李氏一反常态，对光宗不再像以前一样咄咄相逼，反而有同病相怜之心。她唯恐触动光宗脆弱的神经，常以杯中之物来宽解光宗心中的郁结，还反复叮嘱内侍、宫女，不要在光宗面前提起“太上皇”和“内禅”等敏感字眼。

庆元六年八月庚寅日（1200 年 9 月 16 日），光宗患病，八月辛卯日

（9 月 17 日），光宗在寿康宫去世，享年五十四岁，后葬光宗于永崇陵。十一月丙寅日，上谥号宪仁圣哲慈孝皇帝，庙号光宗。

## 驱朱逐赵，掀庆元党禁

韩侂胄是北宋名臣韩琦的曾孙，母亲是宋高宗吴皇后的妹妹。娶吴皇后的侄女为妻，无子，侄孙女是宋宁宗的恭淑皇后。凭借这双重身份，韩侂胄走入官场。几年后，官至汝州防御使，知阁门事，正五品。

绍熙五年（1194 年），他与宗室赵汝愚等人拥立宋宁宗赵扩即皇帝位。

韩侂胄自以为在这次行动中立了大功，加之还有个外戚的身份。哪知赵汝愚根本看不起他，说："吾宗臣也，汝外戚也，何可以言功？惟爪牙之臣，则当推赏。"

赵汝愚这话说得冠冕堂皇的，我是宗室，你是外戚，做这个事儿，本来就是我们分内事，还谈什么功劳？

韩侂胄当时听了这话，心里当然不会舒服。

宁宗即位后，韩侂胄任枢密院都承旨，传达诏令，得到宁宗和韩皇后的信任，又得到朝中抗金主战的官员的支持，其中的有力人物是参知政事京镗。京镗在宋高宗死时出使金朝，曾叱退金朝全副武装的卫兵，要求金朝撤除音乐（表示哀悼）。宋孝宗称赞说："士大夫（指儒生）平时都以节义自许，有能临危不变，像京镗这样的么！"京镗执政，支持韩侂胄，和赵朱集团形成对立。

收拾政敌的机会终于来了，让韩侂胄有机可乘的，是朱熹。

朱熹是宰相赵汝愚集团的人，被推举为宁宗的侍讲。朱熹初次见宁宗，就进讲正心诚意、人欲天理的道学。任侍讲后，进讲《大学》。旧制：单日早晚进讲，双日休息。朱熹却不分单双日和假日，每天早晚进讲。借着给皇帝讲书的机会，多次进札，对朝廷政务多加论议。朱熹又和吏部侍郎彭龟年弹劾韩侂胄，并在进讲时说宁宗被左右的人（指韩侂胄）窃取权柄。

韩侂胄正和皇帝打得火热，朱熹还没有把《大学》讲完，就被宁宗下诏免去了侍讲，对朝臣说："朱熹所言，多不可用。"赵汝愚拜谏，陈傅良、刘光祖、邓驿等纷纷请求留朱熹在朝，都被宁宗拒绝。彭龟年上书攻击韩侂胄，说："陛下近日逐得朱某太暴，所以也要陛下逐去此小人。"彭龟年被贬官出朝。

由此，赵汝愚与韩侂胄之间矛盾公开化。庆元元年（1195 年）二月，右正言李沐上言：赵汝愚"以同姓居相位，将不利于社稷"。赵汝愚罢相出朝，又被劾曾图谋篡权。翌年，赵汝愚在永州病死。京镗任右相。韩侂胄加开府仪同三司，权位重于宰相。韩、京等取得政权，演出了禁道学和北上抗金的场面。

韩侂胄掌权，开始对赵汝愚的理学派进行清算，指示手下搜罗以朱熹为代表的理学派罪状。右正言刘德秀上书，说道学是"依正以行邪，假义以干利"，"如饮狂药，如中毒饵"，"口道先王语，而行如市人所不为"。又说："孝宗锐意恢复，首务核实，凡虚伪之徒言行相违者，未尝不深知其奸。臣愿陛下以孝宗为法，考核真伪，以辨邪正。"请宁宗效法孝宗抗金，识辨道学。太常少卿胡纮上书说"比年以来，伪学猖獗，图为不轨，摇动上皇（光宗），诋毁圣德"。大理寺司直邵褒然上言"三十年来，伪学显行。场屋之权，尽归其党"。宁宗下诏："伪学之党，勿除在内差遣。"十二月监察御史沈继祖弹劾朱熹言行不一，说："朱熹引诱两个尼姑做妾，出去做官都要带着。朱熹在长沙，藏匿朝廷赦书不执行，很多人被判徒刑。知漳州，请行经界，引起骚乱。任浙东提举，向朝廷要大量赈济钱米，都分给门徒而不给百姓。霸占人家的产业盖房子，还把人家治罪。发掘崇安弓手的坟墓来葬自己的母亲。开门授徒，专收富家子弟，多要束脩（学费）。加上收受各处的贿赂，一年就得钱好几万。什么廉洁、宽恕、修身、齐家、治民等，都是朱熹平日讲《中庸》《大学》的话，用来欺骗世人。他说的是那样，行为又是这样，岂不是大奸大慝！”沈继祖的弹劾已超出道学范围，多有攻讦。宁宗下旨，朱熹落职，朱熹门徒蔡元定送道州编管。

朱熹被迫上表认罪，说是“草茅贱士，章句腐儒，唯知伪学之传，岂适明时之用”。笼统承认“私取人之财”、“纳其尼女”等，说要“深省昨非，细寻今是”，表示要改过。朱熹门徒，纷纷离去。

这年，叶翥知贡举，和刘德秀等上疏，请将道学家的“语录”之类，全部销毁。叶翥主考进士，凡是考卷讲到程朱义理者，一律不取。儒学六经和《论语》《孟子》《大学》《中庸》，都成为“世之大禁”。据说，以致“士之以儒名者，无所容其身”。

直到嘉泰二年（1202年），长达八年的酷烈党禁才基本解冻，却已对南宋后期历史产生了极其严重的负面影响。

此前的宋代党争，大都限制在政见之争的范围内。庆元党禁的发动者使党争以道学之争的表象出现，对政敌所主张的道德规范、价值观念与行为方式，在歪曲丑化的前提下借政权的力量予以全面声讨与彻底扫荡，而所指向的正是士大夫长久以来藉以安身立命的东西。于是，几乎所有的是非从此颠倒，随之而来，在一般士大夫中引起了普遍的价值危机与道德失范。不仅庆历元祐间“以天下为己任”的那种风尚荡然无存，即便与绍熙以前的政风士风也不可同日而语。“绍熙之前，一时风俗之好尚，为士者喜言时政，为吏者喜立功名。”自庆元党禁后，“世俗毁方为圆，变真为佞，而流风之弊有不可胜言者矣！”

问题还不止于此。在党禁方兴之时，宋宁宗尽管暗弱无能，却代表着专制君权，正是他的最终转向，致使位仅从五品的韩侂胄在与宰相赵汝愚的党争中站在了上风，占尽了先机。其后六七年间，宋宁宗听任韩侂胄倒行逆施，为所欲为，专断朝政，排斥政敌，走上了权臣之路。及至党禁松动之日，其权臣之势却已如日中天，不可摇撼。“君子之脉既削，小人之

势遂成”，而韩侂胄擅权不过是南宋后期接踵而至的权相专政的开端。从这一意义上，说庆元党禁是南宋历史大逆转的拐点，也毫不为过。

## 崇岳贬秦，兴开禧北伐

南宋时，不管出于什么动机，朝臣实际上分为两派，一派主张小心翼翼地侍候好北方的金国，维持眼下的和平局面，是为主和派；另一派则主张挥师北伐，收复失地，是为主战派，韩侂胄是著名的主战派官员。

韩侂胄的抗金情结是由来已久的，为了为北伐造舆论，韩侂胄上台不久就进行了“崇岳贬秦”。对待南宋初岳飞、秦桧这两个历史人物的评价，一直是南宋“战、和”两派官员争论的一个焦点。公元 1141 年，岳飞被赵构、秦桧迫害至死。孝宗临朝，为岳飞平反昭雪，追复原官，并加谥武穆，但并未清算秦桧的罪行。宁宗嘉泰四年（1204 年），韩侂胄主政，南宋朝廷追封岳飞为鄂王，从政治上予其高度褒奖。宁宗开禧二年（1206 年），在韩侂胄的主持下，朝廷正式做出决定，削去秦桧的王爵，并把谥号改为缪丑（荒谬、丑恶）。韩侂胄崇岳贬秦，大大鼓舞了主战派的士气，沉重打击了投降、妥协势力，一时大快人心，上下抗金情绪极度高涨。

韩侂胄执政，光宗朝被排斥的主战官员，再度被起用，尤其是将闲居在家的辛弃疾重新任命为知绍兴府兼浙东安抚使，在决策伐金的过程中，起了重要的作用。当时，金朝统治下的北方各族，正在陆续发动抗金斗争，各族人民的反金起义，也在各处兴起。金朝统治者日益陷于内外交困的局面之中。闲居铅山（今江西省铅山县西南）的辛弃疾，随时在密切注视金国内部的动向。他被宁宗、韩侂胄再度起用后，力陈“金国必乱必亡”，本来准备北伐的宁宗、韩侂胄，得到辛弃疾等人的建言，更加激起了北伐的紧迫感，坚定了抗金的决心。

1205年，韩侂胄加封平章军国事，总揽军政大权，即下令各军密做行军准备，取朝廷封桩库金万两做军需。1206年，任命四川宣抚副使吴曦兼陕西、河东路招抚使，郭倪兼山东、京、洛招抚使，赵淳、皇甫斌兼京西北路招抚使、副使，以收复失地。是年四月，宋军先后收复泗州、虹县、新息县、褒信县，初战告捷，形势大好。五月间，韩侂胄请宁宗正式下诏，出兵北伐，“开禧北伐”全面爆发。伐金诏下，群情振奋。辛弃疾作词赞颂韩侂胄：“君不见，韩献子，晋将军，赵孤存。千载传忠献（韩琦谥号），两定策，纪元勋。孙又子，方谈笑，整乾坤。”

但是，不利因素随之不断出现。张浚符离兵败后，宋廷妥协投降派窃取要职，从此军备松弛，军纪涣散，多年没有作战。另外，决策出兵前，宁宗、韩侂胄解除伪学逆党籍，重新任用一些在籍的官员，争取他们一致对外，但其中的某些人并不真诚合作。甚至，韩侂胄部署北伐时，宋军中已出了内奸。早在宁宗下诏伐金前一月，吴曦已在四川里通金朝，图谋叛变割据。其派遣门客去金军，密约献出关外阶、成、和、凤四州（今甘陕一带），求金朝封他做蜀王。宋出兵伐金，金朝指令吴曦在金兵临江时，按兵不动，使金军东下，无西顾之忧。吴曦叛变，对宋军伐金的部署破坏极大。公元1206年六月，韩侂胄又用丘崈为两淮宣抚使，丘崈受命伊始，就放弃已占领的泗州，退军盱眙，宋军退守，金兵分九路进攻，战争形势，由宋军北伐变为金军南侵了。是年底，金军又秘密派人去见丘崈，示意讲和，丘崈密送金使北归，从此，丘崈多次遣使与金军谈和，暂行停战。

西线吴曦叛变，东线丘崈主和，韩侂胄日益陷于孤立了。开禧三年（1207年）正月，韩侂胄罢免丘崈，改命张岩督视江淮兵马，又自出家财二十万，补助军需，但战势对宋方不利，只能派遣使臣方信孺到开封同金朝谈判。方信孺带回消息，金要求割两淮、增岁币、赔军银，还要北伐首领韩侂胄的人头，方可议和。韩侂胄大怒，决意再度整兵出战。宁宗下

诏，招募新兵，起用辛弃疾为枢密院都承旨。68 岁的辛弃疾这时得病家居，任命下达后，还没有去就任，就在家中病死。

韩侂胄筹划再战，朝中一些官员却在挖空心思搞议和。开禧三年（1207 年），主和派中坚礼部侍郎史弥远率先弹劾韩侂胄，指责北伐以来军民死亡无数，耗费财资不可胜计，给国家带来惨重灾难。韩侂胄的侄孙女韩皇后死后，1202 年，宁宗立杨氏为后，韩侂胄曾持异议，杨后对韩侂胄深怀仇怨，在政治上则和其兄杨次山一起，主张妥协投降。于是，史弥远勾结皇后杨氏和皇子荣王，谎称得到密诏，指使权主管殿前司公事（相当于近卫军司令）夏震等，在韩侂胄上朝时，突然袭击，将其劫至临安城南门外玉津园夹墙内害死，事后才奏报给宁宗。

韩侂胄被暗杀，军政大权全归杨后、史弥远所操控。嘉定元年（1208 年），投降派完全遵照金朝的无理要求，把韩侂胄的头割下送去，并且全部接受金朝提出的条件签订了“嘉定和议”：增岁币为三十万，犒师银（赔款）三百万两，金军自侵占地撤回。南宋又一次屈膝降金，算是完成了“和议”。当时太学生作诗讽刺说：“自古和戎有大权，未闻函首可安边。生灵肝脑空涂地，祖父冤仇共戴天。晁错已诛终叛汉，于期未遣尚存燕。庙堂自谓万全策，却恐防边未必然。”一场轰轰烈烈的“开禧北伐”就以这样令人心寒的结局收场了。其实，当时的金朝已处于“必乱必亡”前夕，只不过是借南宋统治集团的软弱和内部矛盾，实施威胁讹诈而已。金主曾喜曰：“除掉了韩侂胄之流，宋不足忧也！”

韩侂胄执政前后十四年，权势显赫，曾与赵汝愚一党相互倾轧，最后适应朝野抗金的要求，发动北伐战争，由于坚持抗敌，遭受投降派的杀害而牺牲。但因韩侂胄反道学，长期遭到程、朱门徒的咒骂。元代修《宋史》，特立《道学传》崇程朱，又依南宋《国史》立《奸臣传》，不列入史弥远，反而将韩侂胄与秦桧并列，辱骂他是“奸恶”，完全颠倒了历史的是非。后世史家立论，或沿袭旧说，也不免有失公允。现代史学家范文澜称韩侂胄为南宋的名相。

# 19. 乱世权相：只手遮天的政坛不倒翁史弥远

## 擅自废立，一手主导霅川之变

史弥远，字同叔。明州鄞县（今浙江省宁波市鄞州区）人。南宋中期权相，尚书右仆射史浩之子。淳熙十四年（1187 年）进士及第。

开禧三年（1207 年），韩侂胄北伐失败，金朝来索主谋。史弥远时任礼部侍郎兼资善堂翊善，与杨皇后等密谋，遣权主管殿前司公事夏震于玉津园槌杀韩侂胄，后函其首送金请和。史弥远因此升任右丞相兼枢密使，独相宋宁宗赵扩十七年。

当年协助史弥远杀害韩侂胄，对金乞降求和的卫国公，不久即被立为太子，嘉定十三年（1220 年）死。次年，宋宁宗另立赵竑为皇子。

赵竑好鼓琴，史弥远找来善琴的美女献给赵竑，其实是充当自己的耳目。赵竑一次在宫壁上的地图前，指着琼厓道："吾他日得志，置史弥远于此。"又尝言史弥远为"新恩"，以他日流放史不是新州就是恩州。史弥远闻知，大惧，日夜谋废赵竑。他从民间找来赵与莒，称是太祖后人，赐名贵诚，立为沂王之子，亟力扶植。

嘉定十七年，宋宁宗病危，史弥远假传圣旨，改立赵贵诚为太子，封成国公。五天后，宁宗驾崩，史弥远在说服杨皇后同意后，立即派人去宣

召赵贵诚。太子赵竑被召进宫中时，赵贵诚正式即位而为理宗，赵竑气愤而不肯向新帝下跪。殿前都指挥使夏震强行按住赵竑的头，才算完成了登基仪式。原太子赵竑则被废为济王，出居湖州。

湖州人潘壬、潘丙兄弟及堂兄潘甫等人对史弥远擅自废立很愤慨，于是与山东红袄军李全联络，准备拥立赵竑为帝。结果到了约定日期，不见李全一兵一卒。潘壬等人遂组织起一帮盐贩和太湖的渔民，半夜进入湖州城，将赵竑拥入州衙，黄袍加身，立为皇帝。知州谢周卿率领官吏前来恭贺。潘壬随即以李全的名义发布榜文，列举史弥远的罪状，声称将领精兵二十万，水陆并进，直捣临安。

第二天天亮，赵竑发现所谓的兵马不过是当地渔民假扮，人数不足百人。他知道事难成，便急忙倒戈，一面派人向朝廷告变，以求自己脱身，一面率领州兵追捕潘壬等人。史弥远得报后，调军弹压，事变很快平息。

史弥远担心还会有人利用赵竑作乱，于是假称济王有病，命门客秦天锡前往诊治。秦天锡宣称朝令，逼迫赵竑自杀，对外称病死。赵竑死后，史弥远剥夺了他的王爵。因湖州别称霅川，这场事变即被称作“霅川之变”。

## 一味求和，几度遭暗杀

霅川之变后，众多大臣、包括理学大师真德秀、魏了翁上书为赵竑鸣冤，都被史弥远贬出朝廷。一直到宋恭帝时，谢太后（宋理宗皇后谢道清）主持朝政，才在朝臣的建议下恢复了赵竑爵位。

史弥远掌权以后，立刻恢复了秦桧的申王爵位及忠献谥号，积极奉行

降金乞和政策。九月签订宋金和议，史称“嘉定和议”，由金宋叔侄之国改为伯侄之国，岁币由二十万增为三十万；另加“犒军银”三百万两，这是以往和议中从来没有过的。对于这宋金议和史上最为屈辱的和议，引起朝野不满。“金人欲多岁币之数，而吾亦曰可增；金人欲得奸人（指韩侂胄）之首，而吾亦曰可与；至于往来之称谓、犒军之金帛，根括归朝流徙之民，承命惟谨，曾无留难。”太学博士真德秀的这番话，可说是当时舆论的代表。史弥远的丑行，实是与秦桧不相上下。

史弥远的降金乞和行为，使南宋军民十分不满。在嘉定和议签订的次年，赞同开禧北伐的军官罗日愿与殿前司、步军司军官杨明、张兴等，谋杀史弥远未成，都被处死。嘉定十四年（1221年），又发生了殿前司军官华岳谋杀史弥远事件。在开禧北伐时，华岳作为军事理论家（著有兵书《翠微南征录》等传世），以战略眼光指出，应待金朝破坏和议时攻金，不应在准备不足时主动北伐，因而受到韩侂胄的打击。但他对史弥远的乞降求和更为不满，“谋去丞相史弥远，宁宗知其名，欲生之，弥远曰：‘是欲杀臣者。’竟杖死东市”。

然而理学人士刘爚，在嘉定和议签订后不久，就向史弥远提出“荐引诸贤”，表彰朱熹，为史弥远改善形象出谋划策，借史弥远之力以倡导理学。史弥远不仅随后即起用诸多理学人士，还在嘉定年间，对不符合赐谥条件的理学家朱熹、周敦颐、程颢、程颐、张载，分别特赐谥号为文、元、纯、正、明，提高理学派的地位，争取理学人士的拥戴，并追赠朱熹太师官号，追封信国公爵位，表彰朱熹的《四书集注》。还追赐岳飞的谥号为忠武，企图以此掩盖他的奸臣面目。

## 浊乱天下，却能寿终正寝

史弥远虽独居相位，也惧怕树大招风，况朝臣中对他独揽朝政，迫害济王，矫立理宗多有微言。虽理宗因感他拥立之功多加庇护，终究难得安宁。因而，屡次上疏乞归。晚年时，他想在家乡找一块好墓地作为归宿，不料竟引出一场风波，几乎使他遭受灭顶之灾。相传，史弥远为找墓地招集许多风水先生，最终看中了阿育王寺这块“八吉祥六殊胜地”。史弥远觉得很合心意，便下令在那年八月中秋节后拆寺建坟。正当阿育王寺和尚听到这个消息，急得如同热锅蚂蚁，阿育王寺方丈更是六神无主时，有个叫师范的小和尚说他有办法保护寺院。师范小和尚得到方丈允准，到了南宋都城临安，

在一个月黑风大的夜晚，在城门、宫墙、大街上都贴着这样一张诗单：“育王一块地，常冒天子气；丞相要做坟，不知主何意？”临安百姓对史弥远早已怨恨，见了诗单后便纷纷传言：“史弥远要霸占天子气，要谋皇篡位了。”消息传进皇宫，理宗素知史弥远为人，过去他能一手遮天帮自己坐上皇位，如今也难保史弥远不会篡皇位，便把史弥远宣进皇宫，查问此事。史弥远也怕皇上翻脸，不光富贵保不住，怕还有灭九族之祸。于是，赶紧撒谎道：“臣的坟墓早已做在东钱湖大慈山了，诗单无中生有，望万岁明察。”这样一来，阿育王寺被保留下来，史弥远的坟墓也真的做到东钱湖大慈山了。

绍定六年（1233年）十月，史弥远病重，才将他的党羽郑清之升为右丞相，结束了他独相二十六年的历史。次日以病危致仕，授两镇节度使，

封会稽郡王，数日后去世，追封卫王，谥忠献。所赐谥号与秦桧谥号相同的忠献，并非完全是偶然的巧合，也许是讨论谥号的礼官们，认为史弥远就是与秦桧属同一类人物，因为这在当时是士大夫们的某种共识。著名文学家刘克庄，在一年多以后的端平二年（1235年）七月，给宋理宗的札子中，就公开将史弥远列为与秦桧一样的“小人”，指出“柄臣浊乱天下久矣……柄臣与其徒皆攫取陛下之富贵而去，而独留其大敝极坏之朝纲……小人恃智巧，君子恃天理、人心之正，而天与人又有时而不然，桧十九年、弥远二十六年而衍七十日，光（指司马光）九月，君子之难取必于天如此。”

由于史弥远一直倡导理学，史弥远死后不久，理学又被确定为南宋官方的统治思想，宋末及元代一些理学人士对之心怀感激之情。在元代理学人士参与修撰的《宋史》中，史弥远不仅没有被列入《奸臣传》，而且在《史弥远传》中也竭力进行粉饰，阴谋杀害韩侂胄被写成侠肝义胆，违反宁宗遗志非法扶立理宗也被写得名正言顺，至于降金乞和则只字未提。对其罪恶，仅在传末用“废济王，非宁宗意……擅权用事，专任憸壬……用李知孝、梁成大等以为鹰犬，于是一时君子贬窜斥逐，不遗余力云”等数句贬语以终篇。

# 20. 联蒙灭金：送走暮年的狼，迎来壮年的虎

## 成吉思汗统一蒙古部落

成吉思汗，名铁木真，姓奇渥温，于1162年生于漠北斡难河上游的蒙古孛儿只斤——乞颜部的一个贵族家庭。父亲名叫也速该把阿秃尔，是乞颜部落的首领，母亲名为月伦。这一年，也速该联合同盟击败了强敌塔塔尔部落，俘获敌酋铁木真，胜利凯旋时，妻子岳伦正好生下一个男孩。为了纪念出征胜利，也速该便给孩子取名铁木真。9岁时，父亲便给他找妻子定娃娃亲，也速该的熟人特薛禅把自己的女儿孛儿帖许配给铁木真。定亲以后，也速该把铁木真留在亲家家里，自己只身踏上归途，半路上遇到一群塔塔尔人举行宴会，也速该喝了仇人下过毒的酒，回家后不久就死去。部众们也众叛亲离、各奔东西，铁木真和母亲及三个弟弟过起了饥寒交迫的日子。

铁木真长大后，决心替父报仇，不料又遭篾儿乞部落袭击，妻子孛儿帖被掳走。挫折使铁木真日渐成熟起来，他开始运用谋略实现自己的计划，他首先向父亲的兄弟蒙古克列部首领脱里罕求援，把妻子的嫁妆黑貂裘献给他，接着又取得朋友扎木合的支持，击败了篾儿乞部落，夺回了妻子，获得了大量牲畜等战利品。铁木真初战告捷，声名大震，一些有识之士开始靠拢过来，他的力量便逐渐壮大起来。

铁木真当上可汗以后，为了加强自己的权力和防止邻部落的袭击，又重新整顿了军队，成立了专门保卫自己的侍卫队，还建立了训练战马、管理战车的专门机构，势力一下子扩大了许多。铁木真的壮大，引起札木合的警惕。札木合本来就对铁木真拉走他的部下不满，又加上他的弟弟因抢夺铁木真部下的马群被杀死，札木合更是气得暴跳如雷，决心进行报复。他立即集合所属的十三部三万人马，杀气腾腾地来与铁木真决战。铁木真也将他的三万士兵分成十三翼迎战札木合。双方在克鲁伦河畔相遇了。千军万马全绞杀在一起，直杀得天昏地暗，血流遍地。这就是蒙古历史上著名的“十三翼之战”。札木合终归是实力雄厚的大贵族，他手下的兵马久经训练，在战场上猛冲猛打，渐渐占了上风。铁木真看到自己的士兵抵挡不住，只好指挥人马退到鄂伦河边的一个峡谷中去。札木合乘胜追击，俘虏了许多人马才撤走。札木合返回驻地后，发现有些俘虏就是原来依附自己的人。他痛恨这些人背叛了他，就命令部下支起七十口大锅，把背叛他的贵族活活地煮死，还把为首的两个部族首领的头砍下来拴在马尾巴上，拖着在人群中跑来跑去。札木合想用残酷的手段来威胁手下的部落。谁知恰恰相反，札木合手下一些小部落的首领见他这样残酷无情，都寒了心，一个跟着一个地带着百姓去投靠铁木真了。因此，铁木真虽然在“十三翼之战”中战败了，坏事却变成了好事，札木合部下的许多奴隶主、属民和奴隶反而成了铁木真新的支持者。铁木真看到这么多的人来投靠他，真是喜出望外。他在树林中热情款待新来的部族首领，好言好语地安慰他们。铁木真的势力又壮大起来。

铁木真在蒙古高原上崛起以后，和其他蒙古部落的矛盾越来越大。于是，有十一个部落的首领联合在一起，推举札木合为“天下之汗”，出兵攻打铁木真。铁木真率军迎战，结果札木合的军队大败。铁木真又乘胜进军，征服了许多部落，统一了大半个蒙古。这样，在统一全蒙古的道路上，铁木真剩下的最后一个对手，就是蒙古西部的乃蛮部了。1204 年夏天，铁木真率领大军出征乃蛮。乃蛮部首领塔阳汗则率领声势浩大的队伍抵挡。双方摆好阵势后，恰巧铁木真军营中的一匹瘦马受惊跑入乃蛮营中。塔阳汗一看这匹马瘦成这个样子，以为铁木真的军队一定不堪一击。他亲自出马向铁木真挑战，铁木真的骑兵经过长期训练，已是今非昔比，不但个个骑术高超，刀法纯熟；而且临阵不乱，进退有序。到了下午，乃蛮的军队渐渐招架不住了，塔阳汗也在混战中被杀死。天黑以后，乃蛮军队再也无心抵抗，一下子溃散了。他们在黑夜中相互拥挤，掉下悬崖摔死的就不计其数，只有少数军队在塔阳汗的儿子率领下逃脱。这场大战之后，乃蛮部的百姓都成了铁木真的俘虏，铁木真的名字震动了整个蒙古高原。铁木真统一全蒙古的大业完成了。

1206 年，铁木真在斡难河的源头竖起九面装饰着流苏（穗状装饰物）的白色大旗，召集全蒙古的贵族举行大会。会上依照蒙古族的习俗，摆上整只的熟羊和整桶的马奶酒，姑娘们载歌载舞，小伙子们举行摔跤比赛，贵族们痛痛快快地喝酒玩乐，草原上像过节一样热闹。忽然，从大帐中走出一个萨满（就是僧侣）。他脸色严肃地高声说：“天说，让铁木真当成吉思汗（意思是最强大的王），治理地上的百姓！”人们立刻安静下来，定睛一看，原来是铁木真身边的萨满阔阔出。那时候，蒙古部族的人信奉萨满教，遇到大事，都要请萨满占卜吉凶，代神说话。阔阔出是铁木真身边最大权势的萨满。他常常说自己骑着一匹灰色的马从蒙古包的天窗升天，和天说话，人们对他深信不疑。大伙立即恭敬地推举铁木真为全蒙古的大汗，号就是“成吉思汗”。“成吉思”是强大的意思，“汗”即王的意思，成吉思汗即“光的精灵般的蒙古大汗”，也正是在这个意义上，成吉思汗被称为蒙古民族的祖先。

铁木真称汗的那天，草原上搭起了金顶大帐，他身穿黄袍，踏着红地毯，走进大帐，周围的人都虔诚地跪下磕头。成吉思汗成为全蒙古的最高首领，标志着过去分散的部落合成了一个共同体。从此，他们开始使用“蒙古”这个名称。成吉思汗把全蒙古的土地分封给他的亲属和大大小小的奴隶主。牧民被编为十户、百户、千户和万户，由各部首领管理。凡十五岁以上、七十岁以下的男子，统统被编为士兵，平时放牧，战时出征。为了加强自己的地位，成吉思汗选拔贵族的子弟组成一支精锐部队，称“怯薛”，由自己亲自控制。除此以外，成吉思汗还建立了司法机构，制定了初步的成文法，命人创制了蒙古文字。在建立政权的过程中，成吉思汗显示了很强的组织才能。

在蒙古帝国建立以后，成吉思汗致力于帝国的巩固和扩张，在政治、军事、法律、文字等方面取得了历史性的建树。特别是军事征服方面，更显示了他的天赋，在历时 7 年的西征中，他一度率军冲破了中亚、南欧各国的疆界，使罗马教廷及整个欧洲一片惊慌，同时，也在一定程度上促进了东西方的文化交流。西方史学家格鲁塞评价成吉思汗的这次西征时说：“将环绕禁院的墙垣吹倒，并将树木连根拔起，却将鲜花的种子从一个花园传播到另一个花园。”成吉思汗以其军事家的雄才大略，为蒙古民族自立于世界民族之林，奠定了坚实的基础。

## 疲夏削宋，金国腹背受敌

成吉思汗统一蒙古后，决心摆脱金国的统治。有一年，成吉思汗到净州（在现在内蒙古自治区）给金国进贡。代表金国皇帝接受贡品的是卫绍王完颜永济。成吉思汗见完颜永济长得丑陋又没本事，心里很不服气，不肯向卫绍王行跪拜礼，反而在众人面前，转身扬长而去，把完颜永济气得要命。过了不久，金章宗死了，完颜永济即位当了皇帝。新皇帝派使节到蒙古下诏书，要成吉思汗跪拜接受。成吉思汗问道：“新皇是谁？”“就是

卫绍王。”金朝使节答道。成吉思汗听完以后，轻蔑地说：“像卫绍王这样的无能之辈居然也做了皇上。他值得我拜吗？”金朝使节憋着一肚子气，回去向完颜永济诉说了成吉思汗的无礼态度，完颜永济气得七窍生烟，说：“等成吉思汗下次来进贡，非杀了他不可。”这话传到成吉思汗耳朵里，他立刻停止了对金朝的进贡，并抓紧时间训练兵马，准备讨伐金朝。

三年之后，成吉思汗决定讨伐金国。他和四个儿子术赤、察合台、窝阔台和拖雷率领着浩浩荡荡的蒙古大军，打到金国中都（现在的北京）城下。金国君臣吓破了胆，连忙请求讲和。成吉思汗带着金国送的三千匹战马和数不清的珍宝，回到大草原去了。这一仗，使完颜永济再也不敢留在中都。他命太子在中都留守，自己带着嫔妃，慌忙躲到南京汴梁（在现在河南省）去了。成吉思汗知道后，指责金国说：“既然已经讲和，为什么还要南迁呢！看来是对我缺乏诚意，讲和不过是缓兵之计罢了。”于是，他再次发兵南下，第二次围攻占领了中都。蒙古军队进城之后，把皇宫中的珍宝全部车载马驮，运回草原去，然后放了一把大火把宫殿烧了个精光。

事实上，当时蒙古人还不具备很强的攻城能力，金国还是可以把剩余兵力重点布防在几个最重要的城市，也可以有效防止蒙古人深入金境抄略，经过一段时间的适应之后，金国还是有能力做到稳固防守。但是放弃之后，不仅北逃的后路被切断，而且丢失数百里战略回旋空间，反而不利于金国的生存。

但即使如此，倘若稳固经营关河（潼关—黄河）防线，也不失为持平之策。南迁之后，金国大量增兵固守关河，蒙军反而对此束手无策。眼见无法取得任何进展，嘉定十年（1217 年），成吉思汗不得不留下木华黎经略汉地，自己则率领主力西征掠夺财富。

虽然金国顶住了蒙古的攻势，但此时轻易放弃两河、山东的另一严重后果也开始显现出来：仅凭河南一地产出的粮食根本无法供养三十万军队，金国陷入了严重缺粮的境地。在金朝南迁后地域狭小这种情况下，金

国主战派想到了“取偿于宋”。之所以这么想是因为金国主战派盲目自信。当金廷议论迁都之事时，直学士孙大鼎就说：“吾国兵较北诚不如，较南则制之有余力。”但他们忽视了一个明显的事实：金国已经今非昔比，恐怕难以与宋抗衡。在这一点上，金国的主战派并没有清醒的认识。

相对而言，主和派官员则要清醒得多。嘉定十年（1217 年）金廷议论南伐之事时，右司谏许古就指出：宋人“且知北兵方强，将视我为屏蔽，虽时跳梁，计必不敢深入”，所以金国可以放心地全力对付蒙古。而且在对宋开战后，升任平章政事的他也上书劝止攻宋以免使金国徒耗实力、腹背受敌。

但金宣宗完颜珣与丞相术虎高琪等人一心主战，并极力打压主和派官员。最后，金国以“岁币不至”为理由发动南侵，共计二十多万军队在两淮、京湖、四川三个方向对南宋发动了攻击。

但这个所谓的理由是根本不成立的。早在嘉定八年（1215 年）金国就派王世安潜入淮南进行颠覆活动，意图谋取楚州。此时他们就已经有了南侵的企图，即使两年后南宋恢复岁币，他们也可以找另一个理由发动南侵。另外，《金史·食货志》明确记载金国南侵是因为“贪其淮南之储”。

殊不知，南宋方面也有自己的难处。金国南迁之后，就有史弥远、乔行简等人支持恢复中断数年的岁币，“宜姑与币，使得拒鞑”。但此言论一出即遭到群臣反对，认为这是“招侮之端，致寇之本”，更有太学生痛斥这是卖国行为，要求将乔行简等人处斩，一时之间史弥远也没有办法。

如果金国能象征性减免部分岁币，史弥远就可以以此为理由强行通过廷议，但无奈金国没有给史弥远说话的机会，更严重的是，金国南侵打破了宋廷以金为屏障的幻想，相关的争论也停止下来。这时，南宋为了自己的存亡，不仅对入侵金军进行了坚决的抵抗，而且不断寻找机会深入河南抄略以迫使金军退兵。另外，为了减轻国防压力，南宋还公开招纳有实力的山东忠义军，同时与西夏联兵夹击秦、巩。

这场战争一打就是七年。金国不仅未能达到“取偿于宋”的目的，反

而损失惨重：四川方向，在对蒙作战中有着出色战绩的名将完颜阿邻战死蜀口；京湖方向，猛将黄掴阿鲁答被俘；而在两淮战区，时全更是“一军全没”。正如《金史》所言：“宣宗南伐，士马折耗十不一存”，“国家精锐几近丧”，“枢府武骑尽于南”。虽然宋廷此时还保持着清醒，并没有对金国落井下石，但宋金联合的可能性已经不复存在。

另外，此前蒙古进攻西夏时，西夏也曾向金国求救，但金国却趁火打劫，以致后来入侵南宋时，西夏坚定地站在了南宋一边。可以说，金国君臣亲手葬送了抗蒙的大好形势。正如《金史·宣宗纪》所言：“南开宋衅，西启夏侮，兵力既分，功不补患”，金国的处境愈加被动起来。

## 宋蒙关系若即若离

嘉定四年（1211 年），余嵘奉命出使金国。此时恰逢蒙古攻金，他碰到了从前线逃回的金国溃军，便想去前线查看交战情况并趁机与蒙古取得联系，但可惜的是，他的意图被金人察觉，最终无功而返。回国之后，余嵘向宋宁宗上奏：“今鞑靼坚锐，即女真崛起之初，而金人沮丧销耎，有旧辽灭亡之势。”并建议乘此时“深诏大臣，讲求所以备边自治者”以应对时局变化。

嘉定七年（1214 年），真德秀出使金国后指出金国的灭亡之兆“大抵可见”，然而“习安者易制，崛起者难驯”，蒙古才是未来的心头大患，因此当务之急仍是“内固边防，外精间谍”，密切注意局势的发展。

就在同一年，金国南迁后，权工部侍郎徐应龙也不无担忧地说：“金人穷而南奔，将溢出而蹈吾之境。金亡，更生新敌，尤为可虑。”

也就是说，早在“联蒙灭金”二十年之前就已经有人意识到蒙古的危害，虽然宋廷上下苟安不思进取，但在对蒙古的态度上还是很谨慎的，都能意识到这可能会是“宣和旧事”的重演。

此时，宋廷对蒙古总的来说还是比较冷漠的。嘉定六年（1213年）冬蒙军攻击济南时曾向南宋派出使者请求南宋出兵，但使者到达濠州时被南宋边防军驱赶，后被金人所获。

这时，在西夏骚扰、蒙古进攻的外部打击下，金朝内部也不平静，东北有耶律留哥叛变和东夏国，东有红袄军的不断进攻等，金朝已经面临三面被困之势，唯有南边的宋朝还能保持互不侵犯。

而金国在这时又发动了对宋的战争，宋廷为了自己的生存，不得不再次与蒙古展开交往，以期减少自己承受的军事压力。嘉定十一年（1218年），蒙古再次遣使与南宋接触，宋宁宗亦表达了与蒙古进一步接触的意愿。

嘉定十三年（1220年），淮东制置使贾涉奉朝廷命令遣赵珙出使蒙古，并受到木华黎的热情款待。同年，宋廷还派遣苟梦玉出使，并见到了成吉思汗。嘉定十六年（1223年），苟梦玉再次被派遣出使。可以说，这一阶段宋蒙之间的联系比较频繁，两国关系不断升温。虽然有什么外交成果我们不得而知，但两人带回了大量关于蒙古的信息，对宋廷的战略决策提供了很好的参考。

但嘉定十七年（1224年）新即位的金哀宗完颜守绪下令停止对宋战争后，蒙古对于南宋而言已经失去了制约金国的实际价值，宋蒙关系迅速降温。恰逢此时金哀宗有意与南宋联防武休，以防备蒙古绕道攻击金国后方，无奈金国当权大臣认为此事有失颜面而力加阻挠，而南宋方面也不甚热心，最后此事未能成行。

不过事情很快出现了转机。宝元三年（1227年），蒙军悍然进攻南宋川陕战区，由于四川制置使郑损擅自做出了弃守关外五州（阶州、成州、凤州、西和州、天水军）的错误决定，致使自吴玠时代以来南宋经营百余年的“三关五州”防御体系彻底瓦解。这就是著名的“丁亥之变”。

此后，南宋对蒙古愈加冷落，朝内再无和蒙之议，甚至还与金国开展了一定程度的合作。其中，湖南转运使赵汝譡与之前被俘的黄摑阿鲁答在潭州商议联合抗蒙之策，两淮战区的赵范、赵葵亦与金国将领完颜合达、移剌蒲阿约定共同防御蒙古。

由于没有宋的支持，蒙古对金作战依然没有取得进展，陷入了“入关不能，渡河不可”的尴尬境地，无计可施的蒙古人只好另想他法。宝元三年（1227 年）成吉思汗病逝的时候曾经留下遗言：“若假道于宋，宋金世仇，必能许我。”

但成吉思汗的想法过于简单了，南宋方面早就识破了蒙古的企图。所以，绍定三年（1230 年）蒙古派遣李邦瑞使宋的时候，宋廷直接选择了拒绝其入境。由此可见，南宋的外交策略还是很务实的，与蒙古交往也不过是互相利用的权宜之计，其最终目的还是为自己的利益服务。

## “假道攻金”的意外成功

绍定三年（1230 年），蒙古的攻势严重受挫，在攻打庆阳、卫州、潼关等诸战役中接连败北，“假道灭金”再一次被提上日程。翌年，蒙军攻克凤翔后，窝阔台召集蒙古诸王大臣商议灭金。最终通过如下决议：拖雷率右路军自凤翔过宝鸡，渡渭水，迂回四川后沿汉水东下，进入河南，从背后攻击金军，而窝阔台率中路军自白坡渡黄河，斡晨那颜率左路军由济南西下。当然，蒙古一开始还是希望南宋能够主动借路，绍定四年（1231 年）蒙古再次派李邦瑞使宋，虽然这次南宋接纳了李邦瑞，但其借路请求遭到南宋拒绝。

或许，这时候拖雷就该意识到自己处境之危险了。其实，窝阔台的本意就是想借宋、金之手除掉拖雷，所以“借路”决议一出，窝阔台便将此计划公诸于众，很快金国就得到了消息，有了足够的时间进行准备。

另外，虽说金国之前所作所为实属自绝于宋，但宋廷却并没有激于义愤，反而想帮金国守好后门，以期延缓金国的灭亡。不得已的拖雷只能诉诸武力强行叩关了。

绍定三年（1230年），蒙军进攻凤州后，利州路安抚使兼知兴元府郭正孙就根据蒙军游骑动向推断出蒙军必将由东道入宋境，但桂如渊却接受了蒙军“必自西入宋境”的错误判断。这似乎已经注定悲剧即将酿成。第二年，蒙军果然从东道入境，一时之间宋军来不及重新部署，只能眼睁睁看着蒙军入境。更为恶劣的是，桂如渊此时忘记了自己的责任，不仅没有组织有效抵抗，反而逃到合州躲了起来。后来局势恶化，又主动为“借路”蒙军提供粮草和向导，蒙军顺利地通过了四川。

在这种情况下，宋廷又急令京湖制置使陈赅领兵增援四川。但陈赅并没把此事放在心上，以为只是蒙古游骑前来骚扰，只派了三千人前往金州。很快，蒙军击败金州宋军，迅速沿汉水直下京西南路。此时陈赅才意识到事态的严重性，急调孟珙前去拦截，但为时已晚，逃过孟珙追击的蒙军顺利进入金国境内。

但这只是过了第一关，很快，疲惫不堪的蒙军就发现等待他们的竟然是以逸待劳的十五万金军。原来，窝阔台也没有按原计划进攻潼关、牵制金军，而是按兵不动长达四个月之久，使得金军在得到蒙军“借路”的消息后，立刻调重兵南下布防。

很快，四万蒙军被十五万金军团团包围，在金军的持续打击下，蒙军处境愈发艰难。但由于主帅完颜合达、副帅移剌蒲阿之间相互掣肘，金军数次贻误战机，最终让拖雷等来了一场救命的大雪。这场大雪下了三天三夜，金军自进入中原以来还从未遇到如此寒冷的天气，以致“僵冻无人色，几不能成军”，而蒙古人常年生活在塞北，比较适应这种天气，拖雷

于是抓住这一有利时机出击，在三峰山之战中大败金军。

窝阔台得知三峰山大捷的消息后非常震惊，与拖雷会师后不仅没有继续发动攻势，反而在局势非常有利的情况下率领大部分军队北返，并在归途中毒死了拖雷。但即使这样，金国赖以生存的关河防线已经残破，精锐部队遭到毁灭性打击，已经离亡国不远了。

## “联蒙灭金”，迫不得已

对南宋而言，此时的金国已经没有作为屏障的价值了。就在这时，联蒙灭金开始成为主流观点。按照《宋史·理宗纪》以及《宋季三朝政要》的记载，绍定五年（1232年）十一月蒙军再次进攻金国的时候，南宋也出兵相助一起围攻开封，但具体情况语焉不详。最后开封城破，金哀宗被迫逃往蔡州。

但气息奄奄的金国并没有放弃。之前完颜仲德提出过“进取兴元，经略巴蜀”的建议，只是当时金哀宗被蒙军一路追杀无暇顾及。待逃到蔡州后，金哀宗便有意实施此计划，并以蜡丸密令粘哥完展“集大军与上会与饶凤关，出宋不意取兴元”。另外，从三峰山逃脱的武仙亦收拢溃军十万人，意图西进以迎金帝入川。

但此时南宋不会再给金国任何机会了。朝廷得到边报之后，孟珙奉命主动出击，先迫降了邓州、申州，后又大败武仙于马镫山，“降其众七万”，八月十三日攻克唐州，彻底切断了金哀宗西逃之路。

眼见形势不妙，金哀宗又派遣阿虎带以“唇亡齿寒”的道理说服南宋不出兵，可惜为时已晚，此时的金国已经不具备作为“唇”的实力了。不过，史弥远也很犹豫是否要跟金国“连和”，以致廷议未决。

于是，史弥远之侄、京湖制置使史嵩之问计于孟珙，孟珙说了如下一番话：“倘国家事力有余，则兵粮可勿与。其次当权以济事。不然，金灭，（蒙古）无厌，将及我矣。”这也就是说，南宋尚不具备坐观成败的实力，不如趁机“和蒙”，尽量拖延必将到来的宋蒙大决战，使南宋获得足够的准备时间。另外，这样也可以趁机抢得一些地盘以增加战略纵深，并向蒙古人展示自己的实力，使之不敢轻视自己。而且，无论南宋出不出兵，金国都灭亡在即，因此此次出兵的重点不是灭金而是“和蒙”，这是当时历史条件下南宋唯一正确的选择。

孟珙这番话打动了史嵩之。之后，史嵩之又说服史弥远做出联蒙灭金的决定。绍定六年（1233 年）十月，史嵩之最终下达了出兵的命令，孟珙、江海率忠义军两万运粮三十万石北上，抵达蔡州城下与蒙军会师。

南宋出兵助粮，固然有“执仇耻”的目的，但最根本的目的，在于“和蒙”，这是符合南宋利益的正确之举，是南宋唯一正确的抉择。

端平元年（1234 年）正月，宋蒙联军攻破了金国最后的据点蔡州城，金哀宗完颜守绪匆忙传位后自缢身亡，金末帝完颜承麟亦在乱军中被杀死，金国灭亡。由于宋军表现突出，最后分得了大部分战利品，其中就包括完颜守绪的尸体。

在灭亡金国的过程中，南宋收复了寿、泗、宿、亳四州及涟水一军，加上消灭李全所得之海州，共五州、一军、二十县之地，两淮全境收复。京西又得唐、邓、息三州十一县，京东得邳州二县。从这一点来看，南宋在“联蒙灭金”这一事件中还可以算是受益者。

当年四月孟珙归来，受到英雄般的礼遇。之后，宋廷以完颜守绪的尸体在临安祭祖，并以俘获的金国宰相张天纲等人行献俘礼，以雪靖康之耻。不管怎么说，靖康之耻终于得以洗雪，南宋朝野被压抑了百余年的精神总算为之一振。或许这也是对陆游“王师北定中原日，家祭无忘告乃翁”的最好回答。

金朝在内外交困的形势下，被蒙古消灭已是迟早的事，毕竟当时的金朝已经丧失了东北、山东等地，与西夏的同盟关系业已破坏，实际控制区域只有河南一地的数个州府。蒙古政权也是看得非常清楚的，因而将主力调离准备西征，仅以偏师骚扰金朝。对蒙古来说，消灭金朝，只是早晚的事，且根本不需要与南宋建立军事同盟。而南宋在强大的蒙古面前，并没有什么讨价还价的余地，南宋所能做的，只是守住自己的淮南之地，不使金朝势力南下。名义上的同盟关系，只是为了让蒙古在灭了金之后，稍微停顿一下南下的步伐，让南宋可以多苟延些时日。“端平入洛”事件就证明了南宋所能做的也就这些，一旦希望有所动作，则必然遭致蒙古的打击。

对南宋来说，与蒙古结盟并非多么高明的举动，只不过是送走一只暮年的狼，却迎来一只壮年的虎罢了。但在当时的情势下，朝廷上下报仇心切，而金朝也未能调整政策，自己打破与南宋的和平关系，再加上蒙古势力确实强大，在这样的情况下，南宋所能做的，也就是与蒙古结盟消灭金国了。

# 21．撕破脸皮：蒙宋鏖战天下乱

## 窝阔台的连续进攻

蒙古灭金后，南宋仍沿袭御金部署，实施对蒙古防御。四川战区，以七方关（今甘肃康县东北）、仙人关（今甘肃徽县东南）、武休关（今陕西留坝东南）、阶、成、西和（今甘肃武都东南、成县、西和西南）、凤（今陕西凤县东北）四州及天水军（今甘肃天水西南）为重点，部署四支御前诸军；荆湖战区，以襄阳（今属湖北襄樊）、江陵（今属湖北）、鄂州（今武汉武昌）为重点，沿边一线分点屯兵；两淮战区，以淮河为屏障，屯兵庐州（今合肥），滁州（今属安徽）、扬州（今属江苏）等诸军事重镇。

窝阔台针对南宋防御部署，采取削弱南宋实力、迫其臣服的方略，分遣两路大军，实施连续进攻。

蒙古窝阔台汗六年六月，窝阔台以宋背盟为由，遣军两路攻宋。一路由皇子阔出率军攻宋荆襄地区，一路由皇子阔端率军攻宋四川。七年十一月，阔端率西路军在巩昌（今甘肃陇西）迫降金旧将汪世显部。十二月，阔端以汪世显为先锋，率军自凤州（今陕西凤县）进至西川之西池谷（今甘肃康县东南）向沔州进军。四川制置使赵彦呐主张退守大安（今陕西宁强西北），宋沔知州高稼认为守沔蜀存，弃沔蜀亡，坚决反对退守大安，赵彦呐遂表示与高稼一起守沔……及临战，赵彦呐撤走，高稼只得独自守

沔州。蒙古军自白水关（今陕西略阳北）入六股株（今陕西略阳东北）攻沔州。

沔州历为西陲用兵的门户，经金军、蒙古军的多次抄略，已外无城郭保民，内无财赋募士，高稼部依山为阻，并多张旗帜击鼓呐喊以为疑兵，居高督战。赵彦呐遣小将何邻等赴援，及蒙古军至，何邻先遁，其军皆溃，高稼被围战死，蒙古军克沔州。赵彦呐进屯至陕蜀咽喉青野原（今陕西略阳北），又被蒙古军包围。屯驻石门（今陕西略阳西北）的利州都统制曹友闻率军往援，击败蒙古军，解赵彦呐之围。后蒙古先锋军汪世显部转攻大安。

曹友闻遣摧锋军统制王资、踏白军统制白再兴速趋鸡冠隘（今陕西勉县西南）防守，命左军统制王进据阳平关（今陕西勉县西老勉县）；曹友闻登溪岭指挥部署完毕，蒙古军数万突至阳平关。曹友闻令左军和游奕军出击，自率帐兵及背嵬军冲至阵前，令军左右驰射，蒙古军受挫退兵。曹友闻料蒙古军必转攻鸡冠隘，急遣忠义总管陈庚、时当可率兵往援；蒙古军果以步骑万余攻鸡冠隘，陈庚率骑兵五百勇猛驰突，时当可将步兵分左右翼并进，守隘的王资、白再兴出隘迎战，两面夹击，大败蒙古军。曹友闻乘势北进，收复仙人关（今甘肃徽县东南）要隘，迫蒙古军退出宋境。

窝阔台汗八年十一月，宗王口温不花等率军攻宋淮西地区。宋蕲（今湖北蕲春）、舒（今安徽潜山）、光（今河南潢川）三州守将弃城逃走。口温不花收三州兵马粮械，以游骑从信阳（今属河南）向庐州（今安徽合肥）方向袭掠；遣部将察罕率军攻真州；自率军继续南进。察罕率军至真州，知州丘岳治军严明，防守严密，力挫攻城蒙古军，并乘胜出击，战于胥浦桥（今江苏仪征西），以强弩射杀一将，蒙古军稍退。丘岳度其兵力十倍于己，不能力胜，乃设三道伏兵，并于西城置炮。及蒙古军再次进攻，宋伏兵突起，炮石俱发，将其击退。丘岳继遣勇士袭击蒙古军营垒，焚其庐帐，蒙古军被迫撤围退走。

曹友闻退至大安，与众商议，大安无险可守，唯鸡冠隘一堡可守，但无粮无水，如能坚守五日，可有转机。诸将以为坚守不战可五日以上，遂遣其弟、四川制置司帐前总管曹万，率军一万趋鸡冠隘（今陕西勉县西南）守御；自率精锐万人设伏，相约蒙古军若攻阳平关，先折其锋，佯败入堡，曹友闻则乘机捣其背，两声鼓为号，闻声则出，内外夹击；此外大开阳平关城门，内不立旗，炊烟不出，鸡犬不声。

曹友闻选精兵7700人，自大安渡江逆上三百里，复渡江至刘溪、黑水一带谷地设伏。蒙古军分批继至，曹万、刘孝全等鏖兵战于关外，自早晨战至傍晚，蒙古军败绩；日暮，曹万等敛兵入鸡冠隘堡，蒙古军围堡数层。

曹友闻探知蒙古军已掠大安，令诸军束装趋阳平关，行二十里后，暴雨如注，夜暗难行，人马疲乏，部将吕嗣宗建议俟天明再走，曹友闻考虑到鸡冠隘堡原定坚守五日，现已八日，一旦城破，将无计可施，遂令军继续前进；至水牛岭，分三路入蒙古军营地，转战至拂晓，破数十营，直插阳平关。鸡冠隘堡之曹万等将，闻鼓声率军出堡夹击。

阔端本欲走，正在此时汪世显自大安率军来会，阔端乃分骑兵为百十队，向宋军轮番驰突，鏖战多时，宋军击杀蒙古军过半，终因寡不敌众，战斗力大减，在突围过程中，曹友闻中流矢，下马步战而死。曹万仅存五百人入堡。曹万、刘孝全苦等赵彦呐援军，援军却迟迟不来，城中无粮，于是乃率军突围，转战至龙门（今阳平关附近之龙门洞）全部战死。

窝阔台攻宋之东路军攻安丰军失败后，仍不罢休，积极进行战争准备，制作大量攻城器具，于嘉熙二年九月，由马步军都元帅察罕率号八十万大军，再次攻宋淮西，进围庐州（今合肥），欲克庐州后，造舟巢湖（今合肥南），以窥长江。

知庐州杜杲利用其丰富的守城经验，积极备御。事先已制作了千百间串楼，列于濠岸。这种串楼以二三尺围栗枣榆槐木作竖木，入土五六尺，高丈余，上施横木，中设箭窗，下缭以羊马墙、每楼可御三炮。蒙古军于城外，筑土城六十里围城，又筑台高过串楼，以制城内。杜杲令军以油灌草，焚烧其台，并于串楼内立雁翅七层，置炮轰击蒙古军高台，击中一

将，蒙古军惊骇。杜杲乘胜出击，宋将赵时哽率民兵五百赴援，蒙古军死伤甚重。杜杲还派遣舟师及精锐守卫淮水要点，以阻蒙古军归路。察罕见庐州屡攻不克，乃转军东进，攻陷滁州（今安徽滁州），万户张柔鼻中飞石；至天长县（今安徽天长市），遭知招信军余蚧截击；攻泗州（今江苏盱眙西北），被城周濠水所阻，激战多时不克。察罕见屡战不利，遂北撤。

嘉熙二年，攻宋蒙古东路军，集中兵力进攻两淮，对长江中游的攻掠有所放松，宋廷乘机颁诏“收复京襄”。十月，新任京西、湖北路安抚制置使兼知岳州的孟珙，认为欲收复襄阳、樊城（今湖北襄樊），必先取郢（今湖北钟祥）以通粮饷，取荆门军（今湖北荆门）方可出奇兵。赴任至岳州（今湖南岳阳），乃檄江陵制司捣襄、郢，召诸将指授方略，发兵北进。宋将张俊复郢州，贺顺复荆门军。十二月，刘全战于冢头、樊城、郎神山，三战皆捷。

次年正月，宋将曹文镛复信阳军（今河南信阳市）。刘全攻襄阳、樊城，在宋军各路相继收复失地的形势下，原附蒙古的刘廷美约宋都统江海，及其弟刘廷辅夹击襄阳叛军。宋军顺利进至襄樊城下，刘全复樊城。四月二日，江海率军出荆门，直趋襄阳，刘廷美为内应执游显以城降，宋军遂复襄阳。刘全遣谭深复光化军（今湖北老河口市西北）。孟珙在收复襄阳后，即奏请置重兵于襄阳，建立军事重镇。乃以息、蔡（今河南息县、汝南）降人创忠卫军；集襄、郢降人创先锋军；招淮民 359 人创宁武军；招回鹘壮士百余人、老稚 115 人、马 260 匹，创飞鹘军；荆鄂都统制张顺招襄汉溃卒创忠义、虎翼等军。孟珙遂以江陵为基地，以襄阳为重镇，大兴屯田，训练军伍，使荆襄战场出现转机。

窝阔台十三年十一月，蒙古军复入蜀，再破成都。此时窝阔台出猎，骑射五日之后还至谔特古呼兰山，在行帐中观看歌舞，亲近歌姬，畅饮美酒，纵情豪饮至深夜才散。左右第二天入内探视发现窝阔台已中风不能言语，不久便死于行殿之中。蒙古军留部分兵力屯驻要地，主力北归，对宋战争暂告一段落。

# 蒙哥的战略大迂回

南宋在同蒙古军作战中，逐渐形成守长江上游以固下游，守汉淮以蔽长江的防御方针，加强了四川、荆湖、两淮三个战区的设防。四川战区，余玠采取守点控面的防御措施，建立以重庆为中心，以堡寨控扼江河、要隘的梯次防御体系。荆湖战区，宋安抚制置使孟珙招兵置军，大兴屯田；为阻止蒙古军过夔门沿江东进，实施了梯次防御。江淮战区，在军事重镇和要点加筑城寨，增兵守备，并于城寨百里以内，三里一沟，五里一渠，遏制蒙古骑兵长驱奔袭。同时还造轻捷战船，以水、步混编组成游击军，屯戍长江，拟随时应援。

蒙哥继汗位后，针对南宋防御部署，命四川、河南、山东诸军开辟屯田，与宋军争夺城镇与堡寨。蒙哥鉴于水军稀少，难以越过长江天险，遂采取战略大迂回，从翼侧及侧后攻宋。

蒙哥汗六年春，兀良合台征降云南各部后，偕大理国王段兴智向蒙哥汗献图。六月，蒙哥鉴于对宋的侧后包围已完成，遂以宋囚蒙古使臣为名，决定攻宋。诏命兀良合台打通由云南至四川道路；命帖哥火鲁赤、带答儿率军南进，与兀良合台会师。北路，帖哥火鲁赤与汪德臣以原隆庆府（今四川广元）降将南永忠、高贵为向导，率军自利州（今广元）出苦竹隘，经阆州（今阆中），进抵顺庆府（今南充），沿嘉陵江南下；带答儿率军自兴元（今陕西汉中）经米仓山入蜀，越巴州（今巴中），沿渠江南下，至渠州（今渠县）。十一月，抵重庆附近地区。南路，兀良合台自云南率军北进，攻占滇蜀要冲乌蒙（今云南昭通）等地。鉴于泸江（今金沙江）

河道险阻，水势汹涌，兀良合台从陆路向石门关（今四川高县西北）进军，破秃剌蛮三寨，又破石门关，趋叙州（今宜宾东北），欲北进至嘉定（今乐山）。在马湖江（今四川境内金沙江别名）遭宋都统制张实、知叙州史俊所率三万兵截击。蒙古军力战获胜，夺船两百艘后，改道东进。循大江南岸，水陆并进，趋重庆，后沿嘉陵江北进，于十二月到达合州附近，与帖哥火鲁赤、汪德臣及带答儿部军会师。次年正月，蒙古三路大军先后原路返回。

南宋宝祐六年，蒙哥汗八年（1258 年）二月，蒙哥决定发动全面侵宋战争，彻底征服南宋。西路由蒙哥亲征攻四川，宗王塔察儿率东路军攻荆山（今安徽怀远西南），以分宋兵力。由于塔察儿攻宋不利，蒙哥又改命其弟、总领漠南汉地军国庶事忽必烈统领东路军。蒙哥意图在踏平川蜀后，与忽必烈的东路军攻下鄂州会师，直趋南宋首都临安（今浙江杭州）。

蒙哥统兵四万，号十万，自六盘山（今宁夏境）分兵三路进攻四川。十二月，攻占川西、川北大部州县，进抵武胜山（今武胜县城附近），准备进攻合州，宋将余玠已将合州治所移于钓鱼城。钓鱼城坐落在今重庆市合川区城东五公里的钓鱼山顶，其山突兀耸立，相对高度约三百米。处嘉陵江、渠江、涪江汇合处，南、北、西三面环水，壁垒悬江，城周十二三里，均筑高数丈的石墙，南北各建一条延至江中的一字城墙；城内有大小池塘 13 个，井 92 眼，可谓兵精粮足，水源充足；江边筑设水师码头，布有战船，上可控三江，下可屏蔽重庆（今重庆市），是支撑四川战局的防御要塞，地势十分险要。蒙哥派降将晋国宝入钓鱼城招降，被王坚所杀。蒙哥恃其兵强马壮，不纳术速忽里避开坚城，迂回夔、万东下的建策，无视天候、地理的不利条件，决心攻下钓鱼城。遂遣诸王末哥攻礼义山城（今渠江东北，俗称三教寺寨），曳剌秃鲁雄攻平梁山城（今四川巴中西），命宋降将杨大渊率军突袭合州旧城，切断外围诸城与钓鱼城的联系。同时，令四川都元帅纽璘自成都趋涪州蔺市（今重庆市涪陵区西）造浮桥，断绝宋援。又在铜罗峡据险为垒，阻遏重庆宋军北进。蒙哥率军渡过鸡爪

滩（今钓鱼城东北鸡心石），驻于城东石子山，亲督诸军攻钓鱼城。

这日，蒙古东道军史天泽率部也到达钓鱼城参战，连续进攻城东之东新门、奇胜门、镇西门、小堡等处，但在宋守城军民顽强抗击下，均遭失败。随后，连降大雨二十天，天初晴，蒙古军偷袭城南护国门未逞。次日深夜，攻破城北出奇门至嘉陵江一侧的一字城，但被王坚率勇士力战夺回。宋理宗闻讯，下诏嘉奖，鼓励合州军民。钓鱼城久攻不下，蒙哥命诸将“议进取之计”。术速忽里认为，顿兵坚城之下是不利的，不如留少量军队困扰之，而以主力沿长江水陆东下，与忽必烈等军会师，一举灭掉南宋。然而骄横自负的众将领却主张强攻坚城，反以术速忽里之言为迂。蒙哥未采纳术速忽里的建议，决意继续攻城。蒙军大举攻蜀后，南宋对四川采取了大规模的救援行动，但增援钓鱼城的宋军为蒙军所阻，始终未能进抵钓鱼城下。尽管如此，被围攻达数月之久的钓鱼城依然物资充裕，守军斗志高昂。一日，南宋守军将重十五公斤的鲜鱼两尾及蒸面饼百余张抛给城外蒙军，并投书蒙军，称即使再守十年，蒙军也无法攻下钓鱼城。相形之下，城外蒙军的境况就很糟了。蒙军久屯于坚城之下，又值酷暑季节，蒙古人本来畏暑恶湿，加以水土不服，导致军中暑热、疟疠、霍乱等疾病流行，情况相当严重。王坚乘机多次夜袭蒙古军营地，使其人人惊恐，夜不得安。

蒙古军前锋元帅汪德臣率军乘夜突破外城马军寨，王坚率兵拒战。天将亮时，下起雨来，蒙军攻城云梯又被折断，被迫撤退。蒙军攻城五个月而不能下，汪德臣遂单骑至钓鱼城下劝降，被城上飞石击中，不久死于缙云山寺庙中。蒙哥大怒，命军在东新门外筑台建楼，窥探城内虚实以便决战。蒙哥亲临现场指挥，中飞石受伤，卒于军中（一说染病而死）。

忽必烈军至汝南（今属河南），得知蒙哥死于钓鱼城（参见钓鱼城之战），误为谣言，遂采取招降与进攻两手，继续前进。忽必烈率主力渡过淮河，破大胜关（今河南罗山南），宋戍兵皆遁。万户张柔率军攻最险要的虎头关（今湖北麻城东北），先与宋军战于沙窝（今河南商城西南），其

子张弘彦将宋军击败，继而破守关宋兵。忽必烈兵至黄陂（今湖北黄陂北），率军抵长江北岸，时任南宋沿江制置副使的袁玠是权臣丁大全的党羽，为政横征暴敛，当地百姓无不痛恨。及蒙古军至，渔人尽献渔舟济师，并充作向导。这时，从攻四川的宗王末哥遣使告蒙哥死讯，请其北归争汗位。忽必烈为立战功，仍率师渡江。

忽必烈登上江北的香炉山（今阳逻堡北），俯瞰大江，见江北有武湖，湖东江岸筑阳逻堡，南岸即浒黄川，宋军以大舟扼江渡，拥兵十万，战船两千，列阵于江中，水陆阵容严整。蒙古军当即遣军夺大舟两艘，连夜准备舟楫，欲夺据点阳逻堡，强渡大江。

那天早晨，风雨昏暗，诸将以为不可渡江。忽必烈不从，令扬旗擂鼓，分兵三道并进。勇将董文炳率敢死士数十百人冲其前，乘朦胧击鼓急进，直达南岸，诸军亦竞相争渡，宋军迎战，三战皆败。习水战的部将张荣实率军乘轻舟鏖战于北岸，获宋大船二十艘，俘两百人，斩宋将吕文信。水军万户解诚部将朱国宝，率精兵与宋军战于中流，十七战，夺宋船千余艘，杀溺宋兵甚众。宋军三道皆败，阳逻堡防线也累遭失败，蒙古军遂迅速渡江。董文炳派董文用以轻舟渡江，向忽必烈报捷。忽必烈闻报大喜，传令全军进围鄂州城，同时分一部兵由郑鼎率领袭江西；另遣兵于湖南接应绕道大理而攻击宋朝腹地的兀良合台军。

忽必烈渡江后，驻营于浒黄州，下令“军士有擅入民家者，以军法从事，凡所俘获，悉纵之”。初六，派人前往招降鄂城。使者行至东门，宋军箭如雨下。忽必烈知道宋军有所准备，于是率军将鄂州团团围住。因为蒙哥进攻四川的缘故，枢密使贾似道、四川制置副使吕文德等人率领的大军都在支援长江上游，鄂州只有都统权州事张胜主事，兵力十分空虚，守备顿时危急起来。

忽必烈登上城东北压云亭，立高楼观察城中军情，见城中出兵，即遣兵迎战，俘宋军两人。后遣将携宋降人至城下劝降，张胜杀死降人并遣兵出击，又被击败。张胜遂以缓兵之计，佯称归附，诱劝蒙古军东撤。蒙古军中计后撤，张胜趁机将城周围民居焚毁，使鄂州城防成为一体。这时宋将高达、邛应从江陵率军入援。蒙古军百户长巩彦晖迎战，高达埋下伏兵后假意撤退，一举擒杀巩彦晖。鄂州之战处于相持状态。

宋理宗闻报鄂州被围，非常惊慌，一度想迁都至宁海军（今浙江宁海）。太后和大臣们纷纷反对，时任宁海军节度判官的文天祥更是言辞激烈，上疏要求将提出迁都的董宋臣斩首示众。宋理宗这才安下心来，一面组织义勇，一面命各制司进兵赴援，诏贾似道节制江西、两广人马，立即援助中流，以增强抵抗蒙军进攻的能力。

蒙古军包围鄂州后，在城外造起了一座五丈高的瞭望台。忽必烈每日在上面指挥攻城。由于久攻鄂州不克，又听说宋援军到来，忽必烈下令抓紧攻城。蒙古军遂组织敢死队，由勇将张禧、张弘纲父子率领，自城东南角登城，高达率诸将力战，张禧身负重伤而退。忽必烈见状，对张柔说："吾犹猎者，不能擒圈中豕，野猎以供汝食，汝可破圈而取之。"张柔乃命部将何伯祥造鹅车，掘洞入城，又选勇士登城，经激烈战斗后破城东南隅。高达率军奋力抗击，并组织人力修城墙，随破随修，使蒙古军不得入。为防止蒙古军再穴城而入，贾似道命宋军沿城墙内壁建造木栅，形成夹城。仅一夜时间，环城木栅全部竣工。

虽然鄂州暂时可保，但是宋朝的军事形势仍不容乐观。绕道云南的蒙古军兀良合台尝试攻击柳州（今广西柳州）与静江府（今广西桂林）失败，星夜从小路北上，杀到了宋荆湖南路首府潭州（今湖南长沙）城下。江西一带也受到蒙古骑兵的骚扰。南方腹地四面开花，这一情况引起了宋廷的极大震惊。监察御史饶应子认为"今精兵健将咸在阃外，湖南、江西地阔兵稀，虽老臣宿将可以镇压，然无兵何以连捍敌之来？当自内托出，不当自外赶入。"于是宋理宗下诏，命贾似道突围移司至黄州（今湖北黄冈），在那组织起一道新的防线，以便更好地指挥宋军全局战斗。然而从鄂州突困到黄州，是一条十分危险的道路。吕文德遣部将孙虎臣将精兵七百护送，途中遭遇蒙古军，幸亏都是老弱残兵及所掠金帛子女，孙虎臣

率军将其打败后，贾似道才得以顺利地入黄州。贾似道移司成功，鼓舞了两淮、江西一带的士气，“下流之兵始振”。

时间进入冬季。蒙古军屡屡向鄂州发起强攻，但是疫病、缺粮使围城部队减员十之四五；宋军死伤已经达到一万三千余人，鄂州之战初期的守将张胜也英勇地牺牲在了城头上。令忽必烈更加担心的是，妻子察罕寄来书信说，忽必烈的弟弟阿里不哥正在谋划继承蒙古大汗之位。自蒙哥死后，开平的汗位一直空虚。几个儿子刚刚成年，不具备争夺汗位的实力；三儿子旭烈兀正匆匆忙忙地从西亚赶回蒙古，也难以问鼎宝座，所以汗位的争夺就在忽必烈和阿里不哥两兄弟手中展开。谋臣郝经认为灭宋是持久战，劝忽必烈先回国夺取汗位。

这时贾似道向蒙古派出了使者，指出宋蒙双方均已精疲力竭，不如讲和停战。提出：“北兵若旋师，愿割江为界，且岁奉银、绢匹各二十万。”赵璧答称：“大军至淮州时，诚有是请，犹或见从。今已渡江，是言何益！贾制置今焉在耶？”拒绝了贾似道乞和之请。后忽必烈迫于形势，答应了贾似道的卖国请求。自己率军北返，开始了争夺蒙古汗位的斗争。

# 22. 奸佞误国：蟋蟀宰相贾似道的沉浮人生

## 攀附裙带，小混混一步登天

贾似道少年丧父，家道中落后流落街头的他结交了许多酒肉朋友，整日价斗鸡撩狗、嫖赌逍遥，成了一个地地道道的市井无赖之徒。《宋史·贾似道传》记载："少落魄，为游博，不事操"，寥寥数字，一个活脱脱的传统无赖泼皮嘴脸惟妙惟肖地跃然纸上。

就这样浑浑噩噩过了许久，一天，一个一起混的泼皮哥们找到他，说当朝皇帝理宗新娶了一位姓贾的贵妃，这贾妃十分得宠，如今正打发人四处寻找失散已久的亲弟弟，你也姓贾，莫非贾妃找的人就是你。贾似道心想，自己是有个姐姐，早已不知沦落何方，天下姓贾的人多了去了，哪有这么巧的事，天上掉馅饼刚好砸着自己的头，权当此事是个传说。俗话说好运来了挡也挡不住，偏偏这贾妃就是贾似道失散已久的姐姐，自选入宫中后得宠于宋理宗，想找个娘家体己人帮衬自己，同享富贵。也是该当他发迹，姐弟二人阴差阳错相认后，贾似道因贾妃的裙带关系得以飞黄腾达，连获升迁。

贾贵妃怂恿宋理宗从宫内挑选十几位绮年玉貌的宫女赐予贾似道，还划拨许多良田美宅与他，小混混贾似道可谓一步登天，春风得意。看到

昨日还破衣烂衫的小贾今日忽然衣履光鲜，人模狗样，真乃“朝为‘混世郎’，暮登天子堂，”如此坐火箭般的飞升速度，让他的街头小伙伴们都惊呆了，眼珠子碎了一地。

## 敲骨吸髓，怎一个贪字了得

贾似道得势后，身心膨胀，颇有点“得意秋，江山判断在俺笔尖头”的虚妄之气。多年沾染上的市井无赖游堕习气转为贪财好利的盘剥欲望，想尽一切办法贪赃纳贿，而卖官鬻爵，是来钱最快的捷径，也是贾似道敛财的主要手段。宋史记载，贾似道公开卖官，市侩之徒、投机奸猾之辈“争纳贿求美职”。头脑活泛，很有生意人眼光的贾似道趁机将各类职务明码标价、市易交换，贿赂多者得高官肥缺，官场顿成一个乱哄哄的交易场所。一时间，君子远避，小人纷至沓来，他昔日在街头结交的“问题青年”们纷纷投效于他，他倒也不嫌弃，不分香臭一并接纳。一些屑小之辈如众星拱月一般围绕着贾似道，争相谄媚于他：“其求为帅、监司、郡守者，贡献不可胜记。”贾似道酷爱美玉，一个姓黄的钻营之徒投其所好，不惜重金购买“争献宝玉”，因而得做高官。消息传出后，人们争相仿效，贾似道府里名贵玉石堆积如山，数不胜数。《癸亥杂识》记载道，他听说词人周密家有一条祖传玉带，主动上门索取，当知道这条玉带已为先人殉葬，竟然命人掘墓取玉。为得到一条玉带，不惜挖人家的祖坟，这事也只有贾似道才干得出来。《齐东野语》载：“人有物，求不予，辄得罪。”如此一来，不光贾似道大发横财，他的门人、朋友以引荐为名层层渔利聚敛，许多人都跟着发了大财，“一时贪风大肆”。

贵为太师平章军国重事兼都督的贾似道本无安邦定国的才能，但在搜刮聚敛、中饱私囊方面却花样百出，很有创意。在想方设法掠夺民财上，更谙权术，各种鬼魅伎俩玩得圆熟老到、游刃有余。最典型的是史上著名的“买公田”一事，所谓“买公田”，简而言之就是朝廷以低价强购中小地主超额土地，然后由国家出租给农民耕种。失地的中小地主被迫将损失转入地租，转嫁给佃农，加重了农民的负担。贾似道此举不光得罪了中上层社会，广大农民也没捞着好处，可谓不得人心之举。贾似道还利用官船走私，大发不义之财。当时食盐属国家专卖，漕运也是政府专营，贾似道全然不放在眼里，公然“令人贩盐百艘至临安卖之”，大获其利。他公然用漕运官船挟带私货，有理宗贾妃罩着，人们敢怒不敢言。民国学者丁传靖撰写的《宋人轶事汇编》里写道，当时有人作诗暗讽这位贪得无厌的饕餮之徒：“昨夜江头长碧波，满船都载相公鹾。”为获取更多财富，贾似道敲骨吸髓，损招迭出，无所不用其极，哪里还顾忌天下苍生悠悠之口？

## 好色如命，视人命如草芥

贪官的普遍特点是贪财成癖，好色成性，嗜权如命。表面上光鲜亮丽、冠冕堂皇，一副溜光水滑的正人君子模样，其实骨子里却是鸡鸣狗盗之徒，贾似道更是个中极品。宋史记载，贾似道大权在握，骄奢淫逸，妻妾成群，光有名分的大小老婆就有六十多个，他仍嫌不足，四处偷香窃玉，占人妻女的事没少干。临安富户叶氏女生得楚楚动人，被他强占为妾。钱塘民女张氏，虽是小家碧玉，但花容月貌难自弃，宋理宗时被选入宫，贾似道偶然遇见即惊为天人，将她藏匿家中，强占为妾。不论是谁家

女儿，只要被贾似道看中，都难逃被他猥亵蹂躏的厄运。不论宫女、娼妓、还是遁入空门的比丘尼，只要长得漂亮，贾似道都敢掳回家肆意玩弄奸占。

贾似道拿美人当玩物，视性命如草芥。明代作家冯梦龙在《喻世明言》中记载了贾似道的一桩恶行：某日，贾似道偕众姬妾乘画舫在西湖上游玩，恰巧看见两位长相俊朗的书生乘舟登岸，一位年少的美妾见了，情不自禁地喊了一句："美哉，二少年。"这也是一句无心快语，意思和今天追星少女见到偶像时惊叹"哇，帅哥"类同。贾似道听见后，腹内醋海生波，表面却不动声色地对那美姬说："你愿意跟他，我可以让他下聘礼来娶你。"美人以为贾似道与她说笑，当时面色羞红，低头笑而不语。次日，贾似道遣人送来一个锦盒给众姬妾看，说是昨日那两位游湖书生下的聘礼。众人打开一看，唬得魂飞天外，盒子里头盛的原来是昨日那位赞美帅哥的小妾的人头，贾似道竟然将她杀了以儆效尤。众人做梦也想不到，那少不更事的美妾一句玩笑话引来杀身之祸，众姬妾吓得上下牙捉对儿打颤，魂不附体，从此战战兢兢，人人自危。贾似道在众姬妾面前杀人立威，只为吓阻侍妾们红杏出墙的念头，手段阴狠，亘古少有。

## 弄权误国，朝堂上下万马齐喑

蒙古、南宋联合灭掉金朝以后，南宋乘机出兵，想收复开封、河南一带土地。窝阔台借口南宋破坏协议，进攻南宋。打这以后，蒙宋双方不断发生战争。到窝阔台的侄儿蒙哥即位后，派他弟弟忽必烈和大将兀良合台进军云南，控制了西南地区。公元1258年，蒙哥分兵三路，进攻南宋。他自己亲率主力进攻合州（今四川合川），忽必烈攻打鄂州（今湖北武昌），另一路由兀良合台率领，从云南向北攻打潭州（今湖南长沙），准备三路会师后，直取临安。蒙哥的军队进攻合州的时候，合州宋将王坚和全城军民奋起抵抗，坚守合州东面的钓鱼城。蒙古军把钓鱼城围了五个月还没有攻下来，蒙哥却在攻城的时候被炮石打中，受了重伤，回到大营不久就死了。忽必烈正向鄂州进兵，还没过江，得到蒙哥的死讯，有人劝他赶快回到北方去争夺汗位。忽必烈说："我奉命来攻打宋朝，哪能空手回去？"忽必烈观察了沿江的形势，就派几百人的敢死队当先锋，强渡长江，宋兵没有防备，果然溃败。蒙古兵就大举渡江，把鄂州围住。警报一个接一个送到临安，南宋王朝震动了。宋理宗命令各路宋军援救鄂州；又任命贾似道担任右丞相兼枢密使，到汉阳督战。

贾似道哪有带兵打仗之能，但宋理宗要他上汉阳前线督战，他只好硬着头皮去了。有一次，他听说前面有一队蒙古兵，吓得直打哆嗦，嘴里连声叫着："怎么办？怎么办？"后来，蒙古兵抢了一些财物走了，贾似道才拍拍胸口，喘了口气。忽必烈攻城越来越猛。贾似道眼看形势紧张，就瞒着朝廷，偷偷地派个亲信到蒙古营去求和，表示只要蒙古退兵，宋朝就愿意称臣，进贡银绢。忽必烈攻得正起劲儿，不肯就此罢休。正在这时候，忽必烈接到他妻子从北方捎来的密信，说蒙古一些贵族正在准备立他弟弟阿里不哥做大汗。忽必烈急着想回去争夺汗位，就答应了贾似道的请求，订下了秘密协定。贾似道答应把江北土地割给蒙古，并且每年向蒙古进贡银、绢各二十万。忽必烈得了贾似道的许愿，就急忙撤兵回北方去了。贾似道回到临安，把私自订立和约的事瞒得严严实实，却抓了一些蒙古兵俘虏，吹嘘各路宋军取得大胜，不但赶跑了鄂州的蒙古兵，还把长江一带敌人势力全部肃清了。宋理宗听信了贾似道的弥天大谎，认为贾似道立了大功，专门下一道诏书，赞赏他奋不顾身，指挥有方，立刻给他加官晋爵。

贾似道这朵官场奇葩，却偏偏盛放在南宋权力的巅峰之上，岂不怪哉？他敷衍塞责、瞒上欺下、荒谬绝伦、罪莫大焉，早已惹上众怒，无奈

有皇上庇护，众人也奈何他不得。

令人百思不得其解的是，贾似道对抗蒙有功的将士不仅不褒奖，反而陆续给予打击、构陷。文天祥、李芾、陈文龙等一些积极抗蒙、有正义感的朝臣，一有触犯他的地方，他立马加以贬斥驱逐。身居太师、平章等要职的他却根本不理朝政，整日忙着搜刮宝物，和女人厮混，斗蟋蟀取乐。在贾似道一手遮天，专横跋扈的情形下，官吏们争相逢迎求官，群丑毕至，贾似道家里门客如云，文有廖莹中、翁应龙、赵分如等，武有夏贵、孙虎臣，其中夏贵、孙虎臣畏敌如虎，是著名的“逃跑将军”，后来都投降了蒙古。正义之士屡遭打击，心灰意冷。朝堂上下，万马齐喑，噤若寒蝉，贪风炽烈。

忽必烈回到北方，得到大多数蒙古贵族的支持，即了大汗位。他想起了在鄂州跟贾似道订下的和议，就派使者郝经到南宋去，要求履行和约议定的条件。郝经到了真州（今江苏仪征），先派副使带信给贾似道。贾似道一听郝经要到临安来，怕他的骗局露馅，赶快派人到真州把郝经扣押起来。忽必烈听到这个消息，气得要命。那时候，蒙古内部发生了内讧，忽必烈的弟弟阿里不哥跟忽必烈争夺权力，发生了战争。忽必烈正全力对付阿里不哥，只好暂时把南宋一头搁起来。贾似道靠欺骗过日子，居然做了十几年的宰相。宋理宗死后，太子赵禥即位，就是宋度宗。宋度宗封贾似道为太师，拜魏国公，地位高得没人能跟他比。贾似道一面故意要求告老回家，一面又派亲信散播谣言，说蒙古军又要打过来了。刚即位的宋度宗就苦苦留他，这样一来，他的地位就越来越高了。度宗专门给他在西湖葛岭造了一座豪华的别墅。贾似道每天在葛岭过着享乐的生活，朝政大事，都得由官员到别墅去找他决定。

忽必烈稳定了内部，打败了阿里不哥以后，在公元 1271 年称帝，改国号叫元。这就是元世祖。元世祖借口南宋不履行和约，派大将刘整、阿术出兵进攻襄阳，宋军连战连败，襄阳城被围了五年。贾似道把前线的消息封锁起来，不让宋度宗知道。有个官员上奏章向宋度宗告急，奏章落在贾似道手里，那个官员马上被革职了。有一天，贾似道上朝的时候，宋度宗问他："听说襄阳城已经被蒙古兵围了几年，怎么办？"贾似道故意装出惊讶的样子说："蒙古兵早就被我们打退，陛下从哪儿听来这种消息？"度宗说："刚才听到一个宫女说起。"散朝以后，贾似道查明了那个透露消息的宫女，找个借口把她杀死。打那以后，宋度宗再也听不到蒙军进攻的消息了。

襄阳在元兵围攻下，越来越危急。贾似道却每天躲在他葛岭别墅里。有一次，有个亲信官员去找他，他正趴在地上跟他的几个侍女斗蟋蟀。那个官员拍拍贾似道的肩膀说："这难道也是国家大事吗？"贾似道玩得正起劲儿，也没当一回事。襄阳终于被元兵攻破了。南宋王朝大为震惊。这个时候，贾似道要再瞒也瞒不住，就把责任推给襄阳守将，把守将革职了事。元世祖看到南宋这样腐败，决定一鼓作气消灭南宋。他派左丞相伯颜率领元兵二十万，分两路进军，一路从西面攻鄂州，另一路从东面攻扬州。这时候，宋度宗病死了，贾似道拥立了一个四岁的幼儿赵㬎做皇帝。伯颜攻下鄂州，沿江东下，直取临安。贾似道一面带领七万宋军驻守芜湖，一面派使臣到元营求和。伯颜拒绝议和，命令元军在长江两岸发起进攻，宋军全线崩溃，贾似道逃回扬州。到了这个时候，南宋灭亡的局势已经无法挽回了。

## 恶贯满盈，流放之途便是不归路

此时的临安小朝廷，已摇摇欲坠，朝不保夕，朝臣纷纷上奏请杀贾似道以谢天下，掌握实权的谢太后不忍杀贾，但迫于压力将他贬官为高州团

练使一职。被革职放逐的一代巨奸贾似道，这回碰着对手了。史料曾经记载过一段往事：“太学生郑隆被贾诬陷，黥面发配而死。”而那位主动请缨监送贾似道去广东高州的县尉郑虎臣就是郑隆的儿子，这正是冤家路窄，仇人相见，分外眼红。

历史学家黄仁宇说：“传统政治里的贬官放逐，常埋伏着狱禁之中暗杀的动机。”《水浒传》里的解送公人董超、薛霸就常干这拿人钱财、替人消灾的尴尬事，多少英雄好汉的性命都不明不白地丢在流放充军的路上。但郑虎臣不是这样，为天下人除掉贾似道这泼贼，国仇家恨一朝全报，是何等快意恩仇的事啊。一路上，郑虎臣故意凌辱喝骂贾似道，其实是想让这厮忍不住屈辱，自杀谢罪。谁知这老贼紧咬牙关一步步死捱，暗自寻思挣扎着到高州后再想法寻条生路。押解队伍行到福建漳州木棉庵时，郑虎臣失去了耐性，再也按捺不住心头那把无明业火，贾似道被郑虎臣一棒结果了性命，两个儿子也被郑虎臣槌杀。一代权奸，被仇人之子所杀，一棒下去贾似道脑袋上如开了个颜料铺子，红的白的流了一地。堂堂丞相，竟然死得如此难看，恐怕他做梦也想不到。贾似道一命呜呼，也算天理昭彰，咎由自取，被仇家之子以其人之道还治其人之身。贾似道死有余辜，天下人听闻其死讯莫不拍手称快。自愿监送贾似道的小小县尉郑虎臣成了英雄，得以青史留名。

# 23．山河破碎：南宋帝国的最后挣扎与消亡

## 鏖战襄樊，南宋兵败失根本

忽必烈回到草原后，经过了几年的征战，一直到1264年才击败阿里不哥，彻底结束了持续四年的内乱。同时，忽必烈开始改变先前蒙古大汗的做法，占领南宋的城池后不再进行屠城式杀戮，改为用各种手段招降南宋将领。而在南宋这一边，却是另一番景象。由于贾似道的弄权，他不断打击异己势力，使得一大批有能力的将领被贬职，像第三次收复襄阳的高达，像守卫钓鱼城的余玠等人在受到排挤后不是赋闲在家，就是郁郁而终。于是宋蒙战争的天平又开始向蒙古一方倾斜了。

忽必烈继汗位、平定内乱后，即着手整顿军队，督造战船，组训水军，进行灭宋准备。并制定了先取襄樊，实施中间突破，浮汉入江，直趋临安的方略。

襄阳、樊城地处南阳盆地南端，居汉水上流，三面环水，一面傍山，西临关陕，东达江淮，跨连荆豫，是控扼南北之要冲。南宋视其为朝廷根本，关系国家存亡的重地，遂开府筑城，储粮屯军，经多年经营，建成为城高池深、兵精粮足的军事重镇，成为宋长江中上游的门户和屏壁。在这多年的经营中，吕文德集团开始成为襄阳防守的主要力量。

吕文德，南宋安丰（今安徽寿县南）人，最早是在赵葵（宋蒙第一阶段战争丢失襄阳的赵范的弟弟）手下从军作战的。虽然史书没有吕文德列传，但是从其他人的列传中可以看出吕文德几乎经历了整个宋蒙之战。吕文德在与蒙古军作战中，往返于四川与湖北各地，在几十年的战斗中，不仅积累经验，也培养了一批家族武装。当然，吕文德力量能够成为在京湖地区重要的军事集团十几年不倒，除了他的军事实力以及军功外，他与贾似道的勾结也是其中的重要原因。吕文德上献媚于贾似道，下打击异己。正因为这样导致了不少将领为了自保，纷纷投降忽必烈。特别是孟珙的爱将刘整由于看到其他将领受到打击杀害就向忽必烈投降。他所率领的水师更是精悍，于是蒙古终于得到了梦寐以求的水师。而后，为表忠心，刘整又向忽必烈提出了先取襄阳，再攻临安的亡宋战略，被忽必烈采纳。于是蒙军在宋降将刘整的建议和策划下，将期待突破宋的防御线的目光重新聚焦到了蜀中和两淮之间的襄樊。

1267 年，京湖安抚制置使吕文德犯了一个让人哭笑不得的严重失误，他竟然允许蒙古军在樊城外置榷场。于是蒙军很快地就建筑起了堡垒，一下子就断绝了襄樊的粮道。等到吕文德明白过来，知道自己误事了，又气又急，一病不起。第二年，忽必烈就派阿术为主将、刘整为副将率领蒙古军队和降蒙的南宋水师攻打襄樊。在得知襄樊被围后，宋王朝急忙下令四川和两淮的援军增援襄樊。

同时京湖安抚制置副使、襄阳知府吕文焕，也几次主动出击，力图打破蒙军的包围，但是都没有成功。1269 年 3 月，两淮都统张世杰，率马步舟师最先赶到襄樊，与蒙军在襄阳东南的汉江上进行了一场大战。经过激战，张世杰不敌蒙军，被迫退回。随后赶到的四川安抚制置使夏贵，则利用春季汉水暴涨，以战船将粮衣等物资送入襄阳城内。6 月，荆鄂都统唐永坚，自襄阳城杀出，结果兵败被俘投降。7 月，夏贵率五万军队、三千艘战船，再度增援襄阳。此次却遭沿江堡垒蒙军的猛烈阻击，增援未果。12 月，吕文德病故。京湖战场宋军失去了临边四十年，最具威望的军事指挥官，给襄阳保卫战带来了重大的消极影响。

尽管蒙古决定不惜一切代价夺取襄樊，各地的军队也是源源不断地开往襄樊，在短短一年之内围困襄樊的蒙军就增至十万。但是，吕文德所建立的军事集团的战斗力也是不容小视的。他们在襄樊地区经营十多年，他们凭借襄樊夹汉水，地险城固的有利地形，特别是守备措施充分，物资储备丰富，使得蒙军虽然急切，但也在短时间内根本拿不下襄樊。

但是，由于元军在襄樊地区站稳脚跟，采取长期围困的方式不断地缩小包围。特别是元军对于援救襄阳的部队进行痛击，宋军几次增援都以失败告终。这就是后来所谓有名的“围点打援”的战术。这个战术一执行就是三年，等到1273年时，襄阳城已经面临着巨大的困境。特别是元军大举围攻樊城，樊城失陷后，襄阳再无所恃，城中也早已粮柴短缺，士气低落。在这个时候，元朝派人劝降，吕文焕在1273年的二月举城投降，襄樊战役正式结束。

## 浮汉入江：灭宋战争的重大转折

元军突破襄樊，宋廷朝野大为震惊，急忙调整部署，把战略防御重点退移至长江一线。

忽必烈强令征兵十万，增加攻宋兵力，决定乘胜直捣南宋腹地。命驻蜀元军进攻各要地，以阻宋军东援；命淮西行枢密院使合丹、刘整攻淮西，淮东都元帅博罗欢等攻淮东，牵制两淮宋军；以荆湖行省左丞相伯颜、平章政事阿术等率领主力，自襄阳顺汉水入长江，直趋临安；并告诫伯颜勿妄杀，以争取人心。

伯颜军至郢州（今钟祥），遭宋黄州武定诸军都统制张世杰顽强阻截，为减少损失，早日入江，伯颜令军舍郢城经黄家湾、藤湖（今湖北钟祥东、东南）迂回而进。

伯颜军进至沙洋堡，遣断事官杨仁风去招降，宋守将不肯与之对话，又遣一降将持黄榜和檄文，带上赵文义人头入城招降。宋守将王虎臣、王大用斩使焚黄榜，坚决不降。时宋裨将傅益带水军十七人乘船降元，继而又有七艘战船降元。王虎臣等将欲降而未及者全部处死。相恃至日暮，伯颜命新军万户忙兀台架设巨炮十二座，准备攻城。伯颜命参知政事吕文焕至城下招谕，又不应，遂命诸军发起强攻。知印百家奴立云梯于东角楼，登城力攻，夺其旗帜、弓矢、衣甲；新军万户忙兀台也竖云梯登城，焚其楼橹，拔羊角坝；易州等处管军总把巩信，率勇士五十人，纵火焚寨，宋军大乱。日暮，北风大起，伯颜命炮水手元帅张荣等人顺风发金汁炮，焚其庐舍，烟焰燎天，城中房舍几尽，沙洋被攻破。守将王虎臣、王大用等人被忙兀台俘获，其余全部被屠。

沙洋堡南五里为新城，由善于守城颇得人心的京湖制置帐前都统边居谊戍守。元军至新城。吕文焕以为小堡，可不攻而破，乃遣人招降。边居谊拒绝投降，率舟师拒战。伯颜命万户帖木儿、史弼列沙洋所斩人头于城下恫慑并缚王虎臣、王大用至城下喊话劝降，边居谊仍拒不出降。元军又射黄榜和檄文入城中，边居谊佯邀吕文焕面谈，次日，吕文焕驰至城下，宋伏弩乱发，吕文焕身中三箭坠马，几为宋军钩获，幸为元军挟救，仓皇奔还。宋守城总制黄顺越城出降，伯颜授其招讨使职，令至城下再次招降，边居谊誓以死守。黄顺乃呼城上守军，其部曲欲缒城出降，被边居谊截获斩杀。伯颜见招降不果，乃督军占据周围堡寨，全力攻城。宣令降者悉免，拒战者皆斩。边居谊仍不为其威胁所动，率军以火具、弓弩顽强抵抗，击退吕文焕军进攻。元军总管李庭攻破新城外堡，竖云梯，蚁附而上，边居谊以家资尽散将士，往来督战，拒战至傍晚，元军破侵汉楼，楼火延绵，毁及民居，边居谊度力不能支，乃还宅第，剑刎不死，赴火自焚。至此，新城将士浴血奋战四昼夜，终因寡不敌众，城堡陷落，边居谊及妻儿，守城三千将士全部阵亡。

伯颜军随后打到蔡店（今武汉汉阳西），进逼汉阳。宋廷命淮西安抚制置使夏贵率战船万艘，控扼长江要口；权知汉阳军王仪守汉阳；权知鄂州张晏然守鄂州；都统王达守阳逻堡（今武汉东）；京湖、四川宣抚使朱祀孙率游击军巡江策应。伯颜见宋军战舰密布，阻遏入江通道，遂采纳部将建议，拟过沦河（今府河）由沙芜口（今武汉汉口东北）入长江。因夏贵已在沙芜口布兵设防，伯颜便以部分兵力佯攻汉阳，声言取汉阳渡江，诱夏贵调水军往援。元军乘隙占领汉口，继派兵一部袭占沙芜口；并在汉口北凿开汉水堤坝，引战舰入沦河，转沙芜口入江，将全部兵力屯于江北岸。夏贵见势急率水军主力增援阳逻堡，试图阻止元军东下。伯颜督军进围阳逻堡，连攻三日未下，遂命右丞阿里海牙以一部兵力继续攻城，牵制宋军；暗遣平章阿术率骑兵三千，利用雪夜乘船溯江西上四十里，至青山矶（今武汉东北长江南岸）对岸停泊，拟从防御薄弱处乘虚渡江。次日晨，阿术遣前军强渡至中流，遭宋水军阻截，死伤三百余，遂亲率后军继至，击败宋都统程鹏飞所率水军，获船千余艘，立即架浮桥，保障大军渡江。伯颜闻讯，督军急攻阳逻堡。夏贵闻元军已渡江，率战舰三百艘东逃，余舰大溃。元军乘势拔阳逻堡，王达及守城将士大部战死。朱祀孙率部退回江陵（今属湖北荆沙），鄂州江防至此瓦解。元军包围鄂州，焚宋战舰三千艘，切断汉阳与鄂州联系，两城遂相继请降。伯颜留兵四万驻守鄂州，继率主力沿江东进。

# 建康失陷，南宋都城失了屏障

元军占领长江中游重要门户鄂州后，“沿江诸将多吕氏部曲，皆望风降附”，在吕文焕的招降下，黄州、蕲州、安庆等地守将不战而降。

此时身在两淮的宋朝降将刘整唯恐吕文焕立下头功，一急之下竟然发病而死。听说刘整死了，贾似道来了精神，他于1275年正月亲率南宋最后的精锐十三万人、二千五百艘战船逆江而上，迎击伯颜的大军，决定南宋生死存亡的一战到来了！

2月，宋军抵达芜湖后，非但不积极部署御敌，反而先遣返元军战俘，原来贾似道想故伎重施，向伯颜乞和，但遭拒绝。无奈之下，贾似道只得下令步军指挥使孙虎臣率七万兵马列阵于丁家洲（今安徽铜陵东北长江中），同时命水军统领夏贵率两千五百艘战船横亘江中，他自己率后军驻扎鲁港（今安徽芜湖南）。

伯颜率水陆大军进至丁家洲，与宋军相距数里。伯颜见宋军人数众多，于是决定采用计策。他先让军中作数十个大筏，上置柴草，佯言要焚烧宋舟，使得宋军昼夜严备因而疲惫不堪。伯颜又下令步骑军沿江两岸进攻，同时让战船向宋军冲击，双方展开一场激烈的决战。

在元军回回炮的轰击下，宋军损失惨重。宋军前锋将姜才方与元军接战，前军主将孙虎臣竟弃阵先遁，诸军于是纷纷溃败。元军将领阿术趁机率战船数千艘，乘风急进，突入宋阵，横击宋舰。水战本是宋军的强项，但夏贵恐贾似道督师获胜，而自己因鄂州之败受到责难，竟然不战而逃，直奔庐州。

贾似道听闻前军溃败，惊愕失措，急忙下令收兵，企图乘船逃往扬州，整军再战。不料元军乘胜追杀，宋军不战自溃，溃不成军，纷纷四散奔逃。元军主将伯颜下令全线追击，一直追杀一百五十余里。丁家洲一战以元军完胜而告终，此战元军俘获宋将三十余人，士卒数万，战船一千余艘。本来是场决战，却成了一场大溃败，可以说此战元军几乎不费吹灰之力，就让南宋主力十三万人丧失殆尽

元军东进至太平州（今安徽当涂），江东运判孟之缙以城降。元军至建康（今南京），宋朝建康留守赵溍弃城而逃，都统司都统制徐王荣等开城请降，元军兵不血刃，占领建康。元军进占建康后，伯颜派兵进攻建康周围的重要城镇，随即攻陷镇江，控制了江东地区，建立起稳固的南进基地。与此同时，为防止两淮宋军南下救援，忽必烈命阿术率军渡江，进围扬州。阿术在扬州东南的瓜洲修造楼橹，缮治战具，又在扬州城外围树栅，修筑坚固的堡垒长围，截断了宋军增援部队，又派水师堵截江面，控制了长江天险，断绝了宋军渡江南救临安的通道。南宋朝廷立国，是以长江为防线，两淮为藩篱，“重兵皆住扬州，临安倚之为重”。元军占领建康，进围扬州，攻占两淮，南宋都城临安完全失去了屏障。元军在建康休整后，兵精粮足，战斗力更加强盛，随时准备攻取临安，处在进攻的有利地位。

## 临安城破，举国更换大王旗

在元军大兵压境的形势下，南宋朝廷内部矛盾重重，主战主和举棋不定。虽然朝廷屡次诏令各地宋军入卫临安，终因元军全面进攻，荆湖、川

陕战场宋军自顾不暇，两淮宋军被元军阻隔无法渡江赴援，只有郢州（今湖北钟祥县）张世杰、江西文天祥等将帅和两浙、福建部分厢禁兵到达临安守卫。但这些小规模增援根本无法扭转整个战争局面。1275年5月，宋廷命主战派张世杰率军出击元军外围防线，没能打通。6月，淮东制置使李庭芝命姜才等打通援救扬州的通道，两军在扬子桥激战，宋军死伤万余人，姜才只带数骑逃回扬州。为确保临安，宋廷组织焦山之战。张世杰约殿前都指挥使张彦率兵出镇江，以图控制长江南岸，扬州李庭芝出兵瓜洲，从江北配合，自己率水师陈兵镇江以东的焦山江面，约定三路俱进，与元军决战。但扬州宋军没有按时赶到，镇江张彦拒不发兵，使张世杰孤军深入。元将阿术、阿塔海、张弘范等在石公山居高临下指挥战斗，命万户刘深沿长江北岸绕至宋军背后，董文炳、刘国杰从焦山左右两边进击，万户忽刺直冲宋军大阵。元军乘风放火箭，宋船纷纷起火，阵势顿时大乱，宋师全军覆没，损失战舰七百余艘。焦山之败，宋朝军队损失殆尽，朝廷或主议和，或主南逃，分崩离析，一筹莫展，南宋灭亡指日可待了。

至元十二年（1275年）七月，忽必烈最后下定灭宋决心，命伯颜率领元军直逼临安。伯颜受命后，召集攻宋将帅布署方略，确定了“分诸军为三道，会于临安”的作战布署。这年十一月，伯颜分兵三路会攻临安，西路由参政阿剌罕，四万户总管奥鲁赤率领蒙古骑兵出建康，向溧阳、独松关（今浙江安吉县东南）进军；东路由参政董文炳、万户张弘范、都统范文虎率水师沿江入海，向海盐、澉浦（今浙江海盐县南）进军；中路伯颜带领诸军，率水陆两军出镇江，向常州、平江（今江苏苏州市）进军。

西路军主帅阿剌罕率军南下，直趋溧阳，遭到南宋守军的抵抗，结果宋军损兵折将，残部南撤。元军乘胜追击，在溧阳西南银林东坝再次打败宋军。元军在追击途中受到南宋援军的阻击，双方展开激战，后来元军派蒙古骑兵冲杀，宋军抵挡不住，突围南逃。溧阳之战，宋军损失将校七十余人，士卒近两万人，伤亡惨重。西路军于十一月下旬逼进建康通往临安的要隘独松关（今浙江安吉县东南），南宋守将张濡率兵北上阻击元军，

与元军骑兵交战。宋军虽是精兵强将，但只有数千人，而且都是步兵，虽然奋勇冲杀，但却难以阻挡强大的蒙古骑兵，终于被击溃，主将张濡被杀，士兵死伤两千余人，元军控制了临安的北大门。

中路军伯颜率兵进攻常州，常州是拱卫临安的前阵，是元军整个攻取临安计划的关键，伯颜派兵击溃宋增援部队后，亲自指挥攻城。元军在城南筑高台，把炮放在台上向城内猛轰，又用火箭射入城中，常州城内一片火海。伯颜命元军架云梯、绳桥攻城，元军攻入城内。常州守将姚岩率将士浴血奋战，终因寡不敌众，没有外援而失败。姚岩、王安节等阵亡，僧人万安、莫谦之长老率僧兵赴援，五百名僧兵全部战死。

伯颜下令屠城，只有七人幸免于难。常州之战是宋元战争中最悲壮的一役，影响很大。至元十二年（1275 年）冬，正当常州军民艰苦抗敌之际，宋廷派张全率两千余人由淮入援常州，文天祥也派部将尹玉率兵偕同赴援。伯颜得报后，命怀都、王良臣领兵在五牧（今江苏常州东南）阻击宋军。战斗开始后，文天祥部将麻士龙与元军交战，由于张全按兵不救，麻士龙战死。在元军攻击下，张全退到五牧，文天祥部将朱华奋起抗击，挡住了元军。尹玉指挥宋军与元军决战，元军损失惨重。

元将王良臣配合怀都水陆夹击宋军，宋将张全始终按兵不动，尹玉失败，溃军南逃，尹玉力战被俘，为元军所杀，所部将士大部分战死。张全见大势已去，率军逃离五牧，致使救援失败，没能解常州之围。伯颜攻破常州后，派都元帅阇里帖木儿，万户怀都率兵攻无锡、平江，在元军大兵压境下，两地宋军投降元军。东路水军以范文虎为先锋，顺江东进，由于长江两岸已无宋军把守，元军进军顺利。当时长江口活跃着一支由贫苦渔民组成的水军，由朱清、张瑄率领，不受宋朝管辖。元军主帅董文炳认为可以利用这支力量，便招降了这支海上武装，朱、张二人带领人马和海船随元军南下攻取临安，增强了元军海战能力。东路军出长江口后沿海南下，十二月逼近钱塘江口，从海道包围了临安。

至元十二年（1275 年）十二月，元朝三路大军进逼临安，随时准备攻

占临安。至元十三年（1276 年）正月，东路军董文炳一部登陆，抵达盐官县（今浙江海宁市），宋守军投降。董文炳率东路军与中路伯颜大军会师，西路军阿剌罕也率部与中路军会师。在大军压境形势下，南宋朝廷一片混乱，丞相陈宜中请太皇太后出海避敌，张世杰、文天祥主张决死一战。宋廷既没有兵力抵抗，求和又被元军拒绝，于是奉玺书向伯颜请降。伯颜遣董文炳、吕文焕、范文虎入城安抚百姓，禁止杀掠，封闭仓库，收缴宋廷衮冕、圭璧、仪仗、图籍以及大批财宝、器物，运往大都（今北京市）。

伯颜亲自入临安城安置宋廷人员，把宋帝赵㬎皇太后全氏以及其他朝官、宫廷人员监护起程，浩浩荡荡北上。

十三年五月，陈宜中、张世杰、陆秀夫、文天祥等在福州拥立益王赵昰为帝，改元景炎。封广王赵昺为卫王，陈宜中为左丞相兼枢密使、都督诸路军马，张世杰为枢密副使，陆秀夫为签书枢密院事，文天祥为枢密使、同都督。遣将向江西、两浙南部进兵抗元。六月，元军为追歼南宋残部，于鄂州、临安设尚书省，下设诸路宣慰司。命诸路将帅继续南进。张世杰被迫拥赵昰、赵昺逃往海上。

十四年五月，文天祥率军进攻江西，各地义军纷起响应，收复除赣州之外所辖九县，吉州八县复其半。后因势孤力单败退广东，旋于五坡岭（今广东海丰北）被俘。

十五年二月，元西川行院使不花率重兵围攻重庆，城破，守将张珏被俘。继而征降夔州，八个月后，合州（今四川合川东）守将王立以城降。四川平。四月，宋帝赵昰卒，张世杰、陆秀夫又拥立赵昺为帝，徙至厓山（今广东新会南）。六月，忽必烈为彻底消灭南宋势力，命张弘范为蒙古、汉军都元帅，率水、步骑军两万由海道南下，都元帅李恒率步骑由陆路南下，会歼南宋残部。张弘范由海道袭漳（今属福建）、潮、惠（均属广东）三州。李恒率步骑越大庾岭入广东，取英德（今属广东），占领广州。

十六年正月，张弘范、李恒率军会至厓山，首先控扼海口，断宋军粮道。二月初，巧妙利用海潮，南北对进，并用遮障防矢石，濒宋舰奋勇拼杀，全歼宋军。

文天祥在海丰兵败被俘，张世杰战船沉没，走投无路的南宋残余势力终于在至元十六年二月初六（1279 年 3 月 19 日），随着崖山海战失败及陆秀夫负刚满八岁的小皇帝跳海赴死而彻底灭亡，四十八年与蒙古的抗衡完结。

自此赵宋宗室在中国 319 年的统治失去政权，无法光复。